Autour du sofa

Elizabeth Gaskell

Hachette, Paris, 1889

© 2024, Elizabeth Gaskell (domaine public)
Édition : BoD • Books on Demand GmbH, In de Tarpen 42, 22848 Norderstedt (Allemagne)
Impression : Libri Plureos GmbH, Friedensallee 273, 22763 Hamburg (Allemagne)
ISBN : 978-2-3225-5547-5
Dépôt légal : août 2024

AUTOUR DU SOFA.

Mes parents m'avaient envoyée à Édimbourg afin d'y recevoir les soins d'un certain M. Dawson qui avait la réputation de guérir le genre de maladie dont j'étais alors atteinte. Accompagnée de miss Duncan, mon institutrice, je devais profiter des excellents maîtres que renferme l'ancienne capitale de l'Écosse, et suivre leurs préceptes en même temps que les prescriptions du docteur. Il me fut bien douloureux de quitter ma famille, d'abandonner la vie joyeuse que mes sœurs et mes frères menaient à la campagne, et de remplacer notre grande maison, pleine de lumière et de soleil, par le petit appartement sombre et enfumé où je me trouvai seule avec ma gouvernante, qui était silencieuse et grave par nature. Il me fut bien pénible d'échanger nos courses à travers les prés et les bois, nos jeux bruyants dans le jardin, pour des promenades dans la ville, où il fallait se tenir droite, avoir son châle mis d'une façon régulière, et son chapeau soigneusement attaché.

Les soirées surtout me paraissaient horriblement tristes ; nous étions en automne, et chaque jour elles s'allongeaient davantage ; elles étaient pourtant déjà bien assez longues quand nous prîmes possession de notre vilain petit logement, tapissé de papiers gris et bruns. Ma famille n'était pas riche, nous étions beaucoup d'enfants ; les soins de M. Dawson, le traitement qu'il me faisait suivre devaient être fort coûteux, et il fallait apporter la plus stricte économie dans nos dépenses quotidiennes.

Mon père, trop véritable gentleman pour en éprouver une fausse honte, avait fait part de cette nécessité à M. Dawson, et celui-ci nous avait indiqué une maison de Cromerstreet, où finalement nous nous étions établies. Cette maison appartenait à un ancien professeur, qui préparait autrefois les jeunes gens pour l'université. Il n'avait plus de pensionnaires à l'époque où nous l'avons connu, et j'imagine que le prix de notre loyer formait, avec un petit nombre de leçons accidentelles, son principal moyen d'existence.

Notre propriétaire avait une fille qui lui servait de femme de charge, et un fils qui suivait probablement la carrière paternelle, bien que jamais on n'entendît parler de ses élèves. Une honnête petite Écossaise, trapue, carrée, aussi propre que laide, travaillant ferme et dur, et qui pouvait avoir de dix-huit à quarante ans, complétait le personnel de la maison.

Lorsque aujourd'hui, regardant en arrière, je me rappelle cette famille, je ne puis m'empêcher d'admirer la façon calme et digne dont elle supportait les rigueurs d'une pauvreté décente. Mais à l'époque où nous habitions les chambres garnies du vieux professeur, je critiquais avec amertume l'absence de goût qui avait présidé à notre ameublement. J'ignorais qu'à la ville une corbeille de fleurs est un luxe réservé au petit nombre, que l'entretien des rideaux de mousseline, des tentures de perse à fond blanc, occasionnent des frais de blanchissage que l'on économise par l'emploi de ces étoffes de laine couleur de poussière qui révoltaient mes yeux. Pas un sou n'avait été dépensé pour donner au salon quelque peu d'élégance ; et les meubles, strictement indispensables, dont on l'avait garni, étaient loin d'offrir les avantages qu'au premier abord ils faisaient espérer. Le sofa, recouvert d'une étoffe de crin, noire, dure et glissante, n'était nullement un lieu de repos : le vieux piano servait de buffet, la grille de la cheminée, réduite à sa dernière expression par un appendice intérieur, permettait à peine d'y entretenir un feu de veuve. Mais la nudité de ces pièces, froides et mal closes, n'était pas le seul inconvénient que je reprochais à notre logis. On nous avait pourvues d'un passe-partout qui nous donnait le moyen d'ouvrir la porte extérieure et de monter l'escalier sans déranger personne, de manière qu'on rentrait sans recevoir le moindre accueil, sans entendre une voix humaine dans cette maison, qui paraissait abandonnée. M. Mackensie, notre propriétaire, ne manquait pas de faire valoir, comme un précieux avantage, le silence qui régnait dans sa demeure, avantage qui pour moi la faisait ressembler à une tombe. Un autre inconvénient, qui semblerait contredire mes paroles, était le danger que nous courions sans cesse de voir apparaître le vieux professeur à la porte de sa chambre, au moment où nous passions. Le fin matois nous faisait alors, d'un air timide et rusé, quelques offres polies qui n'étaient qu'un prétexte pour nous soutirer de l'argent, et dont le refus devenait presque impossible. C'étaient quelques volumes qu'il me priait de choisir dans sa bibliothèque, en ayant soin d'ajouter, au moment où je cédais à ses instances, que le prix de la location d'ouvrages aussi précieux ne pouvait être évalué d'après le tarif des cabinets de lecture. Une autre fois il m'abordait, les mains pleines de cartes manuscrites, en me priant de les distribuer parmi mes connaissances, cartes qui n'étaient autre chose que le programme de mes études avec la promesse de me faire faire les progrès les plus rapides ; mais j'aurais cent fois mieux aimé être la plus ignorante des femmes que d'avoir ce vieux renard pour maître. Il en résulta qu'ayant fini par décliner toutes ses propositions, nous eûmes à subir les conséquences de sa mauvaise humeur : telles que de rester à la porte sans pouvoir nous faire ouvrir, lorsque par aventure nous avions oublié notre clef, tandis que le vilain homme prenait l'air à sa fenêtre, où il paraissait plongé dans une méditation philosophique, dont notre appel ne parvenait pas à le distraire.

Les femmes de la maison étaient meilleures, bien que la pauvreté, en pesant sur elles, eût vicié leur nature. Miss Mackensie retranchait à nos repas tout ce qu'elle pouvait décemment nous rogner. Si par hasard, ayant moins d'appétit que la veille, nous laissions quelque chose au fond du plat, elle s'en autorisait pour nous mettre à la portion congrue jusqu'à ce que ma gouvernante lui en eût fait des reproches.

L'Écossaise courte et grosse, qui faisait tout dans la maison et qu'on appelait Phénix, était d'une probité scrupuleuse, mais elle avait toujours l'air mécontent, malgré notre générosité. Je suis sûre que les Mackensie ne lui donnaient pas un sou de gages et qu'elle n'avait pour tout payement que les pièces des locataires. Mistress Dawson, qui le supposait avec nous, prétendait que la pauvre fille était heureuse de nous avoir, car elle affirmait que nous donnions, pour le service, autant que dans les maisons les mieux meublées.

Cette chère mistress Dawson ! toutes les fois que son nom traverse mon esprit, il me semble qu'un rayon de soleil vient éclairer le salon obscur du professeur, ou que le parfum des violettes s'élève d'un sentier que je parcours avec tristesse.

C'était la sœur et non la femme de mon médecin ; une pauvre infirme qui, selon son expression, avait reçu bien jeune son brevet de vieille fille.

Quinze jours après notre arrivée chez les Mackensie, M. Dawson avait dit à miss Duncan :

« Ma sœur m'a chargé de vous dire que tous les lundis soir quelques personnes viennent causer autour du sofa où elle est étendue ; les uns nous quittent pour aller dans le monde, les autres restent un peu plus longtemps ; si vous croyez que cela puisse vous offrir la moindre distraction, ainsi qu'à miss Great, nous serons heureux de vous recevoir. On arrive entre sept et huit, et je vous préviens qu'on se retire à neuf heures. Je ne suis pas bien sûr que cela vaille la peine de se déranger ; toutefois, Marguerite m'ayant prié de vous avertir, j'ai dû faire sa commission. »

Le docteur avait dit ces paroles d'une voix mal assurée ; il attachait sur nous un regard attentif, et s'il avait découvert le moindre signe qui témoignât de notre répugnance à répondre à l'engagement qu'il nous faisait, je ne doute pas qu'il n'eût aussitôt retiré sa demande, tant il était chatouilleux à l'égard de tout ce qui concernait sa sœur.

Mais c'eût été pour aller chez le dentiste, que j'aurais accueilli une invitation avec plaisir, tellement j'étais fatiguée de notre existence monotone. Quant à ma gouvernante, c'était à son sujet une marque d'estime trop flatteuse pour qu'elle ne s'empressât pas d'accepter. Le regard perçant du docteur ne découvrit donc, sur notre visage, que l'expression d'une joie sincère, et l'excellent homme reprit la parole avec plus d'assurance :

« Vous trouverez cela fort ennuyeux, dit-il ; excepté quelques anciens amis, de vieux barbons de mon espèce, et une ou deux jeunes femmes d'une bonté parfaite, je ne sais pas qui pourrait venir à nos lundis. Marguerite a la vue trop faible pour supporter la lumière, et le salon est fort peu éclairé ; vous voyez que cela n'a rien d'attrayant. Ne me remerciez pas avant d'en avoir fait l'épreuve ; si vous êtes satisfaites, la meilleure façon de nous exprimer votre gratitude, sera de revenir tous les lundis, de sept à neuf heures. Adieu, miss, adieu, ou plutôt à revoir. »

Je n'avais encore assisté qu'à des réunions d'enfants, et jamais bal de la cour ne parut être un plus grand honneur, et ne promit plus de plaisir à une jeune fille de Londres, que je n'en rêvais à propos de cette soirée du lundi.

Vêtue classiquement d'une robe de mousseline blanche, toute neuve et fortement empesée, que notre vieille bonne m'avait faite en prévision d'une pareille circonstance, et qui me paraissait, ainsi qu'à mes sœurs, le *nec plus ultra* de la parure, je me rendis avec miss Duncan chez M. Dawson, à l'heure que celui-ci nous avait indiquée.

Nous traversâmes une antichambre assez vaste (la maison était ancienne et ne manquait pas d'une certaine splendeur), et de cette antichambre on nous introduisit dans un grand salon carré, au milieu duquel le sofa de mistress Dawson avait été placé. Derrière la pauvre infirme, un candélabre à sept ou huit branches était posé sur une table ; c'était le seul éclairage de cette énorme pièce, dont les proportions m'étonnèrent, surtout en les comparant à celles des chambres rétrécies que nous occupions chez le professeur. Mistress Dawson devait avoir la soixantaine ; sa figure était fine et transparente, ses cheveux gris auraient paru tout à fait blancs, si ce n'avait été son bonnet d'une blancheur de neige, et le ruban de satin qui en formait les nœuds. Elle était enveloppée d'une espèce de robe de chambre en cachemire français, d'un gris perle. Les meubles du salon, rose foncé, avec une monture blanc et or, se détachaient sur une tenture de papier de l'Inde, couverte dans sa partie inférieure de feuillages et d'oiseaux des tropiques, dont la profusion diminuait graduellement, et qui n'offrait plus, vers la corniche, qu'un réseau de brindilles légères, parsemé d'insectes d'une délicatesse infinie. Les encoignures étaient ornées de grands vases de porcelaine de Chine, remplis de feuilles odorantes, de fleurs séchées et d'aromates. C'est au milieu de tout cela qu'était placée la chaise longue où mistress Dawson passait tous ses jours depuis bien des années.

La femme de chambre apporta du thé et des macarons qui nous furent offerts, et une petite tasse de lait coupé d'eau, que mistress Dawson prit avec un biscuit. Nous étions arrivées de bonne heure et nous nous trouvions seules avec la maîtresse de la maison ; toutefois quelques instants après des hommes de lettres, des femmes élégantes, des célébrités dans tous les genres furent annoncées tour à tour. Chacun allait, en partant, dans une réunion plus brillante ; mais ils venaient d'abord visiter miss Dawson, lui dire leurs bons mots et lui confier leurs projets. Savants et jeunes filles la considéraient également comme une amie qui en savait plus sur leur compte, et s'intéressait plus à eux que toute autre personne au monde.

Cette réception, où l'esprit et la grâce prêtaient leur éclat à l'amitié la plus franche, avait quelque chose d'éblouissant et vous laissait un souvenir à la fois plein d'enseignement et de charme.

Tous les lundis nous allions nous asseoir auprès de mistress Marguerite et nous prêtions une oreille attentive à ce que l'on disait autour de nous. L'hiver s'écoula sans apporter d'amélioration sensible à mon état de souffrance, malgré l'espoir que me donnait toujours le docteur de guérir complètement. L'été arriva ; mistress Dawson m'était devenue bien chère, quoique je n'eusse pas échangé avec elle plus de paroles qu'avec miss Mackensie ; mais les moindres mots qui sortaient de sa bouche étaient de véritables perles.

C'était la saison où l'on quitte Édimbourg ; la plupart des connaissances du docteur étaient parties pour la campagne ; je ne suis pas bien sûre que nos lundis n'en fussent pas plus agréables. Parmi les fidèles, se trouvaient M. Preston, gentilhomme du Westmoreland, qui préférait à son titre d'écuyer celui d'homme politique, et M. Spérano, exilé de Venise, banni même de France, où il avait longtemps résidé, et qui donnait maintenant des leçons de langue italienne dans la vieille capitale de l'Écosse.

Un lundi soir, j'avais poussé un petit tabouret à côté du sofa, je m'étais assise auprès de miss Marguerite, et, lui prenant la main, je lui demandai, je ne sais par quelle fantaisie, combien il y avait de temps qu'elle habitait Édimbourg. « Vous ne parlez pas écossais, ajoutai-je, et M. votre frère m'a dit que vous n'étiez pas de ce pays-ci.

— Non, répondit-elle en souriant, je suis née à Liverpool ; est-ce que vous ne le voyez pas à ma prononciation ?

— J'entends bien qu'elle diffère un peu de celle des autres ; mais elle me plaît, comme toutes les choses qui viennent de vous ; est-ce qu'on parle ainsi dans le Lancashire ?

— Hélas ! oui. Cette bonne lady Ludlow s'est pourtant donné bien de la peine, quand j'étais jeune, pour corriger mon accent ; mais il m'a été impossible de saisir celui qu'elle voulait me faire prendre.

— Voilà plusieurs fois, repris-je, que vous nous parlez de cette bonne lady Ludlow ; qui est-elle donc ? vous paraissez beaucoup l'aimer.

— Il y a bien des années qu'elle est morte, chère enfant. »

Je regrettais d'avoir évoqué ce triste souvenir, qui avait assombri la figure de mistress Dawson ; mais elle s'en aperçut et me dit avec bonté :

« J'aime à penser à elle, et je m'entretiens avec plaisir du temps où je l'ai connue ; elle a été ma bienfaitrice, mon amie ; j'ai passé auprès d'elle plusieurs années, dont je me souviens avec bonheur ; questionnez-moi donc à son égard, si cela vous intéresse, et ne craignez pas de m'attrister.

— Dites-nous alors tout ce que vous savez d'elle ? lui demandai-je, encouragée par la réponse qui m'était faite.

— Ce serait bien long, répliqua miss Marguerite. Il n'est pas probable que le signor Spérano, M. Preston et miss Duncan voulussent écouter une vieille histoire qui, après tout, n'en serait pas une, car mon récit n'aurait ni queue ni tête, et ne serait qu'un amas de souvenirs plus ou moins bien réunis.

— Quant à moi, madame, dit le signor Spérano, je puis vous assurer qu'il me sera toujours fort agréable d'écouter ce que vous voudrez bien nous dire. »

Miss Duncan balbutia quelque phrase dans le même genre. M. Preston appuya la demande que nous faisions tous ; et miss Marguerite consentit à nous parler de lady Ludlow, à condition toutefois que chacun de nous ferait ensuite un récit quelconque. La chose fut acceptée avec empressement, et nous nous rapprochâmes du sofa pour mieux entendre ce qu'allait nous dire miss Dawson.

LADY LUDLOW

CHAPITRE I.

Je suis maintenant une vieille femme, nous dit Marguerite, et les choses sont bien changées depuis ma jeunesse. Ceux qui voyageaient alors n'avaient à leur service que des diligences contenant une douzaine de personnes, et qui mettaient deux jours pour parcourir l'espace que l'on franchit actuellement en deux heures. On n'avait la poste que deux fois par semaine, et, dans certaines villes que j'ai habitées jadis, le courrier n'arrivait qu'une fois par mois. Il est vrai qu'à cette époque c'étaient de véritables lettres qu'il nous apportait ; des lettres précieuses qu'on relisait avec soin, qu'on étudiait comme un livre, et qu'on gardait toujours. À présent qu'on a le facteur matin et soir, vous n'avez plus qu'un petit nombre de lignes griffonnées à la hâte, et n'ayant aucun sens ; des billets qui la plupart du temps ne renferment qu'une ou deux phrases tellement brèves, que les gens bien élevés n'oseraient pas vous les dire. C'est un progrès, dites-vous, et je veux bien vous en croire ; toujours est-il que vous ne trouveriez pas aujourd'hui une seule lady Ludlow. Je vais essayer de vous parler d'elle ; mais ainsi que je vous le disais tout à l'heure, ce n'est pas une histoire suivie que je vais vous raconter.

Je suis la fille d'un pauvre ecclésiastique dont les enfants étaient nombreux. Ma mère était de noble origine ; quand elle voulait maintenir son rang et faire preuve de noblesse parmi les gens avec qui elle était forcée de vivre (de riches manufacturiers démocrates, partisans de la révolution française), elle mettait une paire de manchettes, garnies d'un vieux point d'Angleterre excessivement usé, mais dont tout l'or du monde n'aurait pu acheter le pareil, car le secret de sa fabrication était perdu depuis longtemps. Ces manchettes prouvaient, comme le disait ma mère, que ses ancêtres avaient eu de la naissance, tandis que les grands-pères de ces riches négociants qui la regardaient avec mépris, n'avaient jamais été nés, si toutefois ces vilains avaient eu des grands-pères.

Je ne sais pas si, en dehors de notre famille, quelqu'un a jamais fait attention à ces fameuses manchettes ; tout ce que je peux dire, c'est qu'on nous avait élevés dans un sentiment de vénération pour elles, qu'on nous avait appris à ressentir une juste fierté quand elles ornaient les bras de ma mère, et qu'alors nous relevions la tête comme il convenait aux descendants de la noble dame qui la première avait possédé cette illustre dentelle. Mon père nous disait bien que l'orgueil était un grand péché ; il nous enseignait généralement à pratiquer l'humilité chrétienne, et la seule chose dont il nous fût permis de nous enorgueillir était ces vénérables manchettes ; ma mère se trouvait d'ailleurs si heureuse quand elle avait l'occasion de les porter, souvent hélas ! avec une robe de velours dont on voyait la corde, que même aujourd'hui, après la triste expérience que m'ont laissée les années, je les considère toujours comme un bienfait pour la famille. Vous pensez que je m'égare et que nous voilà bien loin du sujet de mon histoire ; pas du tout : Ursule Hanbury, l'honorable dame à qui les manchettes avaient appartenu d'abord, était à la fois la trisaïeule de ma mère et celle de lady Ludlow. C'est pourquoi lorsque mon père vint à mourir, laissant neuf orphelins sans fortune, lady Ludlow adressa, en réponse au cri de désespoir de la veuve, l'offre de venir à son secours pour élever sa famille. Je vois encore la lettre de milady : une grande feuille de papier jaune, épais et raboteux, avec une marge bien alignée, une belle écriture ronde qui, en dépit de sa grosseur, faisait tenir plus de mots dans le même carré de papier que les pattes de mouches imperceptibles des jeunes filles de nos jours. Le cachet portait un écusson en losange, car milady était veuve ; ma mère nous en fit remarquer la devise : « Foy et Loy, » et nous montra les armes d'Hanbury, dont celles des Ludlow étaient écartelées. J'imagine qu'elle redoutait le contenu de cette lettre et qu'elle se donnait un prétexte pour en retarder la lecture. Dans sa sollicitude pour nous, elle avait écrit à une foule de personnes afin de réclamer leur protection ; et la froideur, la dureté des réponses qu'elle avait reçues lui avaient fait verser bien des larmes.

Je ne crois pas qu'elle eût jamais vu lady Ludlow ; quant à moi, tout ce que je savais de milady, c'est qu'elle appartenait à la haute aristocratie, et que son arrière-grand'mère avait été la sœur consanguine de notre trisaïeule du côté maternel. Je regardai par-dessus l'épaule de ma mère, et je vis que la lettre débutait par ces mots : « Bien chère cousine. » Il me sembla qu'oh pouvait espérer, du moment qu'elle employait ces paroles ; la suite de la lettre prouva que j'avais raison.

« Bien chère cousine, disait donc lady Ludlow, j'ai appris avec beaucoup de chagrin la perte que vous avez faite par la mort d'un aussi bon mari, d'un ecclésiastique aussi parfait que l'a toujours été mon cousin Richard Dawson. »

« Tiens, dit ma mère en mettant le doigt sur ce passage, lis tout haut ces quelques lignes, afin que les enfants apprennent combien la réputation de leur père était grande, pour qu'une personne qui ne l'a jamais vu puisse en parler en ces termes. Cousin Richard ! comme Sa Seigneurie écrit bien ! Continue, Marguerite. »

Elle s'essuya les yeux et mit un doigt sur ses lèvres pour imposer silence à ma petite sœur Cécile, qui, ne pouvant pas comprendre l'importance de la lettre, commençait à jaser.

« Vous restez avec neuf enfants, écrivait milady ; j'en aurais également neuf si tous les miens vivaient encore ; mais je n'ai plus que mon Rudolph, qui est à présent lord Ludlow. Il est presque toujours à Londres, ou en voyage, et il est assez rare que je jouisse de sa présence ; mais j'ai pris avec moi au château d'Hanbury, que j'habite, six jeunes personnes bien nées que je considère comme mes filles, excepté que je ne leur permets pas un certain luxe de table et de toilette qui conviendrait à une position de fortune supérieure à celle de leurs familles. Ces jeunes personnes, qui sont toutes de condition, malgré leur peu de fortune, ne me quittent presque jamais, et je fais tous mes efforts pour remplir à leur égard les devoirs d'une femme chrétienne. L'une de ces jeunes filles est morte au mois d'avril, pendant une visite qu'elle faisait à ses parents ; voudriez-vous m'accorder la faveur de permettre à votre fille aînée de la remplacer auprès de moi. Je me charge de l'entretien de mes jeunes compagnes et leur donne tous les mois une petite somme comme argent de poche. Elles ont peu l'occasion de s'établir, Hanbury se trouvant fort loin d'une ville quelconque. Notre ecclésiastique est vieux et sourd, et mon régisseur est marié ; quant aux fermiers des environs, ils ne sont pas faits pour attirer les regards des jeunes filles placées sous mon patronage. S'il arrive néanmoins que l'une d'elles trouve un parti qui lui convienne, et que je sois satisfaite de sa conduite, je me charge du repas de noces et du trousseau, que je lui donne au grand complet. Celles qui resteront avec moi jusqu'à ma mort seront assurées par mon testament d'une pension qui leur permettra de vivre d'une manière convenable. Je me réserve de payer les voyages qu'elles peuvent avoir à faire, ne voulant pas qu'elles en entreprennent d'inutiles, et désirant, d'un autre côté, ne pas affaiblir les liens de famille par une trop longue absence de la maison paternelle. Si mes propositions vous conviennent, je ne parle pas de votre fille, je la suppose trop bien élevée pour avoir une volonté différente de la vôtre, faites-le-moi connaître, chère cousine Marguerite, et je m'arrangerai pour faire prendre la jeune personne à Cavistok, où la diligence la déposera. »

Ma mère laissa tomber la lettre et finit par dire au bout de quelques instants :

« Je ne sais pas ce que je deviendrai sans toi, Marguerite ! »

Jusqu'ici, la pensée de changer de place, d'embrasser un nouveau genre de vie, m'avait paru fort agréable ; mais quand je vis le regard douloureux de ma pauvre mère et que j'entendis pleurer les enfants, je renonçai bien vite à l'existence qui m'était proposée.

« Non, reprit ma mère en secouant la tête, il vaut mieux que tu t'en ailles. Lady Ludlow est toute-puissante ; elle pourra placer tes frères, et nous ne devons pas la désobliger en refusant tout d'abord ce qu'elle veut bien nous offrir. »

Après y avoir mûrement réfléchi, cette décision fut confirmée ; nous acceptâmes les offres qui nous étaient faites, et c'est ainsi que je fis connaissance avec lady Ludlow.

Je me rappelle mon arrivée au château d'Hanbury comme si elle était d'hier. La malle-poste m'avait déposée dans la ville où je devais m'arrêter :

« N'êtes-vous pas miss Dawson et n'allez-vous pas à Hanbury-Court ? Un vieux domestique vous attend, » me dit l'aubergiste, qui me toisa des pieds à la tête. Je compris alors ce qu'il y avait de pénible à se trouver tout à coup au milieu d'étrangers, et il me fallut tout mon courage pour ne pas défaillir lorsque je perdis de vue la personne à qui j'avais été confiée par ma mère. Je fus enfin perchée dans une espèce de cabriolet qu'on appelait alors une chaise, et nous traversâmes, mon compagnon et moi, le pays le plus champêtre que vous ayez jamais vu.

Arrivés au bas d'une montée assez longue, mon conducteur mit pied à terre et marcha près de son cheval ; j'aurais voulu en faire autant, mais je n'osais pas demander à ce brave homme de m'aider à descendre, et je restai dans la voiture. En haut de la côte se trouvait une grande plaine balayée par le vent, et qu'on nommait la chasse. Le vieux groom s'arrêta, reprit haleine, caressa son cheval en lui frappant sur le cou, et vint se remettre à côté de moi. »

« Sommes-nous bientôt arrivés, lui demandai-je.

— Ah bien ! oui, miss : nous avons encore une dizaine de milles à faire. »

Une fois la conversation entamée, elle ne s'arrêta plus. J'imagine que le pauvre homme avait été comme moi, et n'avait pas osé rompre le silence ; mais il domina sa timidité plus aisément que je ne triomphai de la mienne, et c'est lui qui se chargea d'alimenter l'entretien. J'eus alors des récits interminables dont il m'était impossible de comprendre l'intérêt ; par exemple, celui d'une chasse que lui avait donnée un certain chien courant dont il avait été poursuivi, il y avait de cela trente et quelques années, chasse qu'il me racontait en me signalant tous les couverts, tous les détours de l'endroit où elle avait eu lieu, comme si la topographie m'en avait été connue ; et je m'étonnais de cette épithète de courant qu'il donnait au chien en question, ne voyant pas que la faculté de courir fût, chez une bête de cette espèce, un caractère distinctif dont il fallût tenir compte.

La route devint de plus en plus mauvaise au sortir de la plaine. Il n'est personne aujourd'hui qui, n'ayant pas vu les chemins qu'on avait il y a cinquante ans, puisse s'en faire une idée. C'est tout au plus si notre bête parvenait à nous sortir des ornières profondes où notre *gig* était logé, suivant l'expression du vieux Randal, et je ne voyais plus rien autour de moi, tant j'étais préoccupée de me retenir à la banquette pour ne pas être lancée au dehors par les cahots épouvantables qu'il nous fallait subir. J'aurais bien fait la route à pied ; mais j'aurais eu de la boue jusqu'à mi-jambe, et il était impossible de se présenter dans un pareil état devant Sa Seigneurie, que j'aurais scandalisée. Nous finîmes enfin par aborder au milieu d'un pâturage où, ayant la perspective de marcher à pied sec, je priai Randal de m'aider à sortir de voiture, ce qu'il fit avec joie par pitié pour sa bête, dont la robe était fumante.

Le pâturage descendait graduellement jusqu'à un bas-fond qui se déployait entre deux rangées d'ormes séculaires, indiquant sans doute qu'une avenue avait existé jadis à l'endroit où ils s'élevaient ; ce n'était plus aujourd'hui qu'une gorge remplie d'herbe où nous entrâmes au coucher du soleil. Tout à coup je me trouvai en face d'une certaine quantité de marches qui m'arrêtèrent et me firent tourner les yeux vers mon guide.

« Si vous voulez bien descendre l'escalier, me dit Randal, je vais faire le tour et je vous reprendrai en bas ; madame serait mécontente si vous n'arriviez pas en voiture.

— Est-ce que nous sommes près du château ? m'écriai-je toute suffoquée en y pensant.

— Ne le voyez-vous pas là-bas ? » me répondit mon compagnon en désignant avec son fouet un groupe de cheminées armoriées qui détachaient leur silhouette brune sur le fond rouge du ciel, et qui se trouvaient de l'autre côté d'une grande pelouse carrée, située au bas de la pente rapide que j'avais à descendre.

Randal s'éloigna, je le retrouvai au bas de l'escalier, où je remontai dans le gig ; nous prîmes un chemin détourné qui nous conduisit à la grille et nous entrâmes dans la cour d'honneur.

Le château d'Hanbury est un vaste édifice, bâti en brique et en pierre dans le style de Hampton-Court. Les pignons élevés, les portails en plein cintre et les meneaux en pierre de taille que l'on remarque derrière le corps de logis principal, indiquaient, suivant lady Ludlow, que c'était autrefois un prieuré. On voit encore le parloir du prieur, que nous appelions tout bonnement la chambre de mistress Medlicott ; de plus une énorme grange où l'on mettait la dîme et qui est aussi haute qu'une église ; enfin une série de viviers où les moines trouvaient du poisson pour le carême et pour tous les jours maigres. Mais je ne vis pas cela tout d'abord ; à peine si, en arrivant, j'aperçus l'admirable bignonia qui, disait-on, avait été planté par l'un des ancêtres de lady Ludlow, et qui couvrait la façade ; j'éprouvais à quitter Randal autant de chagrin que j'en avais eu à me séparer de mon chaperon de la diligence ; c'était un ami de trois heures, le seul que j'eusse dans la maison. Il fallait néanmoins s'y résigner, entrer dans le château, passer devant le majestueux valet de chambre qui, debout, auprès de la porte, la tenait ouverte à deux battants, franchir la grande salle à droite du vestibule, suivre le vieux gentleman, qui prit à gauche, traversa plusieurs salons donnant sur un magnifique jardin rempli de fleurs, et monta quatre marches en sortant d'une antichambre qui suivait le dernier salon ; enfin mon guide écarta une lourde portière de soie et je me trouvai tout à coup en face de Sa Seigneurie.

Lady Ludlow était de fort petite taille, mais elle n'en perdait pas une ligne ; elle portait un bonnet de dentelle, d'une dimension démesurée, qui lui couvrait la tête sans descendre le long des joues ; ceux qui attachent sous le menton ne furent à la mode que plus tard ; nous les appelions des populaires, et milady, qui les méprisait souverainement, prétendait qu'on ne devait les mettre que pour aller se coucher. Une fontange de satin blanc fixait la coiffure de lady Ludlow, dont la toilette se composait d'un beau fichu de mousseline de l'Inde croisé sur la poitrine, d'un tablier pareil au fichu, d'une robe de soie noire avec des manches plates et courtes, à manchettes de dentelles ; la jupe, très-ample et à queue, était relevée dans l'ouverture de la poche de manière à faciliter la marche, et laissait voir un jupon quadrillé en satin lilas. Sa Seigneurie avait les cheveux blancs comme la neige, et presque entièrement cachés par son bonnet ; malgré son âge elle avait la peau fine et blanche, de grands yeux d'un bleu foncé qui devaient avoir été superbes, et ce qu'elle avait eu de mieux dans la figure, car le nez et la bouche n'avaient rien de particulier. Une canne à pomme d'or était à côté de son fauteuil ; mais c'était moins pour en faire usage que comme insigne honorifique ; elle ne s'en servait jamais que dans les grandes occasions, et parcourait le château et les jardins, toutes les fois qu'elle était seule, d'un pas aussi léger, d'une allure aussi vive qu'une jeune fille de quinze ans.

Milady était debout lorsque je fus introduite auprès d'elle ; je fis en entrant la révérence que ma mère m'avait apprise comme faisant partie d'une bonne éducation, et je m'approchai de Sa Seigneurie ; au lieu de me tendre la main, elle se leva sur la pointe de ses petits pieds, et m'embrassa sur les deux joues.

« Vous avez froid, dit-elle ; mais un peu de thé vous réchauffera ; nous allons en prendre ensemble. »

Elle agita une petite sonnette qui se trouvait sur la table ; une femme de chambre arriva, prit les ordres de sa maîtresse, et reparut quelques instants après avec deux petites tasses de porcelaine de Saxe remplies de thé, qui sans doute nous attendait, et quelques tartines de beurre d'une délicatesse désespérante ; j'en aurais mangé la totalité sans me rassasier le moins du monde, tant ce voyage au fond des ornières avait aiguisé mon appétit. La femme de chambre s'empara de mon manteau ; j'allai m'asseoir, tout effrayée du silence de cette femme, qui allait et venait sans qu'on entendît ses pas ; et, déconcertée par la voix douce, la parole nette et facile de milady, je laissai tomber ma petite cuiller dans ma soucoupe ; il en résulta un son aigu, tellement inconvenant, que j'en devins rouge jusqu'aux oreilles ; Sa Seigneurie leva les yeux, nos regards se rencontrèrent, elle comprit mon embarras.

« Vous avez les doigts glacés, dit-elle d'un air affable ; ôtez vos gants, chère petite (de bons gros gants, en peau de daim, que je n'avais pas osé défaire sans y être invitée). Les soirées sont très-froides, ajouta Sa Seigneurie, mais je vais vous réchauffer. » Elle prit mes grandes mains rouges dans les siennes, qui étaient mignonnes, blanches et douces, et couvertes de bagues éblouissantes ; puis, me regardant d'un air pensif : « Pauvre enfant ! reprit lady Ludlow, neuf orphelins dont vous êtes l'aînée ! J'aurais une fille qui serait précisément de votre âge ; il m'est impossible de me la figurer dans la même position. » Elle resta silencieuse pendant quelques minutes ; puis elle appela mistress Adam, celle de ses femmes qui était spécialement attachée à son service, et la pria de me conduire dans ma chambre.

Je crus entrer dans une cellule tant cette pièce était petite ; les murailles en étaient passées à la chaux ; un lit drapé de basin, deux chaises et deux tapis rouges en composaient l'ameublement. L'armoire et le lavabo se trouvaient à côté, dans un cabinet minuscule. Il y avait sur la muraille, en face du lit, quelques versets de l'Écriture sainte ; au-dessous pendait une gravure, assez commune alors, représentant le roi George et la reine Charlotte avec leurs nombreux enfants, y compris la petite princesse Amélie dans son chariot. D'un côté de cette gravure était le portrait de Louis XVI, faisant pendant à celui de Marie-Antoinette. Une petite boîte et un livre de prières garnissaient la cheminée ; je ne me rappelle pas qu'il y eût autre chose dans ma cellule.

Personne ne songeait à cette époque aux bureaux, aux guéridons, aux chiffonnières, aux écritoires, aux fauteuils indispensables de nos jours ; et l'on n'allait dans sa chambre que pour y faire sa toilette, y prier et dormir. On m'appela pour souper ; je descendis avec la jeune fille qui était venue m'avertir, et qui me conduisit dans la grande salle que j'avais traversée en arrivant ; j'y trouvai mes autres compagnes debout et silencieuses, et qui, lorsque j'ouvris la porte, me firent la révérence. Leur costume, qui me parut être une espèce d'uniforme, se composait d'un bonnet à rubans bleus, d'un fichu croisé en mousseline unie, d'un tablier de linon et d'une robe de laine couleur tabac d'Espagne. Je vis sur la table deux poulets froids, une salade, et une tarte aux fruits que l'on nous destinait. Le fond de la pièce était occupé par un dais surmontant une estrade où l'on arrivait par quelques marches, et où l'on voyait sur un guéridon, un pot au lait en argent, une tasse et un petit pain ; près du guéridon était un fauteuil en bois sculpté dont le dossier blasonné portait une couronne de comte.

Je pensais en moi-même que ces demoiselles auraient bien pu m'adresser la parole ; mais chacune était fort timide, et je ne l'étais pas moins. D'ailleurs, je venais à peine d'arriver par la petite porte, que Sa Seigneurie entra par une autre, qui était à côté de l'estrade ; nous lui fîmes une profonde révérence ; elle resta debout et me présenta à mes compagnes en leur recommandant de me faire un bon accueil ; je fus dès lors traitée avec la politesse obligeante que l'on doit à une étrangère, toutefois sans qu'on me parlât d'autre chose que de ce qui avait rapport au souper. Lorsque nous eûmes fini de manger la tarte et qu'on eut dit les grâces, des domestiques vinrent enlever ce qu'il y avait sur la table et apportèrent un grand pupitre, qu'ils posèrent à côté du fauteuil de milady.

Toutes les personnes de la maison se rassemblèrent autour de l'estrade ; Sa Seigneurie appela l'une de mes compagnes, qui s'approcha du pupitre, où une Bible avait été placée, et la jeune fille lut les psaumes indiqués par le rituel. Je me souviens de m'être dit en moi-même combien j'aurais tremblé s'il m'avait fallu être à sa place. Il n'y eut pas la moindre prière ; c'était aux yeux de lady Ludlow une hérésie coupable que de prier en dehors de l'office ; elle aurait mieux aimé faire elle-même un sermon à l'église paroissiale que de permettre à un laïque de débiter des prières dans une maison ; je ne suis pas bien sûre qu'elle l'eût toléré de la part d'un ecclésiastique en dehors du lieu saint.

Lady Ludlow avait été jadis fille d'honneur de la reine Charlotte. Elle était le dernier rejeton de cette vieille souche des Hanbury, si florissante du temps des Plantagenets, l'héritière de ce qui restait aujourd'hui du patrimoine de cette famille, dont les domaines s'étendaient autrefois dans quatre comtés différents, et c'était de son propre chef qu'elle possédait Hanbury-Court. Après son mariage elle avait habité, tour à tour, les différents manoirs de lord Ludlow ; elle y avait perdu tous ses enfants, à l'exception d'un seul, et ces tristes souvenirs devaient lui faire désirer d'autant plus de rentrer dans le château de ses ancêtres. J'imagine que les années de sa jeunesse avaient été l'époque la plus heureuse de sa vie, car la plupart de ses opinions, au moment où je l'ai connue, étaient celles qui prévalaient cinquante ans auparavant. Ainsi, lorsque j'arrivai chez elle, on commençait à se préoccuper de l'éducation du peuple ; M. Raikes avait établi ses écoles du dimanche, et certains ecclésiastiques demandaient qu'on y apprît non-seulement à lire, mais encore l'écriture et le calcul. Lady Ludlow n'acceptait rien de tout cela ; elle ne voulait pas même en entendre parler : c'était du nivellement, cela frisait la révolution. Une jeune personne devait-elle entrer à son service, milady la faisait venir dans sa chambre, examinait sa figure, ses habits, et l'interrogeait sur ses parents ; elle attachait à ce dernier point une importance capitale : une jeune fille, disait-elle, qui reste indifférente lorsqu'on lui témoigne de l'intérêt ou de la curiosité à l'égard de sa mère ou des marmots de la famille, ne fera jamais un bon serviteur. Puis elle regardait la manière dont la pauvre créature était chaussée, lui faisait réciter le credo, l'oraison dominicale et lui demandait enfin si elle savait écrire. La réponse était-elle affirmative, qu'en dépit de la satisfaction qu'elle avait exprimée jusqu'alors, la figure de lady Ludlow s'allongeait tout à coup ; c'était pour Sa Seigneurie un grand désappointement, une vive contrariété ; mais elle s'était fait une règle invariable de ne jamais prendre un domestique sachant écrire. Deux fois cependant, malgré cette faute irrémissible, je lui ai vu poursuivre l'examen et soumettre la postulante à une épreuve extraordinaire en lui faisant répéter les dix commandements de Dieu. Malheureusement une de ces pauvres filles, dont la mine éveillée était déjà un grand tort, après avoir répondu de la manière la plus satisfaisante, perdit tout à coup ses avantages en disant avec assurance, après avoir terminé son dixième commandement :

« S'il plaisait à milady, je pourrais lui faire une addition, je connais bien mes quatre règles.

— Une addition, malheureuse ! sortez d'ici bien vite, lui fut-il répondu ; vous pouvez entrer dans le commerce, mais vous ne sauriez me convenir en qualité de domestique. »

La jeune fille, qui plus tard épousa un riche drapier de Shrewsbury, s'en alla toute confuse. À peine avait-elle fermé la porte que je fus priée d'aller la rejoindre et de lui faire servir à goûter. Quelques instants après, milady fit revenir la pauvre créature ; mais c'était uniquement pour lui donner une Bible et pour l'avertir de se mettre en garde contre les principes révolutionnaires qui avaient conduit les Français à couper la tête du roi et celle de la reine de France.

« Je vous assure, milady, balbutia la jeune fille, que je ne ferais pas de mal à une mouche, encore bien moins au roi, et que je ne peux souffrir ni les Français ni les grenouilles. »

Mais milady fut inexorable, et prit une servante qui savait à peine compter ses dix doigts, afin de protester contre les progrès que l'arithmétique faisait chaque jour parmi les masses. Quand, un peu plus tard, le recteur de la paroisse, étant mort, fut remplacé par un jeune ecclésiastique imbu des idées nouvelles, le développement de l'éducation populaire fut l'un des points sur lesquels Sa Seigneurie et le jeune ministre ne purent jamais s'entendre.

À l'époque où vivait M. Montford, ce bon vieux sourd qui dirigeait la paroisse lorsque j'arrivai au château, milady ne manquait jamais, quand elle n'était pas d'humeur à écouter le sermon, de s'avancer jusqu'à la porte de son énorme banc, et de dire au prêtre, à l'instant où celui-ci allait monter en chaire : « Ne vous donnez pas la peine de prêcher, M. Montford, je vous en dispense pour aujourd'hui ; » et tout le monde s'agenouillait pour entonner l'antienne avec la plus vive satisfaction, y compris M. Montford, qui savait à quoi s'en tenir, malgré sa surdité ; car il ne manquait jamais, à cet endroit de l'office, de tourner les yeux du côté de Sa Seigneurie, dont il épiait les moindres gestes.

Mais M. Gray, le nouvel ecclésiastique, était d'une pâte bien différente. Plein de zèle dans l'exercice de ses fonctions, il fut d'abord au mieux avec Lady Ludlow, qui, très-charitable envers les pauvres, ne tarissait pas en éloges sur les vertus du jeune prêtre : son arrivée était pour la paroisse une véritable aubaine, et il pouvait faire demander au château, sans crainte de jamais être refusé, tout ce qui lui était nécessaire pour ses malades : bouillon, bon vin, confitures ou sagou. Malheureusement il avait, comme tant d'autres, enfourché ce fatal dada de l'éducation du peuple, et je vis milady s'attrister un dimanche, où elle avait pressenti, je ne sais à quel propos, qu'il y aurait dans le sermon quelque chose de relatif à l'établissement d'une école. Elle se leva, comme autrefois, ce qu'elle n'avait pas fait depuis deux ans que M. Montfort n'était plus, et dit au jeune ecclésiastique : « Ne vous donnez pas la peine de prêcher, M. Gray, je vous en dispense pour aujourd'hui. » Mais sa voix était mal assurée, et nous nous agenouillâmes pour les prières du prône avec plus de curiosité que de satisfaction réelle. Effectivement, en dépit de la dispense seigneuriale, M. Gray fit un sermon des plus pathétiques sur la nécessité d'établir une école dans le village. Milady ferma les yeux, fit semblant de dormir et parut ne rien entendre de la prédication, dont je pensai néanmoins qu'elle ne perdait pas un mot. Le samedi suivant j'en acquis la certitude ; elle m'avait emmenée faire une promenade en voiture avec une de mes compagnes, et nous étions allées voir une pauvre femme qui était malade depuis six mois et qui demeurait au bout de la paroisse. Comme nous sortions du cottage, nous aperçûmes M. Gray qui se dirigeait en toute hâte vers l'endroit que nous quittions. Milady lui fit signe d'approcher. « Vous avez l'air d'avoir très-chaud, lui dit-elle, je vais vous attendre et vous reconduire chez vous ; je suis à vrai dire fort étonnée de vous voir à pareil jour aussi loin du presbytère. » M. Gray releva la tête et parut ne pas comprendre. « N'êtes-vous pas juif ? » lui demanda milady, comme pour expliquer ses paroles. Le fait est que dans ce malencontreux sermon, il avait, en parlant de son école du dimanche, employé le mot sabbat pour désigner le jour du Seigneur ; ce qui était aux yeux de milady une preuve de judaïsme. « Le sabbat est le sabbat, poursuivit-elle, c'est-à-dire le samedi, le jour du repos chez les juifs ; quant à moi qui suis chrétienne, je ne connais que le dimanche. »

M. Gray sourit et s'inclina : « Personne, dit-il, ne sait mieux que Sa Seigneurie quels sont les devoirs qui permettent d'enfreindre la loi en ce qui concerne le sabbat. Je vais donc sans scrupule visiter la mère Brown ; pardonnez-moi, milady, je serais désolé de vous retenir plus longtemps.

— Pas du tout, monsieur Gray, je vous ramène au presbytère. Allez voir votre malade : je vais, pendant ce temps-là, faire le tour par Oak-field, et je vous reprends dans une heure. »

Elle ne voulait pas le troubler dans sa bonne œuvre, en lui laissant penser qu'il la faisait attendre.

« Un excellent jeune homme, très-chères, nous dit-elle quelques instants après ; toutefois, soyez-en sûres, je n'en ferai pas moins vitrer mon banc. »

Nous ne savions pas ce qu'elle voulait dire ; mais nous l'apprîmes au bout de huit jours. Les rideaux qui entouraient le banc seigneurial avaient été remplacés par un vitrage, ayant environ deux mètres de hauteur ; on entrait par une portière dont les carreaux se manœuvraient comme les glaces d'une voiture. Les vitres étaient baissées pendant l'office, comme autrefois les rideaux étaient ouverts ; mais si par hasard M. Gray proférait le mot sabbat, ou parlait de son école du dimanche, milady quittait son fauteuil et relevait la glace avec un bruit significatif.

Laissez-moi vous dire à ce sujet quelques mots sur notre jeune ecclésiastique. La présentation au bénéfice d'Hanbury appartenait à deux personnes, qui exerçaient leurs droits tour à tour. C'était lord Ludlow qui avait fait nommer M. Montford, dont les connaissances profondes en équitation avaient mérité son suffrage. À vrai dire, l'habile écuyer ne fut pas un mauvais prêtre, surtout pour son époque. Il s'enivrait rarement, bien qu'il aimât la table autant que personne au monde, et ne manquait jamais d'envoyer à ceux des pauvres qui étaient malades les meilleurs plats de son dîner, au risque de les faire mourir d'indigestion. Rempli de bonté pour tous les hommes, il ne se montrait sévère qu'à l'égard des dissidents, surtout des méthodistes, contre lesquels il ressentait une haine particulière ; et il se liguait avec milady pour les expulser de la paroisse. On prétend que John Wesley avait critiqué son amour pour la chasse, et que telle était l'origine de son animosité, si peu en rapport avec son indulgence habituelle. Du reste, il y avait longtemps que la chose avait eu lieu, car, à l'époque où je l'ai connu, il était d'un embonpoint qui ne lui permettait plus de monter à cheval ; d'ailleurs, l'évêque du diocèse avait défendu la chasse à tous les membres de son clergé. Pour ma part, je ne crois pas que la morale eût souffert quand le pauvre M. Montford eût couru les bois de temps à autre avec meute et piqueur. Il mangeait tant, et prenait si peu d'exercice, que nous entendions souvent parler des colères effroyables où il se mettait contre ses domestiques, le sacristain et son clerc. Il est vrai que ceux-ci n'y faisaient guère attention ; l'excellent homme revenait bientôt à lui-même, et faisait toujours aux victimes de son emportement, un cadeau proportionné à la violence de sa colère. « Que M. le curé nous envoie à tous les diables, c'est un shilling qu'il nous donne, racontait le sacristain, qui ne manquait pas de finesse, tandis que le *diable !* tout court, est une impatience de vicaire, un misérable mot qui ne vaut pas plus de douze sous. » Il y avait beaucoup de bon dans ce pauvre M. Montford. Il ne pouvait supporter ni la souffrance, ni la misère des autres, et faisait tout son possible pour les soulager dès qu'il en avait connaissance ; mais il avait grand peur de troubler sa quiétude ; et, comme la vue des malheureux lui était fort pénible, il savait mauvais gré à ceux qui lui en parlaient.

« Que voulez-vous que j'y fasse ? » disait-il un jour à milady au sujet d'un pauvre homme qui s'était cassé la jambe. « Je ne peux pas lui raccommoder le tibia, c'est l'affaire du docteur ; quant à le soigner, sa femme s'en acquittera mieux que moi. Je ne pourrais que lui porter le secours de ma parole, et j'y perdrais mon éloquence ; ce serait de l'hébreu pour lui, sans compter le dérangement que lui occasionnerait ma visite : il se ferait asseoir dans une posture incommode, changerait de linge et d'habits et n'oserait pas se donner le soulagement de gronder sa femme, de crier et de jurer pendant tout le temps que je serais là. Est-ce que Votre Seigneurie n'entend pas le soupir de satisfaction que pousserait le malheureux une fois que j'aurais tourné le dos ? Où serait alors le bénéfice de mes discours ? D'autant plus que, suivant lui, j'aurais dû réserver cette exhortation pour son voisin, attendu qu'elle ne pouvait convenir qu'à un pécheur endurci. Je juge des autres par moi-même ; si j'étais malade, il me serait fort désagréable de recevoir lord Ludlow. Sans aucun doute, ce serait un grand honneur ; mais il faudrait changer de bonnet de nuit, simuler la patience, et prendre garde de fatiguer Sa Seigneurie de mes plaintes. Je lui aurais bien plus de gratitude si, au lieu de venir me voir, il pensait à m'envoyer un morceau de venaison, afin de m'aider à recouvrer la dose de santé qui est nécessaire pour jouir convenablement de la visite d'un gentilhomme. J'enverrai donc à John Butler un bon dîner jusqu'à ce qu'il soit guéri, et j'épargnerai à ce pauvre diable ma présence et mes conseils. »

Milady ne savait trop que penser des doctrines de M. Montford ; mais c'était son mari qui avait fait choix du révérend, et il était impossible de mettre en doute la sagesse du noble défunt. Elle savait d'ailleurs que John Butler recevait exactement les bons repas dont il avait été question, et qu'une ou deux guinées accompagnaient souvent le potage et le rosbif qu'on lui envoyait du presbytère. Puis M. Montford était pur jusqu'à la moelle des os ; il avait horreur des dissidents et des Français, et n'aurait pas pris une tasse de thé sans porter un toast à l'Église et au roi et sans maudire le Rump[1]. En outre, il avait eu l'honneur de prêcher devant la famille royale à Weymouth, le roi avait daigné applaudir son sermon d'un *très-bien !* articulé deux fois, ce qui était la consécration d'un mérite dont, après cela, il n'était plus permis de douter,

Enfin, pendant tout l'hiver, M. Moniford venait passer au château les longues soirées des dimanches ; il nous faisait une instruction et jouait ensuite au piquet avec Sa Seigneurie. Lady Ludlow ne manquait jamais en pareille circonstance de le prier de souper avec elle ; mais comme son repas du soir se composait invariablement d'une tasse de lait et d'un peu de pain, M. Montford aimait beaucoup mieux partager notre volaille, déclarant que milady n'était qu'une hérétique, une pécheresse abominable qui faisait maigre le dimanche, jour fêté par l'Église. Nous écoutions cette plaisanterie pour la vingtième fois, en souriant comme la première ; nous avions même fini par en sourire d'avance, car elle était toujours précédée d'une petite toux nerveuse occasionnée par la crainte que cet excès d'audace ne déplût à milady ; et jamais cette dernière, non plus que le recteur, ne parut être frappée de la répétition de ce bon mot.

Un jour M. Montford mourut subitement, et nous laissa de vifs regrets. L'excellent homme léguait une certaine rente aux pauvres de la paroisse, afin qu'ils eussent à Noël un rosbif et un plumpudding, dont il donnait la recette dans le codicille de son testament.

Il priait en outre ses exécuteurs testamentaires de veiller à ce qu'on ne déposât pas son cercueil dans le caveau réservé aux recteurs de la paroisse, avant que le susdit caveau n'eût été bien aéré, car il avait toujours détesté les lieux humides. On pensait même que la chaleur excessive qu'il entretenait dans ses appartements, afin de les assainir, avait accéléré sa mort.

C'est après cet événement que la cure de notre paroisse avait été offerte à M. Gray, membre du collège de Lincoln. Il était naturel que tous ceux qui, de près ou de loin, appartenaient à la famille Hanbury, désapprouvassent le choix qui avait été fait par l'autre possesseur du bénéfice. Néanmoins, lorsque de mauvaises langues firent courir le bruit que M. Gray était un méthodiste, Sa Seigneurie déclara qu'elle ne pouvait admettre une accusation aussi grave sans avoir été d'abord convaincue par les preuves les plus incontestables.

CHAPITRE II.

Avant de nous occuper de M. Gray, je crois utile de vous dire comment nous passions notre temps au château d'Hanbury. Nous étions cinq jeunes personnes dans la maison, à l'époque de l'arrivée du nouvel ecclésiastique ; toutes les cinq de bonne famille et comptant dans l'aristocratie tout au moins un allié. Dès que nous n'étions pas avec lady Ludlow, nous nous trouvions sous la surveillance de mistress Medlicott, petite femme bien élevée, qui était depuis fort longtemps avec Sa Seigneurie, dont on la croyait un peu parente. Elle avait passé toute sa jeunesse en Allemagne, je pense même qu'elle y était née, ce qui expliquait à la fois son accent germanique et l'habileté qu'elle possédait dans tous les genres d'ouvrages à l'aiguille, ouvrages que l'on ne connaît plus aujourd'hui même de nom. Elle raccommodait les bas, la dentelle, le linge de table, la mousseline des Indes, avec une telle perfection qu'il était impossible de découvrir l'endroit où elle avait fait sa reprise. En un mot, bien qu'elle fût bonne protestante, et ne manquât jamais d'aller à l'église le cinq novembre[2], elle était aussi adroite qu'une religieuse papiste. Nous travaillions avec elle une grande partie de la journée, soit dans le laboratoire, soit dans l'atelier de couture qui donnait dans la grande salle. Lady Ludlow méprisait tous les ouvrages de fantaisie ; elle les considérait comme étant bons tout au plus à distraire les enfants ; quant aux femmes, elles devaient restreindre leurs plaisirs à un ouvrage de couture délicat et soigné. Les grandes tapisseries qui décoraient la salle étaient bien l'œuvre de ses aïeules ; mais celles-ci vivaient avant la réforme et ignoraient, par conséquent, cette pureté de goût et de principes qui doit régner dans les moindres actes de la vie, aussi bien que dans les croyances religieuses. Sa Seigneurie n'approuvait pas davantage la mode qui existait alors, parmi les femmes du monde, de fabriquer des souliers ; c'était, disait-elle, la conséquence de la révolution française qui avait bouleversé toute la hiérarchie sociale, et qui permettait qu'on vît des jeunes filles de bonne maison manier une alène, et se servir de poix, comme si leur père avait été cordonnier.

Il arrivait souvent que nous étions demandées l'une ou l'autre pour aller faire à Sa Seigneurie la lecture de quelque livre instructif ; c'était, en général, le Spectateur d'Addison ; toutefois je me rappelle un certain ouvrage traduit de l'allemand, que mistress Medlicott avait recommandé à milady : les Réflexions de M. Sturm, qui nous disait à quoi il fallait penser chaque jour, et cela depuis le premier janvier jusqu'au trente et un décembre. Rien n'était plus ennuyeux ; mais la reine Charlotte avait beaucoup aimé ce livre, et le souvenir de cette royale approbation combattait chez milady l'influence de cette lecture soporifique. Les Lettres de mistress Chapone et les Conseils du docteur Grégoire aux jeunes filles étaient, avec les ouvrages précédents, les seuls livres qu'on trouvât dans notre bibliothèque ; je ne parle pas de la Bible que nous lisions tous les dimanches. Quant à moi, j'étais enchantée de quitter l'aiguille, et même de renoncer à ma lecture, pour aller dans le laboratoire préparer les conserves et les médicaments. Il n'y avait pas de médecin à quatre milles à la ronde, et, sous la direction de mistress Medlicott, nous inspirant des formules du docteur Buchan, nous expédiions chaque jour maintes et maintes potions qui, j'ose le dire, n'étaient pas moins bonnes que celles du pharmacien. Je ne crois pas en conscience qu'elles aient jamais fait de mal ; leur saveur était généralement très douce, et quand, par hasard, nous leur trouvions un peu plus de goût qu'à l'ordinaire, mistress Medlicott nous y faisait ajouter de la cochenille et une quantité d'eau suffisante pour n'avoir rien à craindre. Mais si nos fioles ne contenaient, en réalité, aucun élément actif, nous leur mettions une étiquette dont les paroles mystérieuses aidaient considérablement à leur efficacité. Que de petites bouteilles d'eau colorée en rouge, ne contenant d'autre matière médicale, que deux ou trois grains de sel, mais bien et dûment étiquetées, sont sorties de notre laboratoire à la grande reconnaissance des malades, qui leur devaient une guérison rapide ! Que de pilules de mie de pain, fabriquées dans l'origine avec l'intention pure et simple de nous exercer à manipuler, et dont les résultats n'ont pas été moins merveilleux ! Il est vrai qu'avant de donner la boîte où elles étaient contenues, mistress Medlicott avait soin d'expliquer l'effet qu'elles devaient produire sur le malade, effet qui ne manquait jamais d'arriver. Je me rappelle un vieillard qui n'aurait pas dormi s'il n'avait pris tous des soirs quatre ou cinq de nos pilules, et qui souffrait tellement lorsqu'il n'en avait plus, qu'il se croyait à sa dernière heure ; Je suppose que la médecine que nous faisions alors au moyen de cette pharmacopée, à la fois simple et puissante, était ce qu'on appelle maintenant de l'homœopathie.

Mais en surcroît de nos préparations pharmaceutiques, nous apprenions dans le laboratoire à faire toutes sortes de friandises. Pour le jour de Noël, des pâtés et de la bouillie au raisin de Corinthe ; des crêpes et des pâtes faits le mardi gras ; des gâteaux à la violette pendant la semaine de la passion ; du poudigne à la tanaisie[3] le dimanche de la Pentecôte ; le jour de la Trinité des gâteaux à trois cornes, et ainsi de suite, jusqu'à la fin de l'année. Tout cela d'après de bonnes vieilles recettes cléricales, léguées à milady par ses premières aïeules protestantes.

Nous passions, chacune à tour de rôle, une partie de la journée avec Sa Seigneurie, et de temps en temps nous allions nous promener avec elle dans son carrosse à quatre chevaux. Elle eût trouvé indigne de son rang de n'avoir que deux chevaux à son équipage. Au fond il n'y en avait pas trop de quatre pour traîner la pesante machine à travers la boue épaisse des ornières que nous trouvions partout ; mais c'était assez embarrassant dans les chemins étroits du Warwickshire, et je me suis dit bien souvent qu'il était fort heureux que les comtesses ne fussent pas plus nombreuses ; car si nous avions rencontré une seconde voiture à quatre chevaux je ne sais pas ce que nous serions devenus. Cette crainte de nous trouver un jour face à face avec une autre femme de qualité dans l'un de nos chemins de traverse, augmentant chez moi de plus en plus, je questionnai mistress Medlicott pour savoir ce qui arriverait en pareille circonstance. « Celle de la dernière création, me répondit la gouvernante, serait obligée de reculer. »

Ces paroles m'intriguèrent pendant longtemps ; mais je finis par en pénétrer le sens, et je commençai à comprendre l'utilité du Peerage, un livre qui jusque-là m'avait paru souverainement ennuyeux. J'ai toujours été fort peureuse en voiture ; aussi m'empressai-je de rechercher à quelle date remontait la création de nos trois comtes du Warwickshire, et j'appris avec joie que lord Ludlow occupait le second rang, ce qui dans l'espèce équivalait au premier, le plus ancien de nos trois comtes n'étant qu'un vieux chasseur dont la femme était morte, et qui probablement ne sortait jamais qu'à cheval.

Mais revenons à M. Gray, dont nous voilà bien loin. C'est à l'église, le jour de sa présentation, que je le vis pour la première fois. Il avait le teint qui accompagne ordinairement les cheveux blonds, et rougissait avec une extrême facilité ; petit et mince, il paraissait d'une constitution assez frêle ; et sa chevelure, soyeuse et frisée, avait tout au plus un œil de poudre. Je me rappelle que milady soupira profondément en en faisant l'observation. Bien que depuis la famine de 1799 la poudre eût été frappée d'un impôt assez fort, il n'en était pas moins considéré comme très-révolutionnaire de ne pas l'employer en quantité suffisante ; les jacobins seuls n'en mettaient pas du tout. Sa Seigneurie avait déjà beaucoup de peine à accepter les opinions d'un homme qui portait ses propres cheveux ; elle avouait cependant que c'était un préjugé ; mais dans sa jeunesse il n'y avait que la canaille qui se permît une pareille énormité. Il lui était impossible de ne pas associer la perruque à l'éducation d'un gentilhomme, et de séparer son absence de cette classe d'individus où Georges Gordon, l'un des épouvantails de sa jeunesse, avait recruté les émeutiers de 1780. Son mari et ses frères avaient quitté leurs jupons et avaient eu la tête rasée chacun à l'âge de sept ans. Une jolie petite perruque, à la dernière mode, formait invariablement le cadeau de fête que Lady Ludlow, l'ancienne douairière, donnait à ses fils le jour où ils entraient dans leur septième année ; depuis cet instant jusqu'à leur mort, on ne voyait plus un seul de leurs cheveux.

Montrer sa chevelure était déjà un pas énorme dans la voie des idées nouvelles ; mais la porter sans poudre, ainsi que parlaient de le faire certaines gens mal élevés, c'était insulter aux convenances, blesser la pudeur par un costume indécent, faire en un mot du sans-culottisme anglais. Toutefois, M. Gray portait un œil de poudre ; assez pour que milady lui épargnât sa disgrâce, et trop peu pour mériter son entière approbation.

La seconde fois que je vis le nouveau pasteur, il était dans la grande salle. Mary Masson et moi nous devions sortir en voiture avec lady Ludlow, et quand nous descendîmes de notre chambre, où nous avions été nous équiper, nous trouvâmes M. Gray qui attendait milady. Je ne crois pas qu'il lui eût fait de visite et qu'il eût mis ses hommages aux pieds de Sa Seigneurie ; ce qu'il y a de certain, c'est qu'il avait refusé de venir le dimanche soir au château, ce qui avait peu disposé milady en sa faveur.

En nous voyant entrer dans la grande salle et lui faire la révérence, il rougit plus que jamais, toussa deux ou trois fois comme s'il avait voulu nous parler, ce qu'il aurait sans doute fait s'il avait eu quelque chose à nous dire, et devint encore plus rouge à chaque fois qu'il toussa. Je l'avoue à notre honte, mais nous avions beaucoup de peine à nous empêcher de rire, d'autant plus que nous étions nous-mêmes assez intimidées pour comprendre la situation du pasteur.

Milady arriva bientôt d'un pas rapide ; elle marchait toujours très-vite quand elle oubliait de prendre sa canne, et cette fois elle se pressait pour ne pas nous faire attendre. Elle nous salua de l'une de ces profondes révérences à la fois si courtoises et si gracieuses, et dont elle semble avoir emporté le secret dans la tombe, puis elle se dirigea vers M. Gray, qui était debout vers la cheminée. Elle le salua de nouveau, plus profondément encore, et lui demanda, en se préparant à l'introduire chez elle, s'il ne préférait pas lui parler en particulier ; mais le pauvre jeune homme aborda tout de suite le sujet qui l'avait amené, sujet dont il avait le cœur si rempli que ses grands yeux se mouillèrent de larmes.

« Je viens parler à Votre Seigneurie, dit-il, pour la supplier d'intercéder auprès de M. Lathom, à propos d'une affaire criminelle relevant du château d'Hataway.

— Auprès d'Henri Lathom ? demanda lady Ludlow, je ne savais pas qu'il fût de la magistrature.

— Il ne fait que d'y entrer ; je ne crois pas qu'il y ait trois semaines qu'il a prêté serment ; c'est là ce qu'il y a de malheureux.

— Je ne comprends pas que vous puissiez le regretter, répliqua milady ; les Lathom possèdent le fief d'Hataway depuis le règne d'Édouard Ier. Le chef actuel de la famille est jeune, mais il est fort estimé, bien que son caractère soit un peu vif, je le reconnais…

— Il vient de faire emprisonner Job Gregsone, milady ! le pauvre homme est innocent du vol dont on l'accuse, je le sais, j'en ai la certitude ; tous les témoignages le prouvent ; mais les membres du tribunal se tiennent tous et perdent de vue la justice ; ils condamneront ce malheureux pour fêter la bienvenue du nouveau juge ; c'est, disent-ils, la première arrestation que décrète M. Lathom ; il ne serait pas convenable de lui répondre qu'il n'y a pas de preuves contre son accusé. Au nom du ciel, milady, parlez à ces messieurs ; ils écouteront Votre Seigneurie, tandis qu'ils me renverraient à mes propres affaires. »

Lady Ludlow, par malheur, n'était que trop disposée à soutenir les nobles, particulièrement ses proches ; et les Lathom d'Hataway étaient cousins des Hanbury. C'était d'ailleurs, à cette époque, une affaire de conscience que d'encourager un nouveau magistrat au début de sa carrière, en frappant d'un arrêt plus ou moins rigoureux les premiers individus qu'il faisait arrêter. Il faut avouer aussi que le malheureux Gregsone n'était pas fait pour inspirer de l'intérêt ; c'était le père d'une fille qui avait été placée au château en qualité d'aide de cuisine, et qui venait de se faire renvoyer pour son impertinence envers mistress Adam, la femme de chambre particulière de milady. Quel motif M. Gray avait-il de croire à l'innocence d'un pareil homme ? Quelles étaient ces preuves irrécusables dont il ne disait pas un mot, et qui, sans doute, n'existaient que dans son imagination ?

« Monsieur Gray, répondit Sa Seigneurie en se redressant un peu, je ne vois pas qu'il soit nécessaire de nous immiscer dans un pareil débat. M. Henry Lathom a l'esprit juste, le cœur droit, et saura reconnaître la vérité sans avoir besoin de notre concours.

— Mais de nouvelles preuves se sont produites, et l'innocence de…

— Je suppose, répliqua Sa Seigneurie, dont la taille devint plus roide et la parole plus froide, que ces preuves additionnelles ont été fournies au tribunal, composé d'hommes bien nés, dont l'honneur ne saurait faire aucun doute. Ils sentent naturellement que l'opinion de l'un d'entre eux doit avoir plus de poids que la parole d'un individu sans réputation, tel que ce Job Gregsone, qui vient on ne sait d'où, et qui est fortement soupçonné de braconnage ; un vagabond, établi depuis peu sur les communs d'Haremane, dont le territoire est, je crois même, au delà des limites de la paroisse ; vous n'êtes pas responsable de ce qui peut arriver sur un terrain qui ne relève pas de votre cure, et les magistrats pourraient être fondés à vous répondre que cette cause ne vous regarde pas ; ils pourraient même, ajouta milady en souriant, me prier à mon tour de me mêler de mes affaires, si j'intervenais dans celle-ci ; ne le trouvez-vous pas, monsieur Gray ? »

La figure du pasteur exprimait un mélange de chagrin et d'irritation ; deux ou trois fois l'honnête jeune homme avait ouvert la bouche pour répondre à milady, et s'en était abstenu comme si les paroles qui arrivaient à ses lèvres eussent manqué de raison ou de convenance.

« Il peut sembler présomptueux de ma part, dit-il enfin, que je me permette, après un séjour de quelques semaines dans le pays, d'avoir sur le caractère de ses habitants une opinion différente de celle des personnes qui les connaissent de longue date (milady fit un léger signe d'approbation, que je supposai involontaire et dont M. Gray ne sembla pas s'apercevoir) ; mais je suis convaincu, poursuivit-il, que cet homme est innocent ; les magistrats eux-mêmes, allèguent pour seul motif de leur conduite, cette coutume ridicule dont l'objet est de fêter l'avènement d'un nouveau juge par une condamnation, quelle que soit d'ailleurs l'innocence du prévenu. »

Cette malencontreuse épithète de ridicule détruisit immédiatement l'heureux effet qu'avait produit sur milady l'humilité des premières phrases de M. Gray. Je vis aussi clairement que si elle l'avait dit en propres termes, combien Sa Seigneurie était blessée d'une pareille expression, appliquée par un homme d'un rang inférieur, aux actes de gentilshommes de la plus haute naissance ; c'était à vrai dire un manque de tact impardonnable, si l'on considère à qui s'adressait notre jeune ecclésiastique.

« M. Gray, répliqua milady, nous ferons bien de changer de conversation ; c'est un sujet sur lequel nous ne serons jamais d'accord. »

Lady Ludlow avait proféré ces paroles d'une voix basse et lente qui, chez elle, était le signe infaillible d'une vive contrariété.

La figure de M. Gray passa du rouge au pourpre, et devint immédiatement d'une pâleur excessive. Tous les deux paraissaient avoir oublié notre présence, et ma compagne et moi, fort embarrassées de nous-mêmes, cherchions un moyen de leur rappeler que nous étions là, tout en désirant savoir comment se terminerait cette aventure dont l'issue nous intéressait vivement.

Le jeune ecclésiastique se redressa de toute sa hauteur avec un sentiment de dignité si profond, qu'en dépit de sa petite taille, de la gaucherie de ses manières et de l'embarras qu'il éprouvait quelques instants avant, il me parut tout aussi noble que milady elle-même.

« Votre Seigneurie, dit-il, voudra bien se rappeler qu'il est parfois de mon devoir d'entretenir mes paroissiens de textes divers, au sujet desquels je ne partage pas leur opinion, et que je ne suis pas libre de garder le silence par cela seul qu'ils ne sont pas d'accord avec moi. »

La surprise et peut-être l'indignation dilatèrent les grands yeux de lady Ludlow. Je ne crois pas que M. Gray eût fait preuve de sagesse en lui parlant ainsi ; lui-même, sans fléchir néanmoins devant l'orage qu'il avait provoqué, parut effrayé des conséquences de son audace, il y eut un instant de silence, après quoi milady reprenant la parole :

« M. Gray, dit-elle, je respecte votre franchise, bien que je me demande si un jeune homme de votre âge et de votre position a jamais eu le droit de se croire meilleur juge en pareille matière, qu'une personne ayant acquis l'expérience que donnent à la fois les années et le rang que j'occupe dans le monde.

— Si ma qualité de prêtre de cette paroisse, reprit M. Gray, me force à dire la vérité aux gens d'une humble condition, elle ne m'oblige pas moins, madame, de la faire connaître aux gens riches et titrés. »

Le pauvre jeune homme, cela se voyait à sa figure, en était arrivé à ce point de surexcitation qui chez les enfants se termine toujours par des larmes. Il avait puisé dans sa conscience le courage de faire une chose qui lui était souverainement antipathique, et il était facile de voir combien il souffrait de la contrainte qu'il s'était imposée ; chaque seconde augmentait son embarras, qui devint plus grand encore, lorsque ayant tourné les yeux de notre côté il découvrit notre présence.

« Monsieur, lui demanda Sa Seigneurie, dont le visage s'anima tout à coup, ne sentez-vous pas que vous êtes bien loin maintenant du sujet primitif de cette conversation ? Vous parlez des devoirs que vous avez à remplir envers vos paroissiens, permettez-moi de vous répéter que les communaux d'Haremane sont en dehors de la paroisse d'Hanbury, et que vous n'avez pas charge d'âmes à l'égard des gens qui habitent ce malheureux terrain.

— J'ai eu tort de vous parler de cette affaire, madame, je le vois maintenant ; j'ai nui à la cause que j'aurais voulu défendre, répondit tristement l'ecclésiastique ; pardonnez-moi, madame, et permettez que je prenne congé de Votre Seigneurie. »

M. Gray s'inclina d'un air profondément affligé qui frappa lady Ludlow.

« Je vous souhaite le bonjour, lui dit-elle un peu plus vite et plus haut qu'elle n'avait parlé jusqu'ici ; rappelez-vous que ce Job Gregsone est un braconnier, le fait est notoire, un mauvais sujet dans toute la force du terme, et que vous n'êtes pas responsable de ce qui se passe aux communaux d'Haremane. »

L'ecclésiastique allait franchir la porte de la salle au moment où milady proféra ces paroles ; il répondit en manière d'a parte, quelque chose que nous entendîmes, car nous étions près de lui. À peine eut-il fermé la porte que milady nous demanda vivement ce qu'il avait répondu. Nous nous regardâmes, ma compagne et moi, d'un air inquiet, mais il fallut obéir.

« Il a dit, répliquai-je en baissant les yeux, qu'il était responsable de tout le mal qu'il ne s'efforçait pas d'empêcher. »

Sa Seigneurie nous tourna le dos immédiatement et s'éloigna d'un pas rapide. Mary pensa qu'elle était de mauvaise humeur parce que nous avions assisté à cette fâcheuse conférence, et qu'elle m'en voulait surtout de lui avoir répété les paroles du jeune prêtre ; mais ce n'était pas de notre faute si nous étions dans la salle ; et j'étais bien forcée de répondre à la question qu'elle m'adressait.

Quelques minutes après nous montions en carrosse. Milady occupait toujours la banquette de derrière et l'occupait toute seule ; c'était la règle, l'étiquette le voulait, et nous ne songions même pas qu'elle pût être modifiée. Quelques-unes d'entre-nous souffraient bien, il est vrai, de s'en aller à reculons ; pour remédier à cet inconvénient, milady faisait ouvrir les glaces des deux côtés, ce qui lui donnait un accès de rhumatisme, elle le savait ; mais elle ne voyait pas d'autre moyen de nous épargner les maux de cœur, et se mettait bravement entre deux airs pour sauver l'étiquette.

Le jour dont il est question, Sa Seigneurie avait l'esprit trop occupé pour s'intéresser à la route que suivait la voiture, et le cocher nous conduisit à sa guise. Nous gardions le silence, car milady ne parlait pas et avait l'air très-sérieux. Généralement, au contraire, elle savait nous rendre ces promenades fort agréables (du moins à celles qui pouvaient aller à reculons sans avoir de nausées), en nous racontant ce qui lui était arrivé autrefois, ce qu'elle avait vu à Paris et à Versailles, où elle était allée dans sa jeunesse, à Windsor, à Kew, à Weymouth, où elle avait accompagné la reine quand elle était fille d'honneur ; mais ce jour là Sa Seigneurie conserva un silence absolu. Tout à coup cependant elle mit la tête à la portière.

« John ! dit-elle en s'adressant au valet de pied, où sommes-nous ? Je ne me trompe pas, ce sont bien les communaux d'Haremane.

— Oui, madame, » répondit John, qui, debout auprès du carrosse, attendait les ordres de sa maîtresse. Milady sembla réfléchir un instant, puis elle dit à John de baisser le marchepied, et descendit de voiture. Nous la vîmes choisir avec soin les endroits où elle pût mettre la pointe de son petit soulier à talon, au milieu des flaques d'eau épaisse et jaune qui parsemaient la plaine ; John la suivait à quelques pas d'un air majestueux et préoccupé, tant il redoutait pour ses bas d'un blanc pur, cette boue liquide dont il lui fallait suivre les bords. Milady se retourna brusquement, lui adressa la parole, et il revint de notre côté, d'un air à la fois surpris et mécontent.

Sa Seigneurie continua de se diriger vers un groupe de chaumières situées à la partie supérieure des communaux, bâties, comme on le faisait parfois à cette époque, avec de la terre et des branches, et couvertes de gazon.

Autant que nous pûmes en juger, milady hésita au moment d'entrer dans l'un de ces bouges, et ne se décida pas même à questionner les enfants qui barbotaient dans la fange autour de ces masures. Cependant, elle disparut dans l'un de ces cottages, où elle resta huit ou dix minutes, qui nous parurent bien longues. Quand elle en sortit, elle avait la tête basse, non pas cette fois pour choisir la terre sèche, mais sous l'impression d'un sentiment qui paraissait la bouleverser. Elle reprit sa place dans la voiture, ne sachant pas encore la route qu'elle devait suivre ; John attendait, le chapeau à la main, les ordres qu'il fallait transmettre au cocher.

« Manoir d'Hataway, dit milady après un instant de réflexion. Chères petites, ajouta-t-elle en s'adressant à nous, si vous êtes fatiguées, ou si mistress Medlicott vous attend pour un objet quelconque, je vous descendrai à Barford, qui est tout au plus à un quart d'heure du château. »

Nous nous empressâmes de répondre que mistress Medlicott n'avait pas besoin de nous ; il était probable que la masure d'où sortait milady était celle de Job Gregsone, et nous avions trop envie de savoir comment tout cela finirait pour avouer notre fatigue. Nous allâmes donc avec Sa Seigneurie jusqu'au manoir d'Hataway. M. Henry Lathom, le nouveau juge, possesseur de ce manoir, était un célibataire de trente à trente-cinq ans, plus à son aise dans les champs que dans un salon, et beaucoup plus habitué à la société des chasseurs et des palefreniers qu'à celle des femmes.

Milady ne pouvait pas songer à descendre ; c'était à M. Lathom de venir la trouver à son carrosse ; elle ordonna donc au maître d'hôtel, brave homme qui tenait du garde-chasse et ne ressemblait nullement au magnifique gentleman à tête poudrée qui, chez nous, remplissait les mêmes fonctions, de porter ses compliments à M. Lathom, et de lui dire qu'elle désirait lui parler. Je vous laisse à penser quelle fut notre joie en apprenant que nous allions assister à l'entrevue, et savoir les paroles qui allaient être échangées. Toutefois, nous aurions dû le regretter lorsque nous vîmes combien notre présence augmenta la confusion du pauvre gentilhomme, qui trouvait déjà bien assez pénible de répondre aux questions de lady Ludlow, sans avoir pour auditeurs deux jeunes filles au regard curieux, aux oreilles attentives.

« Monsieur Lathom, commença milady avec une vivacité qui ne lui était pas ordinaire, qu'ai-je entendu dire à propos de Job Gregsone ? »

Le nouveau magistrat parut très-contrarié, mais n'osa pas le montrer dans ses paroles.

« J'ai décerné un mandat contre lui, et l'ai fait arrêter comme voleur ; c'est tout, madame, répondit-il en s'inclinant. Vous connaissez la réputation de ce Job Gregsone : un braconnier de la pire espèce, qui tend des pièges, met des collets, pêche en tout temps et en tous lieux, avec toutes sortes d'engins ; et vous savez qu'il n'y a qu'un pas du braconnage au vol.

— Assurément, répliqua milady, qui, pour cette raison, avait horreur des braconniers ; mais je suppose que vous ne faites pas jeter un homme en prison par cela seul qu'il n'est pas bien famé ?

— Un vagabond, répondit M. Lathom, peut être arrêté sans être prévenu d'aucun acte spécial, tout bonnement pour sa manière de vivre, qui est un danger pour la commune, et qui est passible des rigueurs de la loi.

— Fort bien, répliqua milady ; mais ce n'est pas comme vagabond que vous avez fait emprisonner Job, c'est en qualité de voleur ; et sa femme, que je viens de voir, affirme qu'il a passé toute la journée à plusieurs milles de l'endroit où le vol a été commis ; elle prétend même que la preuve vous en a été donnée.

— Aucune preuve de ce genre n'est arrivée à ma connaissance avant l'époque où j'ai décerné le mandat, répondit M. Lathom d'un air un tant soit peu bourru ; je ne suis pas responsable de la décision des autres magistrats, et n'ai pas à m'inquiéter des nouveaux témoignages qu'ils avaient pu recevoir lorsque, sur ma demande, ils ont envoyé ce misérable en prison. »

Il était rare que le visage de lady Ludlow trahît son impatience ; mais nous jugeâmes de l'irritation qu'elle éprouvait, au battement continuel du grand talon de son petit soulier contre le fond du carrosse. Au même instant, nous qui étions assises sur le devant de la voiture, nous aperçûmes M. Gray dans la salle du manoir ; l'arrivée de milady avait interrompu l'entretien que le pasteur était venu demander au magistrat ; et il est fort probable que le jeune ecclésiastique ne perdait pas un mot de la conversation qui se tenait à la portière du carrosse. Quant à milady, elle ne se doutait pas de la présence du ministre ; en voyant

M. Lathom décliner la responsabilité des actes de ses collègues, elle lui répondit par l'argument dont M. Gray s'était servi à son égard, il n'y avait pas deux heures.

« Monsieur Lathom, lui dit-elle, vous êtes responsable de toutes les injustices que vous pouvez prévenir, de tous les maux que vous pouvez empêcher. Dans cette circonstance, d'ailleurs, l'injustice a pour base une méprise de votre part. J'aurais voulu que vous fussiez avec moi tout à l'heure, et que vous eussiez vu la misère qui règne dans le cottage de ce pauvre homme. »

Elle avait baissé la voix, suivant son habitude lorsqu'elle était émue ; peu à peu M. Gray s'était approché pour l'entendre ; le magistrat tournait le dos à celui-ci, mais il entendit marcher ; il ne douta pas que ce ne fût l'ecclésiastique, et ses manières devinrent de plus en plus maussades. Toutefois, il était devant lady Ludlow et n'osait pas lui parler comme il l'eût fait à M. Gray. Milady n'en vit pas moins sur sa figure qu'il persistait dans son opinion ; elle s'en exaspéra, et, prenant la chose à cœur :

« Vous ne refuserez pas, lui dit-elle, d'accepter ma caution ; mettez ce pauvre homme en liberté ; je vous offre de m'engager pour lui, et je vous assure qu'il paraîtra devant le tribunal au moment des assises.

— La caution ne peut être acceptée lorsqu'il s'agit d'un vol, madame, répondit M. Lathom.

— C'est possible dans les circonstances ordinaires, répliqua milady ; mais il s'agit d'un cas tout à fait exceptionnel ; Job est envoyé en prison tout bonnement pour vous souhaiter la bienvenue, et malgré toutes les preuves qui établissent son innocence. Je ne doute pas qu'il ne soit acquitté aux assises ; mais en attendant il sera plus de six semaines en prison, et sa femme et ses enfants mourront de faim. C'est pour cela que moi, lady Ludlow, je vous offre ma caution pour lui, et je m'engage à le faire comparaître lorsque le moment sera venu.

— La loi s'y oppose, madame…

— Bah ! bah ! qu'est-ce qui fait les lois, monsieur Lathom ? Mes pareils dans la chambre des lords, et les vôtres dans celle des communes. Puisque nous faisons la loi nous pouvons en forcer la lettre, quand nous avons pour nous le bon droit et notre conscience, et que nous sommes sur nos terres, au milieu de gens qui nous appartiennent.

— Le lord-lieutenant me retirerait ma commission, s'il apprenait pareille chose.

— Ce serait bien heureux pour le comté, Henry Lathom, et pour vous également, si vous devez poursuivre votre carrière comme vous la commencez. Un excellent tribunal que vous faites à vous tous ! Quelle judiciaire que la vôtre et celle de vos collègues ! J'ai toujours dit et pensé qu'un bon despotisme est la meilleure forme de gouvernement ; et j'en suis de plus en plus convaincue en voyant le résultat de vos assemblées délibérantes, de vos jurys, de vos scrutins de toute espèce. Chères enfants, dit-elle en se retournant vers nous, si cela ne vous fatigue pas de retourner à pied au château, je prierai M. Lathom de vouloir bien monter dans mon carrosse, et nous irons immédiatement à la prison d'Henley pour en faire sortir ce malheureux Job à l'instant même.

— Une promenade à travers champs, et à cette heure-ci, est peu convenable pour des jeunes filles que personne n'accompagne, » objecta M. Lathom, qui désirait probablement échapper au tête-à-tête proposé, et qui, sans doute, répugnait à consentir aux mesures illégales que demandait Sa Seigneurie.

Mais de son côté M. Gray avait trop à cœur les intérêts du prisonnier pour ne pas lever tous les obstacles qui pouvaient s'opposer à son élargissement.

Rien de plus amusant à voir que la figure de milady lorsque le jeune ecclésiastique, en s'avançant, lui montra qui elle avait eu pour auditeur. Elle venait de tenir à M. Lathom le même langage que lui avait adressé le jeune ministre, et qui, dans la bouche de ce dernier, lui avait tant déplu ; elle avait parlé au magistrat d'une assez verte façon en présence de celui à qui elle avait vanté la droiture, le bon sens et pour ainsi dire l'infaillibilité de ce gentilhomme. Toutefois, avant que le jeune pasteur eût terminé l'offre qu'il faisait de nous reconduire au château, milady avait complètement repris possession d'elle-même, et ce fut avec une bienveillance parfaite qu'elle dit à M. Gray :

« Je ne savais pas que vous fussiez ici ; mais je crois comprendre à quel propos vous y êtes venu, et cela me rappelle que j'ai à remplir un devoir auprès de M. Lathom. Je vous ai parlé en toute franchise, dit-elle au magistrat, oubliant qu'aujourd'hui même j'étais en désaccord avec M. Gray, précisément sur la question qui nous occupe. Je voyais alors toute cette affaire sous le même jour où vous l'envisagez ; il me semblait, comme à vous, que le pays n'avait qu'à gagner à l'emprisonnement de ce misérable Gregsone, qu'il fût coupable ou non du vol dont on l'accuse. Nous nous sommes quittés, M. Gray et moi, d'assez mauvaise humeur, ajouta-t-elle en saluant avec grâce le jeune ecclésiastique ; mais j'ai vu depuis la femme et l'intérieur de Gregsone ; j'ai senti que M. Gray avait raison, que c'était moi qui avais tort, et avec l'inconséquence proverbiale de mon sexe, je suis venue vous reprocher amèrement de soutenir l'opinion que je partageais il y a une heure. Monsieur Gray, poursuivit-elle en saluant de nouveau l'ecclésiastique, ces demoiselles vous seront très-reconnaissantes si vous voulez bien les accompagner au château. Et vous, monsieur Lathom, puis-je vous demander d'être assez bon pour venir avec moi jusqu'à la prison d'Henley ? »

M. Gray salua très-bas et devint pourpre. M. Lathom balbutia quelque chose que personne n'entendit et qui me fit l'effet d'être une protestation contre la démarche qui lui était imposée. Lady Ludlow ne parut pas même s'apercevoir de ses murmures ; elle prit l'attitude patiente d'une personne qui attend ce qu'elle est sûre d'obtenir, et, comme nous nous détournions pour prendre le chemin conduisant au château, nous vîmes M. Lathom qui montait dans le carrosse, de l'air d'un chien qu'on fouette. Je dois avouer qu'il m'aurait été fort pénible de me trouver à sa place, et qu'il avait probablement raison en taxant d'illégal l'objet de la course que milady lui faisait faire.

Notre retour au château fut extrêmement ennuyeux. Il n'y avait rien à craindre, et nous nous serions parfaitement passées de la compagnie de M. Gray, qui n'était plus qu'un jeune homme gauche et timide, rougissant en silence et fort embarrassé de lui-même. À chaque barrière le pauvre garçon hésitait, gravissait l'échalier, pensant qu'il lui serait plus facile de nous aider en le franchissant d'abord ; puis il s'arrêtait court, se retournait, et venait se mettre derrière nous, frappé de l'idée subite qu'il était fort impoli de passer avant une femme. Bref il n'avait aucune aisance dans les manières, ainsi que le disait lady Ludlow, bien que, dans les grandes occasions, il déployât toujours une extrême dignité.

CHAPITRE III.

C'est peu de temps après cette course d'Hataway au château, que je ressentis une douleur dans la hanche, dont le résultat fut de me rendre infirme pour le reste de mes jours. Je ne me rappelle pas avoir fait une seule promenade depuis la soirée où nous revînmes de chez M. Lathom, en compagnie de M. Gray. Je ne l'ai jamais dit ; mais j'ai supposé autrefois que le mal avait eu pour origine un saut énorme que j'avais fait, précisément ce jour-là, du sommet d'un échalier. Peu importe ; il y a longtemps que c'est passé ; Dieu dispose de nous tous, et je ne vous fatiguerai pas du récit de mes souffrances, du découragement qui s'empara de moi, lorsque je vis enfin qu'il n'y avait plus d'espoir. Songez un peu au chagrin que ce doit être de se trouver tout à coup impotente, de penser qu'on ne guérira jamais, qu'on sera toute sa vie un fardeau pour les autres, quand on a dix-sept ans, que la veille encore on était vive, alerte, pleine de force et de jeunesse, et qu'on appelait de tous ses vœux l'instant où l'on pourrait aider ses frères et sœurs à faire leur chemin dans le monde. Je vous dirai seulement qu'au nombre des bienfaits que me valurent mes souffrances et qui m'en dédommagèrent, fut la bonté avec laquelle lady Ludlow me prit, pour ainsi dire, spécialement sous sa charge ; même aujourd'hui, tandis que, seule et vieille, je me rappelle le passé, je la bénis pour les instants de bonheur que me procure son souvenir.

Je ne crois pas qu'il existât de meilleure garde-malade que mistress Medlicott, et je ne lui conserverai jamais assez de reconnaissance pour tous les soins qu'elle m'a prodigués : mais elle ne savait que répondre à mes plaintes, et se démoralisait devant mes larmes. En face de mes accès de désespoir, qui duraient des heures entières, la seule consolation qui vînt à l'esprit de l'excellente femme était de courir à l'office et d'en rapporter quelque chose de fortifiant, ou qui pût exciter l'appétit ; je suis persuadée qu'à ses yeux une transparente gelée et dûment aromatisée, devait guérir tous les maux.

« Prenez cela, me disait-elle, prenez cela, chère enfant, et ne vous désolez pas pour une chose qu'on ne saurait empêcher. »

Elle finit cependant par découvrir que les mets les plus délicats ne pouvaient rien contre la douleur morale, et fut à la fois très-surprise et très-embarrassée de la découverte qu'elle venait de faire.

Nous en étions là toutes les deux, moi, me désolant toujours, et la pauvre femme ne sachant plus quelle consolation m'offrir, lorsque je descendis pour voir le docteur, qui m'attendait dans la chambre de mistress Medlicott, une grande pièce entourée d'énormes armoires toutes remplies de confitures et de friandises, que la digne gouvernante fabriquait perpétuellement, sans jamais y goûter. Lorsque le médecin fut parti, je remontai dans ma cellule, sous prétexte d'y ranger quelque chose, mais, à vrai dire, pour y pleurer tout à mon aise ; et c'est là que John, le valet de pied, vint m'annoncer que milady me priait de descendre dans la pièce dont j'ai parlé au début de cette histoire, et où j'avais trouvé Sa Seigneurie le jour de mon arrivée au château. Je ne crois pas que j'y fusse entrée depuis lors ; toutes les fois que milady nous faisait venir pour lui faire la lecture, elle se tenait dans le petit salon qui précédait cette pièce, dont elle avait fait son cabinet particulier. Je suppose que les personnes de haute naissance n'ont pas besoin du secret et de la solitude que les petites gens recherchent dans leur intérieur. Il y avait au moins deux portes, quelquefois trois ou quatre, dans les pièces que milady occupait ; mistress Adam était toujours dans la chambre à coucher de Sa Seigneurie, où donnait l'une de ces portes, et mistress Medlicott dans une espèce d'antichambre qui précédait le petit salon, de manière qu'en élevant la voix, Sa Seigneurie pût toujours les appeler.

Représentez-vous un grand édifice carré, tirez une ligne qui le partage en deux portions égales, et vous aurez le château d'Hanbury ; à l'un des bouts de cette ligne était la porte de la salle qui constituait la grande entrée ; à l'autre bout du vestibule, se trouvait l'entrée particulière, donnant sur une terrasse, terminée d'un côté par une sorte de poterne, percée dans un vieux mur qui séparait le château des communs et des bâtiments d'exploitation. Les gens qui venaient trouver Sa Seigneurie pour lui parler d'affaires, passaient par le côté de la terrasse qui touchait à la poterne ; mais, pour sortir du château, milady n'avait qu'à traverser l'appartement de mistress Medlicott, puis une petite salle, et se trouvait sur la terrasse vis-à-vis d'un large escalier de pierre, conduisant à un jardin magnifique, où l'on trouvait de grandes et belles pelouses, des plates-bandes remplies de fleurs, des massifs d'arbustes de toute espèce ; enfin, de grands hêtres et de superbes mélèzes garnis jusqu'à terre de leurs branches flexibles, le tout enfermé dans un cadre de verdure, formé par les grands bois qui s'étendaient au loin.

La partie principale du château avait été modernisée à l'époque de la reine Anne ; mais on n'avait pas eu l'argent nécessaire pour compléter les embellissements rêvés d'abord, et l'on ne voyait de grandes fenêtres qu'aux salons et aux chambres d'honneur, qui ouvraient sur la terrasse, à droite de l'entrée particulière, fenêtres qui étaient maintenant assez anciennes pour être tapissées en toute saison de rosiers, de chèvrefeuilles et de pyracanthes. Mais revenons au jour où, d'après le message qu'elle m'avait adressé, j'allai trouver Sa Seigneurie en faisant tous mes efforts pour dissimuler la souffrance que j'éprouvais en marchant, et pour ne pas laisser voir combien j'avais pleuré. J'ignore si elle vit les larmes que j'avais tant de peine à retenir ; elle ne parut pas y faire attention, et me dit qu'elle m'avait priée de descendre parce qu'elle avait besoin de quelqu'un pour l'aider à ranger son bureau, et qu'elle me serait reconnaissante si je voulais bien la seconder dans cette opération. Jamais lady Ludlow ne rendait service aux gens sans leur laisser croire que c'était une faveur qu'elle sollicitait de leur part. Un fauteuil était placé à mon intention près de la fenêtre ; un tabouret, des coussins, une petite table, tout cela disposé pour moi avant que je fusse arrivée. Le fauteuil était moelleux et l'on s'y reposait à merveille ; il ne fut pas moins remplacé le lendemain matin par une chaise longue, que Sa Seigneurie lui avait fait substituer sans rien dire, pensant bien que j'y serais mieux ; quant au siège qu'elle occupait elle-même, c'était un fauteuil en bois doré, tout couvert de sculptures, surmonté d'une couronne de comte, et où je me trouvai horriblement assise, une fois qu'il me vint à l'esprit de l'essayer pendant que j'étais toute seule.

Je ne me sentis pas à l'aise durant cette première séance, et même les jours suivants, en dépit du confortable dont j'étais environnée ; mais je fus distraite de ma douleur par la curiosité qu'éveillaient en moi les nombreux objets que nous sortions de ces vieux tiroirs. Je me demandais, sans pouvoir le comprendre, pour quel motif beaucoup d'entre eux avaient été conservés ; par exemple, un chiffon de papier sur lequel étaient écrits huit ou dix mots n'ayant pas de sens, un fragment de cravache, une pierre, des cailloux pareils à tous ceux que j'aurais pu trouver dans les champs, ou du moins je le pensais. Combien j'étais ignorante ! Milady m'informa que c'étaient des échantillons du marbre précieux dont les palais des empereurs romains étaient carrelés jadis.

Pendant un voyage en Italie qu'elle avait fait dans sa jeunesse, avant d'épouser lord Ludlow, son cousin Horace, envoyé d'Angleterre en Toscane, lui avait dit d'aller dans la campagne de Rome, à l'époque où l'on préparait la terre pour y semer les oignons, et de ramasser les petits morceaux de marbre qui seraient ramenés à la surface du sol par les cultivateurs. Elle avait fait ce que lui avait recommandé sir Horace, et avait eu l'intention de faire composer une table avec toutes les pierres qu'elle avait recueillies de la sorte ; je ne sais pas ce qui l'avait empêchée de réaliser ce projet ; toujours est-il que les cailloux de l'ancienne Rome étaient encore souillés de la boue du champ d'oignons où ils avaient été ramassés. Il me parut facile de les nettoyer, et l'idée m'en vint aussitôt ; mais Sa Seigneurie n'y voulut pas consentir ; elle avait un profond respect pour cette boue, qu'elle appelait pompeusement de la terre romaine, et qui n'en était pas moins sale.

Parmi les objets contenus dans le vieux bureau, et dont j'étais à même d'apprécier la valeur, se trouvaient des boucles de cheveux soigneusement étiquetées, des médaillons, des bracelets ornés d'une miniature. Milady les contemplait d'un air mélancolique ; il était facile de voir que les cheveux avaient appartenu à des êtres chéris, qui ne répondraient plus à ses caresses, et dont la dépouille n'existait même plus sous le gazon où elle avait été déposée. J'imagine que c'étaient les cheveux de ses enfants ; mais ce n'est qu'une simple conjecture. Lady Ludlow ne parlait jamais de ses affections ; plusieurs motifs s'y opposaient : d'abord, sa haute naissance ; je lui ai souvent entendu dire que les personnes d'un rang élevé ne pouvaient confier leurs sentiments qu'à leurs égaux, et ne devaient même le faire que dans certaines occasions. De plus, elle était fille unique, héritière d'un grand nom, et je suppose que l'éducation qu'elle avait reçue l'avait rendue plus apte à réfléchir qu'à exprimer sa pensée. Enfin, elle était veuve depuis longtemps, et n'avait auprès d'elle personne du même âge que le sien, avec qui elle pût s'entretenir des joies ou des douleurs qu'elle avait eues dans le passé.

Il y avait bien mistress Medlicott ; mais elle était silencieuse par nature, et je ne vois guère que mistress Adam qui causât avec Sa Seigneurie.

Au bout d'une heure, milady trouva que j'en avais fait assez et me quitta bientôt pour se promener en voiture ; elle me laissa un volume d'Hogarth et son grand livre de prières, ouvert aux psaumes du jour, et placé sur la table qui était auprès de mon fauteuil. Mais au lieu de feuilleter l'un ou l'autre de ces livres d'une nature si différente, je m'amusai à regarder autour de moi. La boiserie qui garnissait la muraille du côté de la cheminée, datait bien certainement de l'origine de l'édifice ; les armes des familles qui s'étaient alliées à la maison d'Hanbury en décoraient les panneaux depuis le plafond jusqu'en bas.

La pièce ne renfermait qu'un petit miroir, bien qu'il y eût dans le château un salon dont les murs étaient entièrement couverts de glaces, rapportées de Venise par le bisaïeul de milady. Des vases de porcelaines de Chine, de toutes les dimensions et de toutes les formes, se voyaient dans les coins, sur les tables et autour de la chambre, où ils se mêlaient à des idoles chinoises, ou plutôt à des monstres d'une laideur effroyable, dont je ne supportais pas la vue, mais que Sa Seigneurie estimait par-dessus tout. Un tapis d'une grande épaisseur couvrait le milieu de la pièce, dont le parquet était composé d'une mosaïque de bois précieux ; les portes à deux battants glissaient dans des rainures de bronze, incrustées dans le parquet ; elles étaient si pesantes que sans cette précaution il eût été difficile de les ouvrir.

Les deux fenêtres s'élevaient jusqu'à la corniche, mais elles n'étaient pas larges et se trouvaient placées dans une embrasure profonde qui renfermait de grands sièges.

La pièce était remplie des parfums qui venaient du dehors, et de ceux qui, à l'intérieur, s'exhalaient des vases remplis de feuilles de roses et de plantes aromatiques. Savoir choisir les odeurs était une des qualités dont se piquait milady ; rien, suivant elle, ne prouvait mieux la naissance que la délicatesse de l'odorat ; elle en donnait pour exemple le soin scrupuleux que mettent les chasseurs à conserver la race des chiens pourvus d'un flair plus subtil que les autres, et ne manquait pas de nous faire observer que cette faculté précieuse se transmet, de génération en génération, chez des animaux qu'on ne peut pas soupçonner d'orgueil familial, et dont l'esprit n'est point influencé par les souvenirs héréditaires. Jamais on ne parlait de musc en sa présence : c'était l'une de ses antipathies ; aucune odeur provenant du règne animal ne pouvait être assez pure, nous disait-elle, pour plaire à l'un des membres d'une famille où la perception des sens est cultivée depuis des siècles. Il n'était donc jamais question de musc au château d'Hanbury. La bergamote et la citronnelle, bien que d'essence végétale, n'en étaient pas moins proscrites par lady Ludlow ; elle les considérait comme trahissant des goûts peu élevés chez les personnes qui en faisaient choix, et remarquait avec tristesse une petite branche de l'une de ces plantes à la boutonnière d'un jeune homme à qui elle s'intéressait : elle avait peur qu'il n'aimât les plaisirs grossiers, et je crois qu'elle y voyait la preuve d'une tendance à l'ivrognerie. Mais elle faisait une grande distinction entre le vulgaire et le commun ; l'églantier odorant, la violette et le chèvrefeuille sont communs pour tout le monde, l'œillet, la rose et le réséda se voient dans tous les jardins ; mais ils n'ont rien de vulgaire : la reine au milieu de sa cour peut en avoir un bouquet et le respirer avec plaisir ; et l'on trouvait sur la table de milady, un vase rempli d'œillets et de roses, qui étaient renouvelés chaque matin.

Parmi les odeurs permanentes, lady Ludlow préférait l'aspérule et la lavande aux extraits les mieux préparés. La lavande lui rappelait les anciennes coutumes ; il y en avait autrefois dans tous les jardins rustiques, et les femmes de la campagne lui en avaient souvent offert de véritables gerbes. L'aspérule se rencontre dans les endroits solitaires et boisés où le sol est bon, l'air vif et pur ; les petits enfants allaient en cueillir pour elle dans les bois qui couvrent les hauteurs, et recevaient en échange de beaux sous neufs que Sa Seigneurie faisait demander pour cet usage, et dont lord Ludlow, son fils, lui envoyait un grand sac de Londres.

Milady n'aimait pas l'essence de rose ; c'était pour elle un parfum nauséabond qui la rendait malade et qui rappelait les femmes des marchands de la Cité ; elle enveloppait le muguet dans la même réprobation : rien n'est plus gracieux, plus élégant, disait-elle avec franchise ; feuillage et fleurs, tout en est distingué, à l'exception du parfum, qui est trop fort.

Mais le don précieux qu'elle tenait de ses ancêtres, et qui faisait son orgueil, était la faculté de percevoir le délicieux arôme qui s'élève d'une planche de fraisiers, à l'époque de l'automne où les feuilles jaunissent et vont mourir. Si vous ouvriez par hasard les essais de Bacon, l'un des quelques volumes qui gisaient çà et là dans le cabinet de milady, vous tombiez infailliblement sur le chapitre où il est parlé des jardins. « Écoutez, me disait alors Sa Seigneurie, écoutez bien les paroles de ce grand philosophe, ou plutôt de cet homme d'État : « Immédiatement après, » — il s'agit des violettes, chère belle, — immédiatement après, nous plaçons la rose musquée, » — vous savez, chère enfant, qu'il en existe un énorme buisson, à l'angle du mur qui est au sud, à côté de la fenêtre du salon bleu ; c'est l'ancienne rose, celle de Shakspeare, qui disparaît chaque jour du royaume et qui, bientôt n'existera plus en Angleterre. — Mais revenons à lord Bacon : viennent ensuite les feuilles de fraisier, qui exhalent, en mourant, un parfum aromatique d'une exquise délicatesse. » — Je vous dirai que les Hanbury ont toujours eu la faculté de percevoir cet arôme délicieux et vivifiant. Il faut vous rappeler qu'à l'époque de lord Bacon, il n'y avait pas eu, entre la cour et la ville, tous ces mariages qui se sont contractés depuis le règne de Charles II, où le besoin d'argent fut la cause d'une foule de mésalliances. Au temps de la reine Élisabeth, les grandes familles d'Angleterre formaient une race distincte et présentaient, avec le reste de la population, la même différence que vous remarquez entre un cheval de trait, créature fort utile à sa place, et Childers ou Éclipse, bien qu'ils appartiennent à une seule et même espèce. Il en résulte que les membres de ces anciennes familles ont des facultés d'un ordre plus élevé que celles des classes inférieures. N'oubliez pas, quand viendra l'automne, de chercher à sentir le parfum des fraisiers ; vous avez dans les veines un peu du sang des Hanbury, cela vous donne quelque chance de succès. »

Le mois d'octobre arriva ; mais j'eus beau respirer de toutes mes forces, renifler tant et plus, je ne m'aperçus pas du nouvel arôme que les fraisiers versaient dans l'air ; et milady, qui suivait l'expérience avec un certain intérêt, acquit la preuve que je n'étais qu'une hybride. J'en fus très-mortifiée, je l'avoue ; et je me dis en moi-même que c'était par ostentation que milady avait fait planter une bordure de fraisiers sur la partie de la terrasse qui s'étendait sous ses fenêtres.

Je vous raconte mes souvenirs tels qu'ils me viennent à l'esprit, et je ne sais plus où j'en suis de mon histoire. Nous en étions, si je ne me trompe, à ma première séance dans le cabinet de milady. J'arrivai graduellement à y passer toute la journée, travaillant à l'aiguille, arrangeant les fleurs dans les vases, ou triant des lettres que j'assortissais d'après l'écriture, de manière que Sa Seigneurie n'eût plus qu'à choisir celles qu'elle voulait conserver, et à détruire les autres, dans la prévision de sa mort, dont la pensée lui était toujours présente.

Avant cette époque, n'ayant jamais vu l'intérieur d'une grande dame, je m'imaginais que l'existence d'une comtesse se passait en plaisirs ; mais celle de lady Ludlow me parut fort laborieuse. Sa Seigneurie administrait elle-même ses domaines et revoyait tous les comptes, tous les papiers du régisseur. La terre d'Hanbury était hypothéquée pour une somme considérable qui avait servi à l'amélioration des terres que lord Ludlow possédait en Écosse ; milady avait à cœur d'acquitter cette dette avant de mourir, et de léguer à son fils, libre de tout engagement, l'héritage qu'elle avait reçu de ses pères. Ce désir exigeait, pour être accompli, beaucoup de soins et d'habileté administrative, et lady Ludlow faisait tous ses efforts pour répondre aux exigences d'une pareille situation. Elle avait un grand livre dont chaque page était divisée en trois parties ; dans la première colonne étaient inscrits les noms du tenancier qui lui adressait une lettre, ainsi que la date de cette lettre, qui demandait toujours quelque chose. La requête du brave homme était enveloppée de tant de circonlocutions, que d'après M. Horner, le régisseur, il était plus facile de trouver un grain de blé dans un tas de paille, que de découvrir le sens caché au milieu des excuses et des raisons qui fourmillaient dans ces lettres. Or le grain de froment, c'est-à-dire la réclamation du tenancier, perdue au milieu de toutes ces phrases, était déposée dans la seconde colonne du registre qui était placé chaque matin devant milady. Elle répondait quelquefois simplement oui ou non ; mais la plupart du temps elle demandait l'original, puis se faisait apporter les baux, les quittances, qu'elle examinait avec M. Horner, afin de voir si elle pouvait permettre de labourer tel ou tel pâturage, accorder tel ou tel délai, etc.

Tous les jeudis elle recevait ses fermiers de quatre à six heures du soir, ou du moins ceux qui avaient à lui parler d'affaires. Elle aurait mieux aimé qu'ils vinssent le matin ; l'ancienne coutume voulait que cette réception, que milady appelait ses petits levers, eût lieu avant midi ; « mais ce serait leur faire perdre la journée, répondait-elle à M. Horner, quand ce dernier insistait pour qu'elle prît une heure qui lui convînt davantage ; figurez-vous quel désagrément pour eux, s'il leur fallait quitter leur besogne et faire leur toilette de manière à être prêts dans la matinée. » Car elle ne supposait pas qu'on pût venir au château sans être endimanché ; il est possible qu'elle n'eût rien dit si l'on se fût présenté en habits de tous les jours ; mais elle aurait tiré lentement ses lunettes, les aurait mises d'un air grave, et aurait fixé sur les trous et sur les taches du pauvre homme un regard si imposant, que le malheureux en aurait eu les nerfs ébranlés, et qu'il se fût bien promis de ne jamais reparaître dans l'antichambre de lady Ludlow, sans avoir employé d'abord le savon et l'aiguille de sa femme.

Après l'audience, il y avait toujours table mise à l'office, où les personnes qui avaient eu affaire à Sa Seigneurie trouvaient un bon accueil. « Je serais confuse, disait milady, si en sortant de chez moi ces braves gens allaient à l'auberge chercher le repos et la nourriture dont chacun a besoin. » La chère était copieuse et la bière abondante ; lorsque les plats étaient enlevés, on servait aux convives une grande coupe de bonne ale ; le plus ancien des fermiers se levait alors, buvait à la santé de madame, et la coupe une fois vidée, on retournait à sa ferme.

Pour tous les tenanciers, madame était l'héritière des Hanbury et non la veuve de lord Ludlow, que n'avaient pas connu leurs ancêtres et dont le souvenir excitait leur mécontentement. Jamais une parole ne trahissait l'aigreur qu'ils ressentaient contre le défunt ; mais ils ne lui pardonnaient pas d'avoir employé l'argent de leur maîtresse pour améliorer les tristes domaines qu'il possédait en Écosse. M. Horner, le régisseur, n'était pas moins contrarié que tous les autres de voir les revenus patrimoniaux d'Hanbury dévorés par cette fâcheuse hypothèque. Probablement il en avait dit à madame toute sa façon de penser, car il y avait chez celle-ci comme le ressentiment d'une offense, et chez l'homme d'affaires quelque chose de résigné où l'on démêlait une protestation silencieuse, toutes les fois qu'il s'agissait de payer les intérêts échus, ou que milady se refusait une dépense personnelle qu'aurait exigée, d'après le vieil intendant, la position qu'occupait l'héritière des Hanbury. Ses équipages, vieux et lourds, n'étaient plus en rapport avec ceux des autres nobles du comté. M. Horner parlait quelquefois de faire faire un nouveau carrosse ; mais la pénurie d'argent s'y opposait toujours. Les chevaux avaient gagné l'âge de la retraite, et cependant tous les poulains qui, nés sur le domaine, auraient dû les remplacer, étaient échangés contre un sac de viles espèces, au moment où ils auraient pu servir. Le fils de Sa Seigneurie était ambassadeur à Vienne ; toute la maison était fière de tant d'honneur, mais c'était une source de dépenses qui absorbait tous les revenus de milord ; et sa mère se serait réduite au pain et à l'eau plutôt que de lui demander un sou pour éteindre cette malheureuse hypothèque dont, en fin de compte, il avait tout le bénéfice.

L'ancien lord Ludlow, le père de celui-ci, était dans la marine et dépensait à tort et à travers, comme le font tous les marins, d'après ce que l'on m'a dit, car je ne sais rien de la vie maritime. En dépit de sa prodigalité, milord n'en avait pas moins grand soin de ses propres intérêts, ce qui semblerait dire qu'il joignait un certain égoïsme à tous ses goûts de dépense. Malgré cela, milady l'avait beaucoup aimé ; je ne crois pas qu'il y eût au monde une femme à qui la mémoire d'un mari inspirât plus de tendresse et d'orgueil. Aussi ne pardonnait-elle pas à son vieux régisseur la désapprobation tacite qu'il donnait à cette malencontreuse hypothèque dont elle avait grevé son patrimoine au profit de celui du comte.

M. Horner, qui était né sur le domaine d'Hanbury, avait passé une partie de sa jeunesse chez un avoué de Birmingham, où il avait acquis une habitude des affaires et des qualités positives qui, bien qu'elles fussent employées à son service, étaient antipathiques à milady ; elle supportait avec impatience les principes de son intendant, qui, disait-elle, avaient quelque chose de commercial, et regrettait l'époque où l'on vivait du produit de ses domaines, dont le surplus s'échangeait contre les articles dont on avait besoin, sans l'intervention du numéraire.

Si encore tout s'était borné là ! mais notre vieux régisseur avait été mordu par les idées nouvelles, et quelques-unes des théories de M. Gray avaient produit dans son cerveau le ravage d'une étincelle qui tombe sur des étoupes. Il éprouvait le besoin de voir chacun, ici-bas, développer son intelligence, afin de se rendre utile et de concourir de la sorte à la prospérité du domaine qu'il régissait et à l'agrandissement de la famille des Hanbury ; fatal désir qui le poussait à demander qu'on instruisît le bas peuple.

M. Gray qui, d'après M. Horner, oubliait trop les intérêts de ce monde, où chacun doit se faire une position, ne partageait pas le motif de l'intendant ; mais, ayant à cœur de disposer ses paroissiens à la vie future, il voulait cultiver leur esprit de manière qu'ils pussent recevoir les doctrines indispensables à leur salut, et réclamait l'éducation des masses.

« Quels sont tes devoirs envers le prochain ? » était pour M. Horner la question la plus importante du catéchisme. « Qu'est-ce que la grâce intérieure ? » était celle dont M. Gray préférait la réponse ; tandis que Sa Seigneurie nous demandait chaque dimanche, en inclinant la tête : « Quels sont les devoirs que tu as envers Dieu ? »

Mais personne ne répondait ni à M. Gray, ni à M. Horner. Il n'y avait jamais eu d'école à Hanbury ; et le plus vif désir du jeune ecclésiastique était de fonder une classe où l'on irait tous les dimanches. L'homme d'affaires exigeait davantage ; il espérait bien qu'avant peu on aurait l'école tous les jours, et qu'il s'y formerait des hommes intelligents dont le travail, plus éclairé, profiterait à son exploitation. Quant à Sa Seigneurie, je ne sais pas qui aurait eu assez d'audace pour parler d'un projet d'école à portée de ses oreilles.

M. Horner se contentait, pour le moment, d'apprendre à lire et à écrire à un petit bonhomme d'une rare intelligence, qu'il élevait avec l'intention d'en faire plus tard une espèce de contre-maître. Il avait eu à choisir entre tous les enfants de la commune, et avait pris l'un des fils de Job Gregsone, qui était le plus crasseux et le plus déguenillé de tous, mais dont les brillantes dispositions l'avaient intéressé.

Jamais on ne parlait à milady que pour répondre aux questions qu'elle voulait bien vous faire, d'où il résultait qu'elle ne savait rien de ce qui se passait autour d'elle ; et, sans la fâcheuse aventure que je vais vous raconter, il est probable qu'elle eût toujours ignoré, non-seulement les théories de M. Horner sur l'instruction publique, mais jusqu'à l'existence du pauvre Henri Gregsone.

CHAPITRE IV.

L'antichambre où lady Ludlow recevait ses fermiers et s'entretenait avec le régisseur formait une espèce de grand cabinet de travail. On ne pouvait pas décorer du nom de bibliothèque l'ensemble de rayons qui couraient tout autour de cette pièce, bien qu'ils fussent garnis d'un certain nombre de volumes ; car, à l'exception d'un très-vieux dictionnaire que l'on suivait toujours quand il y avait dissidence entre les nouveaux lexiques, de plusieurs recueils de gazettes et de quelques livres de droit et d'économie rurale, on n'y voyait guère que de gros registres où étaient consignés tous les détails qui avaient rapport à la terre d'Hanbury.

Un valet de pied séjournait constamment dans cette antichambre, où il attendait les ordres qui pouvaient lui être donnés. C'était une ancienne coutume à laquelle tenait Sa Seigneurie ; elle méprisait les sonnettes d'aujourd'hui, comme étant une invention moderne, et il fallait qu'elle eût toujours quelqu'un à portée de sa voix ou de la petite clochette d'argent qui se trouvait sur sa table. Ne croyez pas néanmoins que ce fût une sinécure pour le valet en question ; il était chargé de répondre à ceux qui venaient par la porte de la terrasse ; et, comme il n'y avait que milady, et les personnes du comté qu'elle s'honorait de recevoir, qui entraient dans le château par la grande tour, on frappait continuellement à la porte de derrière, non pas pour se la faire ouvrir, puisqu'elle était ouverte en toute saison, au point que la neige s'amoncelait dans la salle, quand le vent soufflait de ce côté-là, mais pour qu'on vînt recevoir votre message ou qu'on sollicitât de votre part la permission de parler à milady. Je me rappelle que M. Gray fut longtemps à comprendre que la porte de la cour ne s'ouvrait que dans les grandes circonstances. C'est par l'entrée d'honneur qu'on était reçu la première fois qu'on mettait le pied dans le château ; mais ensuite, à l'exception des personnes d'un rang élevé, on devait faire le tour de la terrasse, et l'on s'y conformait généralement sans y penser. D'ailleurs, comme pour aider à l'instinct qui vous faisait prendre cette direction, la porte de la façade était gardée par deux représentants de cette race magnifique des limiers d'Hanbury, qui n'existe plus dans l'île, véritables bêtes féroces qui aboyaient nuit et jour et qui s'élançaient avec fureur de leur niche de pierre, toutes les fois qu'un individu ou qu'un objet venait frapper leurs regards, ne connaissant que le groom qui leur donnait à manger, la voiture à quatre chevaux et la personne de milady.

Rien n'était charmant comme de voir cette femme, petite et frêle, s'approcher de ces énormes bêtes qui rampaient au-devant d'elle en frappant les dalles de leur queue et bavaient d'extase sous les caresses que leur faisait sa petite main. Elle n'en avait jamais eu peur ; mais elle était l'héritière de la famille, et l'on racontait que ces chiens farouches avaient toujours su reconnaître les Hanbury, depuis l'époque où les premiers de la race avaient été ramenés des croisades par sir Urian, dont la statue gisait sur l'un des tombeaux qu'on voyait dans l'église. Il n'y avait pas cinquante ans, disait-on, que l'un de ces animaux avait dévoré un enfant qui, par inadvertance, s'était approché de leur niche dans le rayon que pouvait atteindre leur chaîne.

Vous pensez bien que cela suffisait pour qu'on préférât la terrasse ; toutefois M. Gray ne paraissait pas s'inquiéter des gardiens de la grande porte ; on supposait que c'était distraction de sa part ; mais on se trompait évidemment, car nous le vîmes un jour aller droit à l'un des chiens, et le caresser d'une façon tout amicale, dont celui-ci témoigna sa satisfaction en remuant la queue absolument comme si M. Gray eût été un Hanbury. Personne au château ne put expliquer cette énigme, et je suis encore à me demander comment la chose put avoir lieu.

Mais revenons à la porte de la terrasse et au valet de pied qui stationnait dans l'antichambre. Nous l'entendîmes, un matin, parlementer dans le vestibule avec tant de véhémence que lady Ludlow agita sa sonnette à deux reprises différentes sans pouvoir se faire entendre.

« Qu'est-ce que c'est, John ? lui demanda Sa Seigneurie, lorsqu'enfin il entra dans le cabinet.

— Un petit paysan qui prétend venir de la part de M. Horner et qui demande à parler à Votre Seigneurie.

— Que me veut-il ?

— C'est là précisément ce que je cherchais à savoir, et ce que je ne parviens pas à lui faire dire.

— Sans doute un message de M. Horner, reprit Sa Seigneurie dont la figure devint sérieuse : c'était contre l'étiquette de lui envoyer un message quelconque, et surtout par un semblable émissaire.

— Je lui ai demandé s'il avait quelque chose à me remettre pour madame ; il a répondu que non, et qu'il voulait voir Sa Seigneurie.

— Dans ce cas-là, répondit tranquillement lady Ludlow, mais d'un air ennuyé, vous auriez mieux fait de l'introduire sans plus de paroles. »

Un instant après la porte s'ouvrit à deux battants, et l'on vit apparaître un jeune gars, souple et nerveux, dont la chevelure ébouriffée se tenait toute droite, comme sous l'influence d'un courant électrique ; sa figure courte et brune, que la frayeur et l'animation avaient rougie, présentait une grande bouche résolue et deux yeux brillants, profondément enfoncés dans leur orbite, qui firent le tour de la chambre comme pour saisir, dans tout ce qu'ils apercevaient, matière à nombreuses réflexions pour l'avenir. Savait-il qu'on doit attendre que les personnes d'un rang supérieur vous adressent la parole, ou le saisissement l'empêcha-t-il de parler ? je n'en sais rien ; mais ce fut milady qui rompit le silence la première.

« Que me voulez-vous ? lui dit-elle d'une voix si douce qu'il en parut étonné.

— Plaît-il ? demanda le pauvre enfant comme s'il avait été sourd. — Vous venez de la part de M. Horner ? reprit milady qui parla un peu plus haut. Pour quelle raison avez-vous cherché à me voir ?

— Si vous plaît, Votre Seigneurie, M. Horner a été obligé de partir subitement pour Norwick. »

Ses traits se contractèrent comme s'il avait eu envie de pleurer ; mais il serra fortement les lèvres et parvint à se remettre.

« Après ? demanda lady Ludlow.

— Il est parti tout d'un coup.

— Qu'ai-je à voir à cela ?

— Il m'a laissé un billet pour Votre Seigneurie.

— Vous auriez pu le remettre au domestique.

— Faites excuse, Votre Seigneurie, mais je l'ai perdu en route. »

Le pauvre garçon avait les yeux fixés sur la figure de milady ; s'il avait détourné la tête, il aurait certainement fondu en larmes.

« C'est une grande négligence de votre part, répliqua lady Ludlow avec douceur ; je suis sûre que vous en avez regret et que cela ne vous arrivera plus ; vous auriez bien fait de retourner sur vos pas, et de chercher cette lettre qui peut avoir de l'importance.

— Si vous plaît, m'am, je peux dire à Votre Seigneurie ce qu'il y avait dedans, je la sais par cœur.

— Qu'est-ce que cela signifie ? » proféra lady Ludlow.

Je fus vraiment effrayée ; les yeux de milady étincelèrent, et toute sa personne exprima un vif mécontentement, auquel se mêlait la surprise. Quant au malheureux bambin, son courage grandit tout à coup en proportion de ce qu'il avait à craindre ; d'un esprit trop pénétrant pour ne pas voir combien milady était fâchée, il reprit néanmoins d'une voix ferme :

« Je sais lire et écrire, Votre Seigneurie ; M. Horner me l'a montré, ainsi qu'à faire les quatre règles. Il était si pressé qu'il n'a pas cacheté la lettre ; j'ai lu tout ce qu'il y avait dedans ; je vas le dire à Votre Seigneurie. »

Et d'une voix perçante il répéta, je n'en doute pas, les propres mots de la lettre de M. Horner, y compris la date et la signature ; c'était relatif à un bail que devait signer milady.

Lorsqu'il eut tout débité, le pauvre enfant s'arrêta d'un air satisfait et attendit, je suppose, qu'on lui donnât des éloges, à propos de sa mémoire. Mais lady Ludlow ferma les yeux de manière à ne plus montrer de ses prunelles que la largeur d'une pointe d'aiguille, ce qui arrivait toujours lorsqu'elle était profondément troublée.

« Marguerite, dit-elle en se retournant vers moi, où allons-nous ? »

Henry Gregsone, car c'était lui, commençait à comprendre qu'il avait commis une grande faute, et restait immobile, n'ayant pas la force de bouger. Milady le regarda ; elle vit la terreur qu'inspirait au bambin la manière dont son aveu était reçu, et oubliant sa colère :

« Mon pauvre enfant, reprit-elle avec douceur, entre quelles mains êtes-vous tombé ! »

Les lèvres d'Henry s'agitèrent et ses yeux s'emplirent de larmes.

« Vous ne connaissez pas l'arbre fatal dont il est parlé dans la Genèse, continua lady Ludlow ; j'espère que vous ne lisez pas assez couramment pour cela. Qui est-ce qui vous a enseigné à lire et à écrire ?

— Si vous plaît, Votre Seigneurie, je ne croyais pas faire mal, répondit le jeune gars d'une voix troublée ; il était évidemment beaucoup plus ému de la douceur de milady, qu'il ne l'aurait été par sa colère.

— Je vous ai demandé qui vous apprenait à lire.

— Le commis de M. Horner, Votre Seigneurie.

— M. Horner le sait-il ?

— Oh ! oui ; c'est pour lui faire plaisir que M. Smith me l'a montré, et maintenant c'est lui qui me donne des leçons.

— Peut-être n'est-ce pas vous qu'il faut blâmer, reprit milady ; mais je ne comprends pas M. Horner. On a mis en votre possession des armes tranchantes ; vous a-t-on appris certaines règles indispensables, relativement à l'usage que l'on doit en faire ? Vous a-t-on jamais dit qu'il ne faut pas ouvrir une lettre ?

— Si vous plaît, milady, elle n'était pas fermée ; M. Horner avait oublié de la cacheter.

— Mais on ne doit jamais lire une lettre qui ne vous est pas adressée, alors même qu'elle serait ouverte devant vous.

— C'était pour m'apprendre, Votre Seigneurie ; ça me paraissait tout aussi bon qu'un livre. »

Milady fut bouleversée et réfléchit un instant au moyen de lui faire comprendre ce que l'honneur exigeait en pareille circonstance.

« Vous n'écouteriez pas, dit-elle, j'en suis sûre, un entretien dont vous ne feriez point partie. »

Cette question ne fut pas comprise ; milady la répéta en d'autres termes ; un éclair d'intelligence traversa les yeux du pauvre gars, et il répondit, toutefois en hésitant :

« Pardon, Votre Seigneurie, j'écoute toujours ce que disent les gens, surtout quand je suppose qu'ils ont des secrets ; mais je ne croyais pas avoir tort. »

Ma pauvre lady soupira ; elle n'était pas préparée à faire un cours de morale ; l'honneur était pour elle comme une seconde nature, et jamais elle n'avait recherché sur quels principes on a établi ses lois. Ne trouvant rien à répondre, en face d'une pareille ignorance des premiers éléments de la loyauté, elle se contenta de dire au petit Gregsone qu'elle désirait voir M. Horner aussitôt qu'il serait de retour ; et d'une voix abattue elle congédia l'enfant, qui s'éloigna, trop heureux d'échapper à la douceur imposante dont elle l'avait accablé.

« Que faire ? » reprit lady Ludlow après un long silence.

J'aurais été fort embarrassée de lui répondre.

« J'ai employé le mot propre, continua-t-elle, quand j'ai appelé la lecture et l'écriture des instruments dangereux ; si l'on donne ces armes tranchantes à nos basses classes, nous verrons bientôt en Angleterre toutes les horreurs de la révolution française. Dans ma jeunesse, personne n'avait entendu parler des droits de l'homme ; on n'en connaissait que les devoirs. Et voilà M. Gray, qui discourait hier sur le droit que tous les enfants ont à l'instruction ! J'ai failli perdre patience, et j'ai fini par lui dire que je ne voulais pas, dans mon village, d'école du dimanche, qu'il appelle le jour du sabbat tout comme s'il était juif.

— Qu'a-t-il répondu, milady ?

— Vous ne croiriez pas qu'il s'est emporté, qu'il s'est vu forcé, disait-il, de me rappeler qu'il était sous l'autorité de l'évêque, et non pas sous la mienne ; bref, il m'a fait entendre qu'il n'en ferait pas moins tous ses efforts pour arriver à son but, en dépit de l'opinion que je lui avais exprimée.

— Et Votre Seigneurie ? me hasardai-je à demander tout bas.

— Je n'ai pu que lever le siège, lui faire la révérence et le congédier poliment. Quand deux personnes en sont arrivées, sur un sujet quelconque, à différer aussi complètement que M. Gray et moi nous le faisons sur ce point, le seul parti à prendre quand on veut rester en bons termes, est de rompre immédiatement le débat, et de ne plus y revenir ; c'est l'une des rares occasions où il soit nécessaire d'agir avec rudesse. »

J'en étais désolée pour M. Gray. Il était venu me voir plusieurs fois pendant que j'étais malade ; ses bons conseils m'avaient fait supporter mes douleurs avec plus de patience que je ne l'aurais fait sans lui, et je savais, d'après certaines choses qu'il m'avait dites, combien il prenait à cœur l'établissement de cette école. J'avais pour lui tant d'affection, pour milady tant de respect et de gratitude, que je souffrais horriblement de cette mésintelligence qui tous les jours les séparait de plus en plus. Je ne pouvais en rien dire ; mais je suppose que lady Ludlow devina le fond de ma pensée, car elle me dit au bout de quelques instants :

« Si M. Gray, le digne jeune homme, avait mon expérience, il ne mettrait pas tant d'ardeur à poursuivre ses plans, en dépit de ma volonté et des raisons que je lui oppose.

« Il faut, continua milady en s'échauffant à ses propres souvenirs, il faut que les temps soient bien changés, pour qu'un pasteur de village ose braver la dame qui, après tout, est le seigneur de la paroisse. À l'époque où vivait mon grand-père, le pasteur était le chapelain de la famille et dînait tous les dimanches au château ; il était servi le dernier de tous et devait avoir fini le premier ; je me rappelle qu'un jour il prit son assiette et son couvert, et que se levant la bouche pleine : « Que Vos Seigneuries, dit-il, me permettent de suivre le rôti à l'office. » Il est vrai que c'était la seule chance qu'il eût d'en avoir un second morceau, et notre homme était gourmand. Une fois il avait à lui seul dévoré toute une bécasse ; il se prit à dire, pour détourner l'attention, qu'un choucas, mariné dans le vinaigre et assaisonné d'une façon particulière, valait au moins autant que la meilleure bécassine. Je vis dans les yeux de mon aïeul que le chapelain avait fait une sottise dont il porterait la peine. Le vendredi suivant, comme j'étais à cheval sur mon petit poney, à côté de mon grand-père, ce dernier s'arrêta pour dire à l'un des gardes-chasse de lui tuer la plus vieille corneille qu'il fût possible de trouver. Je n'en sus pas plus long jusqu'au dimanche, où un vieux corbeau fut placé devant le pasteur. « Il a été mariné dans le vinaigre et accommodé suivant votre recette, monsieur Hemming, lui dit M. le comte ; mangez-le d'aussi bon appétit que la bécasse de l'autre jour, et nettoyez bien les os, ou, par ma foi, ce sera le dernier dîner que vous prendrez à ma table. » Je regardai le pauvre chapelain, qui s'efforçait d'avaler sa première bouchée en faisant croire qu'il la trouvait excellente, et je baissai les yeux, toute confuse de l'embarras où je le voyais, d'autant plus que mon grand-père nous demandait en riant si nous savions ce qu'était devenu l'appétit du pasteur.

« Et la corneille fut-elle mangée ?

— Certainement, chère petite ; on obéissait toujours à mon aïeul ; c'était un homme terrible quand il était en fureur, et personne n'aurait osé provoquer sa colère. Quelle différence entre le pasteur Hemming et celui d'aujourd'hui, ou même entre ce bon M. Montford et M. Gray ! ce n'est pas lui qui aurait osé me contredire !

— Votre Seigneurie est donc bien persuadée qu'une école du dimanche ne serait pas une bonne chose ? demandai-je timidement.

— Une très-mauvaise, chère petite. Je trouve, ainsi que je l'ai dit à M. Gray, qu'il est nécessaire à tout le monde de savoir le *Credo* et l'*Oraison* dominicale ; chaque enfant, dont la famille suit régulièrement les pratiques de l'Église, doit connaître ces deux prières ; je veux bien aussi qu'on leur enseigne les dix commandements de Dieu ; ils y apprennent leurs devoirs dans un langage simple et facile à comprendre. Mais si vous leur montrez à lire et à écrire, ainsi qu'on l'a fait pour ce petit malheureux qui était là tout à l'heure, c'est une grande faute ; leurs devoirs se compliquent, les tentations se multiplient, elles deviennent plus puissantes chez des êtres qui n'ont pas de principes héréditaires, de traditions d'honneur pour les sauvegarder contre le mal. C'est toujours mon ancienne comparaison du cheval de course et du cheval de trait, dont les aptitudes ne sauraient être les mêmes. Je suis vraiment désolée de cette affaire de ce matin ; elle me rappelle une histoire bien douloureuse, celle de Clément de Courcy. Ne vous l'ai-je pas racontée ?

— Non, madame, répondis-je.

— Il y a vingt ans, reprit-elle, nous passâmes un hiver à Paris. Lord Ludlow y avait un grand nombre de connaissances, peut-être moins bonnes qu'il ne l'aurait fallu ; mais il était si bienveillant qu'il aimait tout le monde, et si aimable qu'il était recherché de tous. Nous habitions le premier étage d'un grand hôtel de la rue de Lille, dont nos gens occupaient le rez-de-chaussée. La marquise de Courcy demeurait au-dessus de nous ; elle était veuve, et c'est à elle qu'appartenait la maison. J'ai entendu dire que les armes sont restées sur le plein-cintre de la porte cochère, telles qu'elles étaient avant la Révolution, bien que la famille soit complètement éteinte. Mme de Courcy avait un fils unique du nom de Clément, et qui était du même âge que mon Urian, dont vous pouvez voir le portrait dans la grande salle. »

Maître Urian avait péri en mer, et j'avais souvent regardé la toile qui représentait sa belle et bonne figure ; on l'y voyait en pied, dans son uniforme, désignant de la main droite un vaisseau qui s'apercevait au loin ; il semblait dire : « Regardez-le, ses voiles sont déployées et je vais bientôt partir. » Pauvre maître Urian ! il avait sombré avec ce même vaisseau, quelques mois après l'époque où le portrait avait été fait.

« Je vois encore ces deux enfants jouer ensemble, continua milady en rapprochant les paupières comme pour mieux jouir de la vision qu'elle avait évoquée ; je les vois toujours dans le vieux jardin à la française qui était derrière l'hôtel ; je les ai si souvent contemplés de ma fenêtre ! Cet endroit valait peut-être mieux, pour jouer, que nos jardins d'Angleterre ; on n'y trouvait ni massifs, ni pelouses, seulement quelques plates-bandes ; et au lieu de boulingrins et de bosquets, des terrasses avec des balustrades ornées de vases, de grands perrons dans le style italien, de petites fontaines, des jets d'eau qu'on faisait jouer en tournant des robinets cachés çà et là. Combien ce pauvre Clément avait de plaisir à tourner ces robinets pour surprendre son nouveau camarade, et avec quelle grâce il faisait à celui-ci les honneurs de son domaine ! Mon pauvre Urian avait la peau brune comme un petit bohémien ; ses manières étaient brusques ; il s'inquiétait peu de son extérieur, et ne me permettait pas d'arranger ses longs cheveux, qui, lui retombant sur le front, cachaient ses beaux yeux noirs. Clément, au contraire, était toujours soigné dans sa mise, bien que ses vêtements fussent râpés et qu'on ne se doutât pas qu'il songeait à sa toilette. Il portait une espèce d'habit de chasse de drap vert qui s'ouvrait jusqu'à la taille, et laissait voir un élégant jabot de vieille dentelle. Ses longs cheveux blonds étaient bouclés ; ils retombaient sur ses épaules comme ceux d'une jeune fille, mais étaient coupés en ligne droite sur le front, dégageant ainsi les beaux sourcils bruns qui surmontaient ses yeux bleus. Mon cher petit marin en apprit avec lui, en deux mois, sur la tenue et les manières d'un gentilhomme, bien plus que je ne lui en avais enseigné par toutes mes remontrances, depuis des années que je le chapitrais à cet égard.

Je me rappelle qu'un jour les deux amis jouaient de tout leur cœur ; ma fenêtre était ouverte, je les entendais à merveille ; tout à coup mon fils défia Clément de grimper à un endroit quelconque ; celui-ci refusa, mais avec hésitation, comme s'il eût fait volontiers la chose, sans un motif caché qui s'y opposait en dépit de son désir. Urian était vif et ne réfléchissait pas : « Vous avez peur, dit-il à son ami.

— Peur ! moi ! répéta le petit Français en se redressant avec fierté ; vous ne savez pas ce que veut dire ce mot-là ; soyez ici demain matin, au point du jour, vers six heures, j'irai prendre le nid d'étourneau que vous voyez là-bas, au faîte de cette cheminée.

— Pourquoi pas tout de suite ? demanda mon fils en passant le bras autour du cou de son ami.

— Parce que nous ne sommes pas riches, lui répondit Clément ; la cheminée est couverte de sculptures qui déchireraient mon habit et ma culotte, et ma mère ne peut pas m'en acheter d'autres avant l'année prochaine ; tandis que demain matin j'y monterai, n'ayant qu'une vieille chemise.

— Vous vous déchirerez les jambes.

— On ne s'inquiète pas de cela dans ma famille, » répondit le jeune de Courcy en se dégageant du bras de mon fils avec un geste plein de réserve et de dignité. Mais Urian n'était pas de nature à se laisser repousser par les gens qu'il aimait ; il posa de nouveau son bras sur l'épaule de son ami, l'implora du regard et fit si bien qu'au bout de quelques minutes, Clément se promenait avec lui bras dessus bras dessous, et tous les deux se mirent à causer d'un air grave, comme s'ils avaient été des hommes. Quelle amitié n'eût pas uni plus tard ces deux compagnons d'enfance ! Jamais je ne songe à Urian sans voir l'ombre de son jeune ami flotter autour de la sienne.

Le lendemain matin je n'étais pas encore sortie de ma chambre, lorsque le domestique de Mme de Courcy apporta le nid d'étourneau que ce pauvre Clément avait été prendre, et qu'il envoyait à mon fils.

Nous revînmes en Angleterre ; les deux enfants s'écrivirent ; j'échangeai quelques lettres avec la marquise. Urian s'embarqua ; vous savez quelle fut sa destinée. Je reçus à cette occasion quelques lignes de Clément ; certes je ne doutais pas de la douleur qu'il ressentait de la mort de son ami. Toutefois, sa lettre n'en disait rien ; elle était froide et compassée. Pauvre jeune homme ! il s'était donné beaucoup de peine, j'en suis sûre ; mais que peut-on dire à une mère qui a perdu son enfant ? Le monde ne pense pas ainsi ; en général, on doit se conformer à ses usages. Cependant, il m'a toujours semblé qu'un silence respectueux est ce qu'il y a de préférable en face d'un pareil malheur. La lettre de Mme de Courcy n'était pas moins cérémonieuse ; mais elle ne pouvait pas éprouver de cette perte le même chagrin que son fils, et je ne souffris pas autant du vide que me laissèrent les expressions de condoléance qu'elle m'avait adressées. Nous échangeâmes quelques politesses pendant encore un an ou deux ; c'était un léger service, un ami que l'on se recommandait avec confiance ; puis nos rapports cessèrent. Vint la Révolution. Quiconque n'a pas vécu à cette époque ne peut pas s'imaginer avec quelle impatience on attendait les nouvelles ; se figurer la terreur que répandaient à chaque instant des bruits affreux, relativement à la fortune et à la vie des personnes qui vous avaient accueillis avec tant de grâce. Il se cachait assurément bien des défauts, bien des travers sous ces dehors gracieux ; mais nous autres Anglais, qui n'avions fait que visiter la France, nous ne connaissions que les qualités de ceux qui nous avaient reçus.

Le fils de Mme de Courcy vivait toujours, tandis que trois des miens étaient morts depuis mon retour en Angleterre. Je ne pense pas, même aujourd'hui, qu'il y ait égalité dans les différents lots qui nous échéent ici-bas ; mais, quel que soit celui que nous ayons en partage, nous devons l'accepter sans le comparer au sort des autres.

La terreur augmentait tous les jours. « Que va-t-il arriver ? » demandait chacun à tous ceux qui apportaient des nouvelles du continent. Où ces démons étaient-ils cachés, lorsque naguère nous jouissions des plaisirs et des charmantes amitiés de Paris ?

Un soir, j'étais seule ; nous nous trouvions à Londres. Milord était allé au club avec M. Fox et les autres ; il m'avait quittée, pensant que j'irais dans l'un des nombreux endroits où nous étions attendus ; mais je n'avais pas le courage de sortir. C'était l'anniversaire de la naissance de mon pauvre Urian, et je ne pouvais surmonter ma tristesse. Le jour baissait ; je n'avais pas même sonné pour avoir de la lumière. Je songeais à ce pauvre enfant, à sa nature affectueuse et sensible ; je me reprochais de lui avoir souvent parlé d'une façon un peu vive, d'avoir perdu de vue son ami Clément, auquel il était si attaché, et qui avait peut-être besoin de secours à cette époque de sang et de misère.

J'y pensais avec remords, lorsque Fenwick m'apporta un billet scellé d'un écusson qui m'était familier, bien qu'il me fût impossible de me rappeler où je l'avais vu. J'ouvris enfin la lettre ; elle était de Clément de Courcy :

« Nous sommes à Londres depuis quelques jours, me disait-il ; ma mère est très-malade. Je suis tout dépaysé dans cette ville étrangère ; seriez-vous assez bonne pour m'accorder quelques minutes d'audience ? »

C'était la maîtresse de la maison où ils étaient descendus qui m'apportait ce billet ; je la fis entrer dans l'antichambre et la questionnai moi-même, tandis qu'on préparait la voiture.

Mme de Courcy et son fils étaient arrivés depuis une quinzaine environ ; la mère n'avait pas quitté le lit depuis cette époque, et n'avait été soignée que par ce pauvre Clément. La femme qui me donnait ces détails ignorait la qualité de ses hôtes, et les jugeant, ainsi que le font tous ses pareils, d'après leurs habits et leurs bagages, les croyait assez pauvres. Elle ne pouvait, du reste, m'en apprendre davantage, car elle ne comprenait guère ce pauvre Clément, qui avait presque oublié le peu d'anglais que mon fils lui avait appris autrefois.

CHAPITRE V.

La marquise était logée dans une espèce d'auberge, triste réduit qu'avaient indiqué à son fils les pêcheurs qui les avaient amenés de Hollande, croyant passer des paysans frisons, dont tous les deux portaient le costume. Je fus obligée de faire monter dans ma voiture la femme qui m'avait apporté la lettre, car mon cocher ne savait pas où était la rue en question. J'envoyai cette femme demander si je pouvais entrer chez la marquise, et l'instant d'après je vis arriver Clément, dont la taille élégante se cachait sous des habits d'étoffe grossière, qui juraient de la façon la plus curieuse avec ses traits fins et distingués. Je voulus prendre sa main et la serrer ; mais il s'inclina et mit un baiser sur la mienne.

« Puis-je entrer, madame ? demandai-je en regardant sa pauvre mère qui gisait dans l'ombre sur un grabat, la tête soutenue par des oreillers crasseux, et qui tournait vers la porte un regard tout effaré.

— Clément ! » s'écria-t-elle avec effroi.

Elle s'imaginait toujours qu'on voulait lui prendre son fils pour l'emmener en prison. Je finis cependant par entrer dans la chambre et par causer avec le jeune homme sans effrayer la mère. Lorsque j'eus appris le nom du médecin qui soignait la marquise, je remontai en voiture, après avoir dit à Clément que je reviendrais avant peu, et je me fis conduire chez le docteur. Je ne voulais qu'une chose, savoir si la malade pouvait être transportée chez moi, et quel était le meilleur moyen que nous puissions employer.

Ce médecin était, je crois, fort habile ; mais il avait cette brusquerie, pour ne pas dire cette grossièreté, que l'on prend au contact des classes inférieures. Je lui dis tout l'intérêt que je portais à la malade, et l'intention où j'étais de la faire conduire chez moi.

« C'est impossible, dit-il, le transport la tuerait.

— Cela sera pourtant, répondis-je, et il ne faut pas qu'elle meure.

— Dans ce cas-là, je n'ai plus rien à dire, » riposta mon bourru, qui fit mine de s'éloigner de ma voiture.

Mais je connaissais l'argument qui devait le trouver sans réplique, et il fut convenu que la marquise, soigneusement enveloppée, serait transportée chez moi dans une litière, à une heure assez avancée de la nuit pour ne rencontrer personne dans les rues.

Nous avions tout préparé pour la recevoir, et, bien que chaussés de pantoufles, nous descendions sans cesse dans la cour, tandis que le concierge était de planton à la porte. J'aperçus enfin, au milieu des ténèbres, les lanternes portées par les hommes qui dirigeaient le convoi ; la litière ressemblait à un cercueil, et j'eus bien de la peine à retenir mes larmes. D'un côté marchait le docteur ; de l'autre était Clément. Ils arrivèrent, et n'osant pas la fatiguer davantage, nous couchâmes cette pauvre marquise avec les grossiers vêtements de nuit que la brave femme de l'auberge lui avait prêtés. On la couvrit chaudement, et nous la laissâmes dans la chambre avec le docteur, une garde et Clément, qui avait son lit dans le cabinet de toilette. Brave et digne jeune homme, que de gratitude ne m'exprimait-il pas ! n'osant rien dire, de peur de troubler la malade, il s'était agenouillé devant moi, et m'embrassait les mains qu'il arrosait de ses larmes.

Je lui permis de donner cours à cette muette expansion qui soulageait son cœur, et je rentrai dans ma chambre, où je racontai à milord tout ce qui avait été fait. Jusque-là, tout allait bien ; mais ni moi ni mon mari nous ne pûmes dormir, tant nous étions inquiets du réveil de la marquise ; et ce fut avec une joie bien vive que j'appris le lendemain matin que Mme de Courcy était beaucoup plus tranquille qu'elle ne l'avait été depuis longtemps. Il est certain que la chambre où elle se trouvait alors devait lui laisser une impression bien différente de celle que lui causait le misérable taudis où je l'avais vue la veille ; elle devait instinctivement se sentir chez des amis.

Bref, la santé de la marquise s'améliora si rapidement qu'au bout de quelques jours nous pûmes supposer qu'elle nous faisait une visite avec son fils, et oublier, en voyant celui-ci vêtu de nouveau comme devait l'être un gentilhomme, qu'ils avaient été contraints de s'enfuir de leur pays.

Les choses continuèrent de la sorte pendant plusieurs semaines. Nos amis étaient reçus partout avec faveur ; Clément avait été présenté à la cour, accueilli de la manière la plus gracieuse par Leurs Majestés, qui un soir lui avaient même adressé la parole ; et sa charmante figure, l'élégance de ses manières, jointes à plusieurs circonstances qui avaient accompagné sa fuite, en avaient fait un véritable héros de roman. Il n'est pas de maison distinguée où il n'eût été reçu dans l'intimité, s'il en avait éprouvé le désir ; mais il n'allait dans le monde qu'avec indifférence, et je crois que plus il montrait de langueur et d'ennui, plus on lui témoignait d'empressement. Monkshaven, c'était ainsi qu'on appelait mon fils aîné, essayait en vain de le distraire et de le faire participer aux plaisirs de son âge ; rien ne diminuait sa tristesse.

Un jour, on vint me dire qu'un vieil émigré, d'une humble condition, s'était présenté à mes domestiques, dont plusieurs parlaient français ; Meldlicott m'apprit qu'il appartenait à la maison de Courcy : c'était, je crois, le régisseur d'un grand domaine, qui, à vrai dire, n'était qu'un terrain de chasse, et n'ajoutait pas beaucoup au revenu de la famille. Toujours est-il que ce brave homme avait apporté en Angleterre les parchemins et la copie des actes relatifs à ce domaine, et qu'il venait trouver M. de Courcy pour lui remettre ces papiers. Clément était sorti avec mon fils ; quand il rentra, je lui appris l'arrivée du vieux régisseur, qu'il alla trouver aussitôt. Il resta fort longtemps avec cet homme ; nous devions aller ensemble faire une course en voiture, et, fatiguée de l'attendre, j'allais sonner pour lui rappeler son engagement, lorsqu'il rentra chez moi la figure aussi blanche que la poudre qui lui couvrait les cheveux.

« Qu'avez-vous ? » lui demandai-je.

Il me serra les mains et me regarda sans pouvoir articuler un seul mot.

« Ils ont pendu mon oncle, » dit-il après un instant de silence.

Je savais qu'il existait un comte de Courcy ; mais c'était un vaurien qui déshonorait la famille, et l'on m'avait toujours fait entendre qu'il n'avait aucun rapport avec la branche aînée. Je fus donc un peu surprise de cet excès d'émotion, jusqu'au moment où je vis dans les yeux du jeune homme ce regard particulier qui révèle une terreur plus profonde qu'on n'ose le dire. Il avait besoin d'être entendu sans paroles, mais j'ignorais qu'il existât une demoiselle de Courcy.

« Virginie ! » murmura-t-il.

Je compris tout et me rappelai que si Urian vivait encore, lui aussi pourrait être amoureux.

« La fille de votre oncle ? lui demandai-je.

— Oui, c'est ma cousine. »

Je n'avais pas dit « votre fiancée ; » mais j'en étais sûre, et pourtant je me trompais.

« Oh ! madame, poursuivit-il, sa mère est morte il y a longtemps ; elle n'a plus de père, et la voilà seule, abandonnée à tous les périls qui la menacent.

— Est-elle en prison ?

— Non ; elle est chez la veuve de l'ancien concierge de son père. Mais un jour ou l'autre, on fouillera la maison, et ce sera la mort non-seulement de Virginie, mais de la femme qui l'a cachée. Cette dernière ne l'ignore pas ; elle tremble sans cesse. Il n'en faut pas davantage pour la trahir, quand même elle serait assez honnête pour rester fidèle à sa maîtresse. Et comment Virginie pourrait-elle fuir, à présent qu'elle est seule ? »

Je devinai la lutte qui s'engageait dans son cœur ; il voulait courir auprès de celle qu'il aimait, et ne l'osait pas à cause de sa mère. Je n'aurais point empêché mon fils d'accomplir un pareil devoir, et je ne songeai pas à retenir le pauvre Clément. J'ai peut-être eu tort de ne pas lui montrer le danger auquel il s'exposait ; mais le péril était encore plus imminent pour elle ; à cette époque de la terreur, on n'épargnait personne, et la jeunesse ou les cheveux blancs ne préservaient pas les femmes du couteau de la guillotine.

J'entrai donc dans les vues de ce pauvre jeune homme ; je lui recommandai seulement d'agir avec toute la prudence nécessaire pour arriver à son but, ne doutant pas, comme je le disais tout à l'heure, que sa cousine ne fût sa fiancée.

Mais lorsque j'allai trouver la marquise, après que son fils lui eut parlé de son désir, je découvris mon erreur. Mme de Courcy, trop faible en général pour marcher même avec un bâton, parcourait sa chambre d'un pas rapide, bien que tremblant, et se tordait les mains en se parlant à elle-même. Elle s'arrêta dès qu'elle m'aperçut, et m'adressant la parole avec feu :

« Madame, me dit-elle, vous avez perdu votre fils, mais il fallait me laisser le mien. »

Je ne sus d'abord que répondre, tellement j'étais surprise. J'avais parlé à Clément comme si la démarche qu'il voulait tenter avait déjà eu l'approbation de sa mère ; en pareil cas, si Urian m'avait demandé la mienne, je n'aurais pas pu la lui refuser ; mon cœur a toujours bondi à la pensée du péril que l'on me raconte, et ne pouvant y courir moi-même, je n'ai pas de repos que je ne sache qu'on a été au secours des malheureux dont on parle. C'est peut-être parce que ma vie a toujours été paisible que le danger m'impressionne aussi vivement, et que je m'imagine qu'on va pouvoir le conjurer. Mais cette pauvre marquise ne pensait pas comme moi, et ne partageait ni mon espoir, ni la confiance de son fils.

« Il nous reviendra sain et sauf, lui dis-je ; on prendra toutes les précautions possibles ; on fera pour lui tout ce que vous pourrez imaginer, tout ce que milord ou Monkshaven croiront utile de faire. Mais il ne peut pas abandonner une jeune fille qui, après vous, est sa plus proche parente, sa fiancée, chère madame !

— Sa fiancée ! reprit-elle avec indignation ; Virginie la fiancée de Clément ! Certes non, grâces à Dieu ! Il fut une époque où la chose aurait pu être ; mais mademoiselle a méprisé mon fils. Elle n'a voulu avoir aucun rapport avec lui ; qu'à son tour il n'ait rien de commun avec elle. »

Le pauvre Clément venait d'entrer dans la chambre et avait entendu ces paroles ; il s'approcha de la marquise, et tous les deux se regardèrent en silence. Le visage altier de

Mme de Courcy demeurait impassible ; et, malgré leur douceur, les yeux de Clément exprimaient une résolution inébranlable. Après avoir conservé cette attitude pendant quelques secondes, le noble enfant mit un genou en terre, prit la main osseuse de la marquise, main roide et glacée qui ne se ferma pas sur la sienne, et d'une voix respectueuse et douce :

« Ma mère, lui dit-il, veuillez me laisser partir.

— Qu'a-t-elle répondu ? m'écriai-je.

— La marquise, reprit milady avec lenteur, comme pour obliger sa mémoire à lui rendre les paroles que je lui demandais, la marquise laissa tomber ces mots d'une voix glaciale : « Mon cousin, lorsque je me marierai, j'épouserai un homme et non pas un petit-maître ; un homme qui honorera l'humanité par ses vertus, quel que soit le rang qu'il occupe dans le monde, et qui ne se contentera pas de vivre dans une cour efféminée, d'après les traditions d'une grandeur éteinte. » Comme vous voyez, ajouta la marquise en s'adressant à moi, elle empruntait le langage de M. Rousseau, l'ami de son père, non moins infâme que l'écrivain dont elle avait les principes. Et voilà la personne que mon fils demandait en mariage.

— J'accomplissais la volonté de mon père, objecta Clément.

— Dites que vous l'aimiez ; et que c'est pour combattre l'opposition que je faisais à cette alliance que vous avez évoqué ce simple désir de votre père, exprimé il y a douze ans, répondit la marquise. Je ne voulais pas de cette union ; vous avez, malgré cela, sollicité la main de votre cousine ; elle vous a refusé avec insolence, et vous me quitteriez pour elle ! Vous me laisseriez seule en pays étranger.

— Seule, ma mère ! La comtesse Ludlow n'est-elle pas auprès de vous ?

— Pardon, madame, reprit la marquise ; mais la terre fût-elle remplie d'êtres bienveillants et dévoués, qu'elle n'en serait pas moins déserte pour la femme qui est éloignée de son fils ; et le mien m'abandonnerait pour cette fille athée, dont l'âme s'est corrompue aux doctrines des encyclopédistes ! Le danger qu'elle court aujourd'hui n'est que le résultat de ses principes ; laissez-la recueillir les fruits qu'elle a cultivés. Sans doute elle a des amis, peut-être même des amants, parmi ces démons qui, au nom de la liberté ; se permettent les plus atroces licences. Elle vous a méprisé, Clément ; ayez assez de fierté pour ne pas vous occuper d'elle.

— Ce n'est pas à cela que je pense, ma mère, c'est au danger qu'elle court.

— Songez plutôt à moi, qui vous défends de partir. »

Clément fit un profond salut, et sortit de la chambre comme s'il eût été frappé de cécité. La marquise lui vit étendre les mains en chancelant pour chercher où était la porte, et je crus qu'elle allait être ébranlée ; mais elle se retourna vers moi et m'expliqua les motifs qui l'empêchaient de consentir à la démarche de son fils. Le comte, frère cadet de son mari, avait, disait-elle, usé de son influence pour troubler leur ménage, et c'était à force d'intrigues qu'il avait imposé au marquis cette clause relative au mariage des deux cousins. Le comte de Courcy, chargé de la tutelle de son neveu, avait en outre blessé la marquise par une foule de procédés ; et je me rappelais qu'à l'époque où nous avions loué l'hôtel de la rue de Lille, milord avait cru voir que cet arrangement, conclu entre lui et le comte, déplaisait à la marquise. Jamais celle-ci ne mettait les pieds chez son beau-frère ; mais il était impossible qu'elle empêchât son fils de voir le comte, et c'est lorsqu'il fut trop tard qu'elle soupçonna l'amour de Clément pour sa cousine. Elle prit alors des renseignements sur la jeune personne ; on lui répondit qu'elle était d'une beauté médiocre, mais qu'elle avait une taille élégante, la physionomie expressive, et les manières à la fois pleines de noblesse et de charme. Quant au caractère, c'était, suivant les uns, une fille effrontée, sans principes et sans cœur ; suivant les autres, une nature indépendante et généreuse, un esprit original. Son père, qui la gâtait beaucoup, lui avait fait donner en quelque sorte l'éducation d'un homme, et lui avait permis de choisir, pour son amie intime, une jeune personne d'une condition inférieure à la sienne, une demoiselle Necker, appartenant à la bureaucratie, et qui était fille du ministre des finances. Il en résulta que Mlle de Courcy se trouva lancée parmi des libres penseurs, des gens dont l'imagination est remplie de projets subversifs de toute morale, et qui ne songent qu'à renverser la société. « Et mon fils recherche de pareils gens ? avait demandé la marquise. — Non, lui avait-on répondu ; M. de Courcy n'a d'yeux et d'oreilles que pour sa cousine, et ne pense qu'à la regarder et à l'entendre. » Quant à Mlle Virginie, c'est à peine si elle s'apercevait d'un amour qui était évident pour tout le monde. La fière créature ! mais ce pouvait être un moyen de cacher ce qu'elle éprouvait, et la marquise poursuivit son enquête, sans rien apprendre de décisif, lorsqu'un jour elle surprit, entre les mains de son fils, le billet où Mlle de Courcy répondait à la demande de son cousin qu'elle épouserait un homme, et non pas un petit-maître.

Justement indigné des termes de cette réponse, Clément avait promis à sa mère de ne jamais se représenter dans la maison de son oncle ; mais il ne put oublier sa cousine, bien qu'il ne proférât plus son nom.

La marquise et son fils avaient dû fuir dès les premiers jours de la Révolution ; car ils étaient classés parmi les plus grands aristocrates (un abominable terme qu'employaient ces affreux sans-culottes pour désigner les gens qui tenaient à honneur de conserver les principes où ils s'enorgueillissaient d'avoir été élevés). Clément avait quitté la France, avec la certitude que non-seulement le comte n'avait rien à craindre, mais qu'il était même en faveur auprès de la coterie qui tenait alors le pouvoir. Il fut donc rassuré à l'égard de sa cousine, jusqu'au jour où il apprit que son oncle, en dépit de ses opinions progressives, avait été guillotiné par cette canaille dont il s'était plu à revendiquer les droits.

Lorsque la marquise m'eut raconté cette histoire, j'avoue, poursuivit lady Ludlow, que je reportai sur la mère une partie de l'intérêt que le fils m'avait inspiré tout d'abord. Cette cousine ne me paraissait pas mériter qu'on s'exposât pour elle ; mais quand je vis Clément désespéré, allant et venant comme un homme qu'un songe affreux obsède ; quand je vis qu'il ne pouvait plus manger, qu'il n'avait plus de sommeil, et qu'il supportait sa douleur en silence, pauvre ami ! essayant même un pâle sourire quand ses yeux rencontraient les miens, je me demandai comment la marquise pouvait résister à cette muette supplication.

Lord Ludlow et Monkshaven s'indignaient qu'une mère pût empêcher son fils de courir un danger honorable, d'accomplir un devoir impérieux, celui de sauver une orpheline dont on est le seul appui. « Il n'y a qu'un Français, disait milord, qui puisse se trouver lié en pareille circonstance par les terreurs et les caprices d'une vieille femme. Qu'y gagnera la marquise lorsque ce pauvre Clément sera mort de chagrin sous la contrainte qu'elle lui impose ? La démarche est périlleuse, il faut en convenir ; mais je parie tout ce que l'on voudra qu'il échappe à la guillotine, sauve la jeune fille, la ramène ici, folle d'amour pour son protecteur, et qu'avant deux mois nous avons un mariage à Monkshaven. »

Milord répéta ces paroles tant et si bien qu'il finit par croire à l'infaillibilité de sa prédiction, et qu'un jour, ayant vu Clément plus pâle et plus désespéré que jamais, il fit demander à Mme de Courcy de vouloir bien lui accorder un instant d'entretien.

« Par ma foi, s'écria-t-il, je veux qu'elle sache mon opinion ; il ne sera pas dit que je verrai tranquillement son fils dépérir sous mes yeux ; c'est bien un trop brave et digne jeune homme. Ah ! qu'un Anglais serait parti depuis longtemps sans en demander la permission ! Mais en sa qualité de Français, le pauvre Clément est un véritable Énée avec toutes ses bagatelles filiales. »

Je vous dirai que milord s'était jadis engagé dans la marine contre la volonté de son père, et que la chose ayant bien tourné, par bonheur, il n'avait jamais eu la conscience de la faute qu'il avait faite, comme si, par exemple, à son retour, il eût appris la mort de ses parents.

Je voulais assister à la conférence ; mais il n'y eut pas moyen.

« Une femme peut triompher de l'obstination d'un homme, me répondit milord ; mais c'est le contraire qui a lieu quand il s'agit de faire céder une personne de votre sexe ; permettez-moi, je vous prie, d'être seul avec la marquise. »

Jamais il ne me raconta ce qui s'était passé dans cette entrevue ; mais il en revint d'un air plus grave qu'il n'y était allé. Mme de Courcy néanmoins consentait au départ de son fils, et autorisait milord à en informer Clément.

« C'est une vieille Cassandre, me dit lord Ludlow quand il m'apprit le résultat de sa démarche ; ne laissez pas Clément seul avec elle ; je suis persuadé qu'elle affaiblirait le courage de l'homme le plus intrépide ; elle est tellement superstitieuse ! » J'ai su plus tard qu'elle avait ébranlé chez milord cette corde du pressentiment, qu'il tenait de son origine écossaise.

Toutefois, mon mari ne s'arrêta pas à cette impression pénible, et nous nous occupâmes avec tant d'activité du voyage de Clément, que le soir même tout était prêt pour son départ.

La marquise n'avait voulu voir personne depuis l'entretien orageux qu'elle avait eu avec lord Ludlow ; elle nous avait fait dire qu'elle voulait se reposer ; mais il fallait que son fils allât lui faire ses adieux, et, pour empêcher que la séparation ne devînt trop émouvante, nous résolûmes d'assister, milord et moi, à cette pénible entrevue. Clément portait, comme habit de voyage, le costume d'un paysan de Normandie, que nous avions fini par trouver chez un émigré qui s'en était servi lui-même pour quitter les côtes de France. Le jeune marquis devait prendre un bateau pêcheur qui le conduirait dans les environs de Dieppe, où il changerait de déguisement. Nous avions si bien comploté cette affaire ! En voyant entrer son fils, revêtu de ce costume de paysan, la marquise fut singulièrement troublée ; je suppose que nous l'avions réveillée du profond sommeil où elle tombait toutes les fois qu'elle était seule, et que c'est à cela qu'il faut attribuer l'air égaré dont fut accueilli ce pauvre Clément.

« Partez, lui dit sa mère en le repoussant comme il se mettait à genoux pour lui baiser la main ; partez, Virginie vous appelle ; mais vous ne savez pas quel genre de couche elle vous prépare…

— Dépêchez-vous, madame, dit lord Ludlow en interrompant la marquise ; l'heure est plus avancée que je ne le pensais, et il ne faut pas manquer la marée ; dites adieu à votre mère et partons immédiatement. » Milord et Monkshaven devaient le conduire jusqu'au rivage. »

L'instant d'après, j'étais seule avec Mme de Courcy. Lorsque la voiture s'éloigna, le bruit des roues tira la pauvre mère de la torpeur où elle paraissait être plongée, et lui rendit la conscience du départ de son fils. « Il m'a quittée pour elle ! » murmura la marquise, dont les mâchoires étaient serrées convulsivement ; et les yeux hagards, elle ajouta presque avec un air de triomphe : « Mais je lui ai refusé ma bénédiction. »

CHAPITRE VI.

Le délire de la marquise dura toute la nuit et m'effraya au point que j'envoyai un émissaire à Clément, dans l'espoir qu'on pourrait le rejoindre et nous le ramener bien vite. Mais j'avais sans doute mal indiqué la direction qu'il fallait prendre, car mon messager ne trouva pas le marquis, et ne revint que le jour suivant, après le retour de mon mari et de mon fils. La marquise était plus calme, l'épuisement avait triomphé de sa douleur. Milord et Monkshaven nous revenaient pleins d'espoir, et leur satisfaction me rendit un peu de courage. Tout s'était passé à merveille ; ils avaient accompagné Clément jusqu'à la côte, avaient aperçu un lougre que milord avait hélé en homme de mer. Le capitaine avait immédiatement répondu à ce bel et bon langage nautique, en envoyant un canot pour chercher le passager et en invitant ces messieurs à déjeuner avec lui. Mon fils avait décliné l'invitation ; mais lord Ludlow n'avait pas mieux demandé que de faire honneur au grog, au biscuit et au poisson du capitaine ; c'était, disait-il, le meilleur repas qu'il eût jamais fait depuis qu'il était au monde. Je suppose que c'est grâce à l'appétit que lui avait donné le voyage. Toujours est-il que sa bonne humeur avait touché le capitaine, et que ce pauvre Clément s'était embarqué sous les meilleurs auspices.

Malgré tout ce qu'il y avait de rassurant dans ces nouvelles, il fut convenu avec milord que nous attendrions pour en parler, que Mme de Courcy nous eût questionnés à cet égard, afin qu'elle pût choisir le moment où elle serait disposée à les entendre. Mais jamais elle ne proféra le nom de son fils. Elle causait des choses les plus indifférentes, s'informait avec un intérêt apparent de ce qui se passait dans le monde, cherchait à se rendre agréable, et ne trahissait pas la moindre inquiétude, la plus légère préoccupation au sujet du voyageur. Cependant, il y avait dans sa voix quelque chose de douloureux, et son regard allait sans cesse d'un objet à l'autre, comme si elle n'eût osé l'arrêter sur aucun.

Au bout de huit jours, nous reçûmes par le patron du lougre une lettre de Clément, qui avait débarqué sans obstacle sur les côtes de Normandie ; puis, les semaines s'écoulèrent sans nous apporter d'autres nouvelles. J'avais fait part à mon mari de l'heureuse arrivée de Clément, en présence de la marquise ; c'était convenu entre milord et moi. Mme de Courcy avait fait semblant de ne pas m'entendre ; mais je vis bientôt qu'elle s'étonnait de ce que je ne parlais plus de son fils, et je commençai à craindre que, son orgueil cédant à l'inquiétude, elle ne demandât les nouvelles que je n'avais pas à lui donner.

Un matin, à mon réveil, j'appris de ma femme de chambre que la marquise me faisait prier d'aller la voir aussitôt que je serais habillée. Je me doutais du motif de cette demande, et je tremblai tout le temps qu'on mit à faire ma toilette ; au lieu de m'encourager, milord déclarait franchement qu'il aimerait mieux recevoir une balle, que d'être obligé de dire à cette pauvre mère qu'on n'avait pas de nouvelles de son fils : « Et pourtant, ajouta-t-il, j'ai la conviction qu'un de ces jours, nous verrons arriver notre fugitif, accompagné de sa cousine. »

Il fallut enfin aller trouver la marquise ; depuis quelques jours, elle ne mettait plus de rouge et n'affichait plus l'indifférence qu'elle avait montrée jusqu'alors. Elle resta silencieuse pendant quelques minutes, puis elle proféra le nom de son fils en se couvrant la bouche de son mouchoir, pour que je ne visse pas trembler ses lèvres.

« Nous n'avons pas eu de nouvelles depuis la lettre où il nous racontait son heureuse traversée, lui répondis-je aussi gaiement que possible ; il avait débarqué sans encombre ; tout allait à merveille ; milord ne s'est jamais attendu à recevoir d'autre lettre ; il est persuadé que nous reverrons bientôt Clément, et que celui-ci veut nous surprendre. » Je ne le croyais pas, mais après tout, c'était possible ; d'ailleurs, je n'avais pas autre chose à dire ; c'eût été une impertinence que de témoigner de la pitié à une personne qui faisait autant d'efforts pour cacher son désespoir. Elle ne me répondit pas, sachant combien j'avais moi-même peu de foi en mes paroles ; et je fus trop heureuse lorsque mistress Medlicott, en apportant le déjeuner, me fournit le moyen de sortir.

Cette conversation m'avait rendue plus inquiète, plus impatiente que jamais. La pauvre mère ne quittait plus son lit, non pas qu'elle fût malade, mais parce qu'elle n'avait pas le courage de s'habiller ; elle avait perdu l'appétit et se serait volontiers laissé mourir de faim, si Medlicott ne lui avait fait prendre une nourriture qu'elle acceptait sans rien dire, pour ne pas avoir à lutter contre les insistances de cette excellente femme.

C'est ainsi que nous vivions ; je n'osais plus compter les jours, je perdais la notion du temps, les mois passaient avec une lenteur désespérante. La marquise, à force d'écouter les moindres bruits qui se produisaient dans la maison, avait acquis une sensibilité d'oreille excessive. Le pied d'un homme franchissait-il la porte de la rue, qu'un léger tour de l'œil trahissait l'attente de la pauvre mère : elle retenait son haleine, jusqu'au moment où les pas se dirigeaient vers l'appartement du comte ; puis fermant alors ses paupières flétries, et laissant échapper un faible soupir, elle indiquait la déception poignante qu'elle venait d'éprouver.

L'ancien régisseur qui avait appris à Clément la mort du comte, se présenta enfin à l'hôtel, et je fus avertie qu'il désirait me parler. Je descendis bien vite, ne voulant pas faire monter ce brave homme, dans la crainte que la marquise ne vînt à l'entendre.

Je vois toujours ce bon vieillard : il tenait son chapeau à deux mains, et s'inclina jusqu'à terre lorsque j'entrai dans la pièce où il m'attendait. J'augurai mal d'un salut aussi profond, et ce fut en tremblant que je lui demandai s'il avait des nouvelles.

« Oui, madame, répondit-il en baissant la tête comme un enfant pris en faute ; j'ai rencontré hier l'un de mes anciens camarades qui arrive de France, un nommé Lefebvre, attaché comme moi à la maison de la marquise, et si madame le permet, j'irai le chercher pour qu'il lui raconte lui-même tout ce qu'il m'a dit hier au soir. »

Quelques instants après, Fléchier, c'est ainsi qu'on appelait l'ancien régisseur, me présenta son ami Lefebvre, qui attendait à la porte de l'hôtel, s'imaginant bien que je désirerais lui parler. Plus tard, j'appris d'autres détails qui complétèrent cette histoire et qui me firent comprendre (ce qui me ramène à mon point de départ) tout ce qu'il y a de dangereux à répandre l'instruction dans la basse classe.

Une fois en France, il n'avait pas été difficile à Clément de pénétrer dans Paris, et d'arriver, après maints détours, jusqu'à une ruelle abominable qui débouchait dans la rue de l'École-de-Médecine. J'ai entendu dire que c'était un lieu infâme, situé dans le voisinage de l'Abbaye, où tant de nobles créatures, issues des meilleures familles, attendaient le jour du supplice. Mais il y avait dans cet affreux quartier un vieux serviteur des Courcy, d'une fidélité sur lequel notre fugitif n'avait pas le moindre doute. Je crois que c'était l'ancien jardinier de l'hôtel, celui qui entretenait ces parterres où mon pauvre Urian jouait autrefois avec le fils de la marquise. Toujours est-il que ce brave homme cacha Clément dans son grenier, qu'il lui procura de nouveaux habits, plus en rapport avec ceux de la classe ouvrière parisienne ; et qu'après avoir attendu quelques jours pour détourner les soupçons, Clément put se mettre à la recherche de sa cousine. Il la trouva, ainsi qu'on le lui avait dit, chez l'ancienne concierge de son père, Mme Babette, qui, moins fidèle ou plus intéressée, n'avait pas pour cette jeune fille les sentiments respectueux que le jardinier témoignait à son hôte.

J'ai vu le portrait de Mlle de Courcy, une miniature qui se trouvait en possession d'une femme de qualité, ancienne amie du comte, exilée comme tant d'autres par les fureurs populaires. Autant que je puis le supposer d'après cette miniature, Virginie était comparativement plus grande et plus forte que le jeune marquis, dont les traits et la taille avaient, dans leur délicatesse, quelque chose de féminin. Ses cheveux noirs étaient disposés par petites boucles nombreuses. À cette époque la coiffure indiquait l'opinion politique des individus, comme l'avaient fait jadis les mouches pendant la vie de ma grand'mère ; et l'arrangement des cheveux de Mlle de Courcy me déplaisait, ou plutôt il blessait mes principes. Elle avait de grands yeux bruns dont le regard était doux et ferme ; on ne peut pas connaître au juste la forme du nez par un portrait vu de face ; toutefois les narines étaient nettement coupées et largement ouvertes ; je ne crois pas que le nez fût joli ; mais la bouche avait un caractère tout spécial, qui eût racheté n'importe quel visage. Cette bouche était grande, les coins s'enfonçaient profondément dans les joues ; la lèvre supérieure, très-arquée, se fermait à peine sur les dents, et paraissait vivante. On eût dit, à en juger par le sérieux du regard et l'intelligence de cette bouche pleine de douceur, que la personne représentée dans ce portrait, attentive à je ne sais quel discours, avait une réponse toute prête qui allait tomber de ses lèvres, et l'on éprouvait le besoin de savoir ce qu'elle allait dire.

Virginie de Courcy demeurait donc chez Mme Babette, qui tenait un hôtel borgne dans la partie nord de la ville. Cette espèce d'auberge était fréquentée avant la révolution par des fermiers, des campagnards venant surtout de la Bretagne, et qui, à l'époque dont il s'agit, n'avaient plus rien à voir avec les Parisiens ; il en résulta que le maître de l'hôtellerie, ne faisant plus ses affaires, avait cédé la maison au frère de Mme Babette, en payement d'une somme qu'il devait à ce dernier ; celui-ci avait confié l'auberge à sa sœur, qui en gardait la porte conjointement avec son garçon, un marmouset d'environ douze ou treize ans.

C'était Mme Babette qui avait averti le comte de Courcy du danger qui le menaçait ; mais le pauvre fou ne voulut jamais croire qu'il y eût, parmi les membres de sa chère race humaine, quelqu'un d'assez méchant pour lui faire le moindre mal. La confiance de son père rassurait Virginie ; il fallut que Mme Babette employât la ruse pour attirer la jeune fille chez elle, le jour même où le pauvre comte fut mis à la lanterne.

Depuis cet horrible instant, Mlle de Courcy habitait un affreux bouge, situé derrière la loge de Mme Babette, et n'avait quitté ce réduit que pour aller dans la petite chambre de la portière, dont elle se gardait bien de franchir le seuil.

Je ne crois pas que l'ancienne concierge regrettât d'avoir sauvé la noble orpheline, qui, sans elle, eût évidemment partagé le sort du comte ; mais la pauvre femme n'était pas riche, son frère la payait le moins possible, elle ne trouvait qu'à grand'peine le moyen de nourrir son fils, et bien que Virginie mangeât fort peu, Mme Babette ne tarda pas à sentir qu'elle s'était imposé une charge d'autant plus lourde, qu'on ne pouvait pas prévoir l'époque où elle serait délivrée de ce fardeau.

Les de Courcy étaient complètement ruinés ; c'était d'ailleurs une famille éteinte ; et sans donner ouvertement les mains à ce projet, Mme Babette commençait à penser que Mlle Virginie, seule au monde, sans pain et sans asile, ne ferait pas mal d'encourager les attentions du jeune Morin, fils de l'acquéreur de l'auberge, et, par conséquent, propre neveu de ladite concierge.

Morin fils venait tous les deux jours à l'hôtel recevoir l'argent que sa tante avait touché pour son père, et c'est ainsi qu'il avait vu la protégée de Mme Babette. Il lui avait été facile de reconnaître qu'elle était d'un rang bien supérieur au sien, et devina, rien qu'à la grâce et à la dignité de la jeune fille, qu'elle avait perdu ses protecteurs naturels par l'affreuse mort qu'on réservait aux nobles ; mais il ne put jamais obtenir de sa tante le véritable nom de Mlle de Courcy. Toujours est-il que, princesse ou paysanne, Morin fils devint amoureux de la proscrite, et que si d'abord il ne révéla sa passion que par la réserve pleine de gaucherie que lui inspirait la noble fille, il en vint sans doute à faire le même raisonnement que sa tante, et à concevoir des espérances qui lui parurent de plus en plus fondées. Un jour viendrait, pensait-il, où, réduite à la dernière misère, la pauvre abandonnée verrait en lui un consolateur, un soutien, et il serait alors le plus heureux des hommes.

En attendant, Jean Morin eut pour Mme Babette, qu'il méprisait autrefois, des bontés et des prévenances qui touchèrent la pauvre femme ; il tenait ses comptes, lui apportait de petits présents, et s'attacha surtout à gagner les bonnes grâces de Pierre Babette, qui pouvait lui apprendre tout ce que faisait mam'selle Canne, ainsi qu'il appelait la jeune comtesse. Pierre devina sans peine quel était le motif des questions de son cousin, et mit au service de celui-ci toute la ruse de sa précoce intelligence.

Il fut assez difficile à Clément de découvrir l'endroit exact où sa cousine était cachée ; il est même probable qu'il n'y serait pas parvenu, si le jardinier qui l'hébergeait ne s'en était pas mêlé. Jacques, c'était le nom de ce brave homme, connaissait Mme Babette depuis longtemps, et pouvait aller la voir, causer avec elle, et finir par apprendre ce qu'était devenue la fille du comte. Mme Babette accueillit le jardinier comme une ancienne connaissance ; toutefois il fallut que Jacques se plaignît de son rhumatisme pour qu'elle consentît à le faire entrer, car elle l'avait reçu d'abord sous la porte cochère, et ce ne fut qu'après s'être assurée qu'il n'y avait personne dans sa loge qu'elle l'introduisit chez elle. À peine le jardinier était-il assis, qu'une jeune femme élancée, aux joues pâles, aux grands yeux pleins de tristesse, ouvrit la porte qui communiquait avec une pièce voisine et la referma aussitôt. « C'est

Mlle Canne, » s'empressa de dire la portière. Jacques ne pouvait s'y méprendre ; il continua de jaser pendant quelques minutes, et vint rapporter au marquis le résultat de sa démarche.

« Mais pourquoi, se demandait-il, Mme Babette ne m'a-t-elle pas fait la moindre question à l'égard de la famille ? Il est certain qu'elle a évité de faire allusion à M. Clément et à Mme la marquise ; elle croit sans doute qu'ils sont morts, et c'est une brave créature d'avoir gardé le silence au sujet de mademoiselle. » Je suppose que la portière, voulant favoriser son neveu, était peu jalouse de parler de sa recluse à quelqu'un qui pouvait contrecarrer ses plans ; mais Jacques ne se doutait pas des intentions de Jean Morin, dont il ignorait l'existence.

Le soir même Clément s'installait, pour y passer la nuit, dans l'une des chambres que louait Mme Babette. Il avait repris son costume de paysan normand, rehaussé de quelques babioles pimpantes, afin qu'on devinât qu'il avait la bourse pleine. Plusieurs jours s'écoulèrent sans amener de résultat ; il se présentait chaque matin devant la loge ; Mme Babette ouvrait un guichet pratiqué dans la fenêtre, recevait son argent, car la petite pièce qu'il occupait était louée tant par nuit, et le panneau se refermait avant qu'il eût trouvé le moyen d'entamer la conversation. Il fallait sortir, mais où passer la journée ? les rues étaient pleines de cette canaille sanguinaire toujours prête à se jeter sur quiconque ressemblait à un aristocrate, et ce pauvre Clément avait la tournure élégante sous n'importe quel habit.

Vers la fin de la semaine il fit connaissance avec Pierre et tâcha de se l'attacher. Celui-ci, plus rusé qu'un renardeau, soupçonna que les avances du jeune homme cachaient un intérêt quelconque ; il accepta la galette qui lui était offerte, causa volontiers avec le locataire, mais il se tint sur ses gardes et surveilla le beau Normand.

Comme il rentrait un soir, il surprit sa nouvelle connaissance étudiant les ombres qui se dessinaient sur la fenêtre de la loge, dont les rideaux étaient fermés. Le gamin craignit d'abord pour les écus dont la concierge était dépositaire ; cependant, il ne manquait pas un denier, lorsque, dans la soirée du jour suivant, Jean Morin vint arrêter ses comptes. L'opération terminée, Mme Babette, qui avait eu soin de barrer la porte du couloir, afin d'empêcher Mlle Canne de se retirer dans sa chambre, pria son neveu de leur tenir compagnie. La jeune fille travaillait en silence, Morin fils et la portière jasaient tous deux tranquillement, quand une voix de ténor, pleine de charme et de distinction, chanta auprès de la fenêtre l'un des airs les plus expressifs des *Noces de Figaro*. Les deux causeurs suspendirent leur entretien, et le reprirent quelques instants après, sans ajouter d'importance à cet incident ; mais l'intérêt avec lequel Virginie avait écouté la voix qui venait de se faire entendre n'avait pas échappé au petit Pierre ; lorsque le lendemain, à la même heure, la sérénade de la veille se renouvela, il courut à la porte de l'hôtel, qu'il ouvrit avec précipitation ; la rue était déserte, on n'y voyait que le Normand, dont la main était posée sur le cordon de la sonnette. Celui-ci rentrait pour se coucher ; qu'y avait-il de plus simple ? Toutefois, le lendemain matin, notre paysan vint frapper à la porte de la loge, et pria M. Pierre de vouloir bien accepter deux boucles en argent qu'il se permettait de lui offrir. Pierre, en sa qualité de Français, avait le goût de la parure et fut enchanté du cadeau ; il s'empressa d'attacher ses boucles aux genoux de sa culotte, et le Normand, qui semblait prendre plaisir à l'ardeur qu'il déployait dans cette opération, lui dit en élevant la voix :

« Prenez garde, mon ami, de trop aimer la toilette ; un jour, dans quelques années d'ici, lorsque vous offririez votre cœur à la jeune demoiselle qui vous ferait perdre la raison, elle pourrait bien vous répondre : « Nenni, vraiment ; lorsque je me marierai, ce sera pour prendre un homme et non pas un petit maître, un homme qui honorera l'humanité par ses vertus, quel que soit l'état qu'il lui ait plu de choisir. » Ces paroles furent très-goûtées du jeune Pierre, qui était ravi de se voir considéré comme amoureux, fût-ce même comme amoureux transi, et dont les mots sonores de vertu et d'humanité flattaient l'oreille comme appartenant au vocabulaire d'un patriote. Quant à l'impression qu'elles avaient pu produire sur la dame à qui elles étaient adressées, le pauvre Clément n'en devina rien pour le quart d'heure ; mais quand il revint le soir, il entendit fredonner derrière Mme Babette, qui allumait sa lampe, cet air des *Noces de Figaro* qu'il avait chanté les deux jours précédents, et qu'il reprit d'une voix forte comme il traversait la cour.

« Voilà notre chanteur, s'écria Mme Babette ; tiens, c'est le Normand ! il chante aussi bien qu'à l'Opéra ! »

Pierre fut frappé de cette remarque, et résolut de redoubler de surveillance ; il croyait toujours que la bourse de la concierge était le point de mire du paysan ; mais le lendemain, lorsqu'à la grande surprise de dame Babette, Mlle Canne exprima le désir d'aller acheter différentes choses, le petit madré comprit qu'il existait une relation quelconque entre les chants du soir et ce projet de sortie, vraiment inexplicable. Il n'est pas besoin de vous dire qu'il suivit la pauvre fille et vit de loin qu'un étranger, dont il ne connaissait pas les vêtements, parlait à Mlle Canne, lui offrait son bras et disparaissait avec elle au détour de la rue. Pierre revint tout en émoi raconter à sa mère ce qu'il avait vu. À peine terminait-il sa narration que Virginie rentrait le visage radieux et couvert d'une rougeur qu'on ne lui avait pas vue depuis la mort de son père.

CHAPITRE VII.

Vous devez être surprise que tous ces détails soient arrivés jusqu'à moi, chère enfant, reprit lady Ludlow après avoir arrangé les coussins qui me soutenaient ; mais, l'année qui précéda la mort de mon mari, je voyageais dans le Devonshire avec milord ; l'idée nous vint d'aller visiter les prisonniers de guerre français casernés à Dartmour, et l'un d'eux, avec qui nous liâmes conversation, était précisément le fils de Mme Babette, ce petit Pierre qui avait joué un si grand rôle dans l'histoire que je vous raconte. C'est par lui que j'ai su tout ce qui me reste à vous dire, et j'avoue qu'il m'inspira une vive compassion pour les acteurs de ce drame terrible, même pour ce Jean Morin dont il parlait d'une voix émue, bien que les événements dont il m'entretenait fussent passés depuis longtemps.

Lorsque le neveu de Mme Babette vint à la loge de sa tante, le soir du jour où Virginie avait vu son cousin pour la première fois, il fut frappé du changement qui s'était opéré chez la jeune fille : non pas qu'il la trouvât plus belle qu'à l'ordinaire ; il en était arrivé à ce point où l'amoureux ne voit plus l'objet aimé qu'à travers un prisme dont rien ne modifie la puissance ; mais il remarqua la teinte rosée qui colorait les joues de Mlle Canne, habituellement si pâle ; il lui sembla qu'elle avait dépouillé son linceul et qu'elle revenait à la vie. Or, s'il avait respecté sa douleur jusqu'à ne pas oser lui adresser la parole, maintenant qu'il la voyait renaître à la joie, le pauvre amoureux sentait son cœur se dilater ; et l'espérance grandit tout à coup dans son âme. Le temps, même au fond de cette loge indigne, commençait la guérison de l'affligée ; pourquoi ne pas l'aider humblement dans cette œuvre consolatrice ? Le lendemain il revint à l'hôtel sous un prétexte quelconque, et fit à la loge de sa tante, bien plus qu'à Mme Babette elle-même, présent d'un bouquet de roses attaché avec un ruban tricolore. Virginie travaillait près de la fenêtre ; ses yeux brillèrent à la vue des fleurs ; elle pria la concierge de les lui laisser mettre dans un vase ; Morin lui vit prendre les roses avec plaisir, dénouer le ruban, qu'elle jeta d'un air de dégoût ; et il trouva dans cette insulte à ses convictions les plus chères, une raison d'admirer celle qui en était l'auteur.

Comme il sortait de chez sa tante, le petit Pierre l'arrêta, mit un doigt sur ses lèvres pour lui recommander le silence, et après lui avoir adressé un clignement d'œil significatif, l'entraîna, en marchant sur la pointe du pied, jusqu'à l'autre bout de la rue. Quand il fut bien sûr que les habitants de l'hôtel ne pouvaient ni le voir, ni l'entendre, l'enfant se retourna vers son cousin et lui dit d'un air mystérieux

« Elle sort à pied.

— Eh bien ? répondit Jean, à demi curieux, à demi fâché d'avoir été troublé dans sa rêverie.

— Mais ce n'est pas bien du tout, c'est très-mal, répliqua le petit Pierre.

— Est-ce que dans le quartier on la soupçonne ? car vois-tu, Pierrot, j'ai mon idée ; c'est une aristocrate, et si les gens…

— Non ; mais elle sort tous les jours, c'est-à-dire depuis hier ; je l'ai suivie ; elle rencontre un jeune homme, un de ses amis, car elle lui parle de tout son cœur, et lui aussi. Maman ne peut pas deviner qui cela peut être.

— Est-ce que ma tante l'a vu ?

— Ah ! bien oui ! c'est tout au plus si je peux entrevoir ses épaules, un dos que je crois reconnaître et auquel je ne peux pas mettre un nom. Quand ils se séparent, on dirait des moineaux qui s'envolent. Les voilà bien en train de causer ; leurs deux têtes chuchotent l'une contre l'autre ; bon, que je dis, je vais les surprendre, mais bast ! le monsieur disparaît, et Mlle Canne est auprès de moi, que je n'y ai vu que du feu.

— Elle n'a pas vu que tu la suivais ? » demanda Morin d'une voix si altérée que son cousin Pierre leva les yeux, et resta frappé de sa pâleur et de ses traits contractés. Néanmoins, faisant un effort sur lui-même, le pauvre Jean tâcha de sourire, remercia le petit Pierre de ses informations et lui donna cinq francs pour qu'il continuât d'épier Mlle Canne.

Le gamin, enchanté de cette aubaine, revenait d'un pas rapide en s'amusant à jeter en l'air son gros écu, lorsqu'il fut heurté par un gaillard qui saisit la pièce au vol et s'en fut en le raillant. Personne ne passait dans la rue, notre gamin n'était pas assez fort pour se faire rendre l'écu, et rentra en pleurant dans la loge de sa mère. Virginie était seule, elle fut touchée des larmes du petit garçon, et lui demanda ce qu'il avait.

« On me l'a volée, répondit-il en sanglotant.

— Et que vous a-t-on volé ? reprit la jeune fille.

— Ma pièce de cinq francs, » répliqua le petit Pierre d'une voix tremblante ; il avait peur que Mlle Canne ne lui demandât par quel moyen il s'était procuré une somme aussi considérable. Mais elle était loin d'y penser ; elle alla dans sa chambre, d'où elle rapporta une petite bague ornée de rubis. « Prenez cet anneau, dit-elle à Pierre, et portez-le chez un bijoutier ; ce n'est pas d'une grande valeur ; néanmoins cela vaut bien cinq francs. »

Le gamin refusa d'abord ; un vague sentiment d'honneur flottait dans son esprit ; Virginie insista : « Vous me ferez plaisir, poursuivit-elle ; si on vous en donne plus de cinq francs, vous me rapporterez la différence ; c'est un service que vous me rendrez. »

Pierre ne demandait pas mieux que d'être convaincu ; après tout, rien ne le forçait d'épier Mlle Canne ; il pouvait accepter ses offres et voir ensuite ce qu'il aurait à faire ; elle ne lui imposait pas de conditions, il restait libre à son égard, Bref, il prit l'anneau, garda cinq francs et en rapporta dix à la jeune fille, tant il avait déployé d'habileté dans la vente qu'il avait faite. C'est alors que, suivant ce qu'il s'était dit à lui-même, il réfléchit à la conduite qu'il devait tenir. Il n'avait rien promis à Mlle Canne, mais il sentait que son dévouement était acquis à la jeune fille. Par malheur, il s'en rapportait à lui du soin de juger quel était le moyen le plus efficace de la servir ; et l'attachement que lui avait inspiré sa nouvelle amie, rendait son zèle beaucoup moins désintéressé qu'il ne se le figurait. Combien il serait agréable, pensait-il, d'avoir pour parente une personne aussi généreuse ! Comme il supporterait facilement toutes les contrariétés qui pourraient lui advenir, s'il avait auprès de lui une pareille consolatrice ! Quel bonheur de s'en faire aimer, de la servir, de la protéger ! Et tout d'abord, cette protection qu'il serait si fier et si heureux de lui donner, même sans qu'elle le lui demandât, ne lui imposait-elle pas l'obligation de découvrir quelle était la nouvelle connaissance que Mlle Canne avait faite. On était si souvent dénoncé par de prétendus amis ! Vous voyez qu'il arrivait au même but en obéissant à ce qu'il croyait être son devoir, qu'en suivant la route que lui avait indiquée l'intérêt. Nous sommes presque tous ainsi ; quand une chose nous convient, il n'est pas d'argument que nous ne sachions trouver pour faire capituler notre conscience.

Quelques jours après la vente de la bague, Pierre avait si bien guetté Virginie, qu'il savait, à n'en pas douter, que l'inconnu qui donnait des rendez-vous à la jeune fille était le fermier normand, sous différents costumes. Quelle nouvelle importante à confier à Jean Morin ! Mais Pierre ne s'attendait pas à l'effet que cette révélation produisit instantanément sur le pauvre amoureux. L'idée ne vint pas à celui-ci que l'individu en question pût être un parent de Mlle Canne, ou tout au moins une ancienne connaissance ; il ne vit qu'une chose dans le fait que lui apprenait Pierre : son idole était en relation avec un homme, jeune et beau, dont elle était nécessairement aimée. Autant que je puis le croire, d'après ce que m'en a dit le fils de Mme Babette, Morin était l'un de ces hommes passionnés chez qui l'amour absorbe tous les autres sentiments, et dont la vie se concentre sur un seul objet. Peu démonstratif, malgré la violence de son affection, il était d'une jalousie ottomane ; il eût fait tout au monde pour satisfaire les désirs de Virginie ; il aurait battu monnaie avec son sang pour l'entourer de luxe, et eût été l'esclave de ses moindres caprices, mais à condition qu'elle n'eût respiré que pour lui. Ainsi que me le disait Pierre, il aurait étranglé un oiseau, si la pauvre créature avait attiré les regards de la femme qu'il aimait.

Aux premières paroles de son cousin, Jean était resté foudroyé. La rencontre de Mlle Canne et du Normand n'était pas accidentelle ; Pierre le torturait en lui faisant part de ses découvertes. « Chaque matin, disait le petit garçon, Mlle Canne se promène et le rencontre ; ils ne se voient qu'un instant, mais tous les jours, et quelquefois matin et soir.

— Tous les jours ! reprit Morin d'une voix étranglée, tous les jours elle lui parle, et c'est tout au plus si j'obtiens qu'elle me réponde ! »

Pierre fut si effrayé de la pâleur de Morin, de ses yeux hagards, de ses mouvements convulsifs, qu'il se précipita dans un cabaret du voisinage et en rapporta un verre d'absinthe qui fut payé sur la pièce de cinq francs que lui avait donnée Virginie. Morin finit par recouvrer son sang-froid, mais il resta d'humeur sombre, et il fut impossible à Pierre d'en arracher un mot, si ce n'est toutefois que le Normand devait être prié d'aller coucher ailleurs, et ne pas remettre les pieds à l'hôtel Duguesclin. Il était trop absorbé dans ses réflexions pour songer à rendre les cinquante centimes qu'avait coûtés le verre d'absinthe ; et Pierre, à qui cet oubli fut sensible, porta cette faute de Morin à l'avoir de Mlle Canne. Le fils de dame Babette était, en outre, fort désappointé de l'accueil qui avait était fait à sa révélation ; il s'attendait à recevoir encore cinq francs, ou tout au moins confidence pour confidence ; et il en voulut tellement à l'amoureux, qu'en entendant soupirer Virginie, à l'heure où le Normand rentrait chaque soir, il fut sur le point de tout raconter à la jeune fille, et l'aurait fait certainement, s'il n'avait eu peur de dame Babette ; il fallait que celle-ci fût bien dévouée à Jean Morin pour avoir congédié le beau Normand, l'un des locataires les plus généreux et les plus polis qu'elle eût jamais hébergés.

Toutefois la semaine ne s'était pas écoulée que Pierre soupçonna que de nouvelles relations s'étaient établies entre les deux jeunes gens. Quant à deviner par quel moyen ils communiquaient ensemble, le fils de la concierge ne pouvait y parvenir, en dépit de ses efforts. Virginie sortait tous les jours pendant quelques minutes ; elle flânait dans le quartier et s'arrêtait invariablement à la boutique d'une échoppe où étaient des bouquets de fleurs diverses ; mais elle examinait aussi les bonnets et les fichus qui étaient exposés à la montre des boutiques borgnes qui se trouvaient sur son passage, et l'enfant ne voyait rien d'extraordinaire à ce qu'elle s'arrêtât devant les fleurs, puisqu'elle regardait l'étalage de tous les magasins.

Morin fils venait voir sa tante à peu près tous les jours, sans que Virginie parût se douter que c'était pour elle qu'il visitait la portière. Néanmoins elle était plus joyeuse, se portait mieux qu'autrefois, et cherchant par tous les moyens possibles à témoigner sa gratitude à Mme Babette, elle s'efforçait de répondre aux politesses de Morin, et le faisait avec cette grâce qui donnait tant de charme à ses moindres paroles. Tous ceux qui l'ont connue parlent encore de ses manières séduisantes, de sa douceur, des mille attentions qu'elle avait pour les autres, bien qu'elle possédât une force de volonté peu commune, et que ses principes, quelquefois même ses actes, fussent de nature à indiquer un caractère résolu. Ses traits, comme je l'ai dit plus haut, n'avaient rien de remarquable, et cependant tous ceux qui l'ont approchée semblent avoir subi l'influence qu'elle exerçait autour d'elle.

M. Morin en était arrivé, pendant ces derniers jours, à tout sacrifier pour obtenir Mlle Canne. Il la dévorait du regard toutes les fois qu'elle ne pouvait pas le voir, me disait le cousin Pierre, et baissait les yeux bien vite s'il rencontrait les siens. Il était sans doute confus de l'agitation qu'il avait montrée lorsque le fils de dame Babette lui avait fait son rapport, car depuis cette époque il évitait sa présence, et il aurait pu croire que son rival était banni de la pensée de Mlle Canne, aussi bien que de l'hôtel. Cependant il ne tarda pas à sentir qu'il faisait peu de progrès dans le cœur de Virginie, et rechercha de nouveau l'assistance du petit Pierre, sans néanmoins lui confier son amour. Le petit madré feignit de ne pas s'apercevoir des avances de son cousin ; il fit semblant de penser que les questions du pauvre amoureux avaient trait à Mme Babette, et parut tellement sourd à toutes les insinuations de Morin, qu'il obligea celui-ci à lui faire un aveu complet. Il fut alors effrayé de ce qu'il lui fallut entendre ; la lave s'échappa avec d'autant plus de violence, qu'elle avait été plus longtemps comprimée. C'est au travers de sanglots convulsifs que la voix rauque de Morin dit à l'enfant ce terrible amour de l'homme du peuple pour la fille du comte, et que le neveu de Mme Babette confessa qu'il tuerait plutôt son idole que de la voir appartenir à un autre.

« J'avais peur, me dit Pierre, et cependant j'admirais mon cousin ; c'était de l'amour véritable, une grande et belle passion, comme on en voit au théâtre. » Bref, il se reprit à aimer Jean Morin dix fois plus qu'auparavant, et jura par tous les dieux infernaux (à cette époque on était trop éclairé pour en avoir un seul), il jura de se mettre corps et âme au service de cette passion qui le fascinait. Dans sa joie d'avoir retrouvé un si précieux auxiliaire, Jean conduisit le gamin chez un orfèvre, lui acheta une montre d'occasion en argent, sur lequel on grava le mot *Fidélité*, et le pacte fut conclu.

Pierre se disait en lui-même que, s'il avait été femme, il aurait voulu être aimée comme Virginie l'était par son cousin, et que ce serait un grand bonheur pour elle d'épouser un homme aussi riche que M. Morin fils. C'était donc une bonne action que de concourir à faire faire ce beau mariage à Mlle Canne, mariage qui d'ailleurs devait rapporter à l'intermédiaire des bagues, des montres et des écus de cent sous à perpétuité.

Le surlendemain, Virginie eut la fièvre. Mme Babette l'attribua aux promenades de la jeune fille, qui aujourd'hui sortait par tous les temps, après avoir gardé la chambre pendant des mois entiers. La concierge avait raison ; mais l'impatience augmenta la fièvre de la recluse, et en dépit du frisson, de la toux et de la courbature, Mlle Canne serait sortie, comme à l'ordinaire, si Mme Babette ne s'y était formellement opposée. Le troisième jour, Virginie, profitant d'une minute où elle était seule, pria le petit Pierre de lui rendre un service.

« Allez, je vous en prie, lui dit-elle, chez le fruitier de la rue des Bons-Enfants ; vous y verrez des fleurs, regardez-les bien ; voilà deux flancs pour vous ; j'ai une envie excessive d'avoir des œillets ; rapportez-moi ceux que vous trouverez dans cette maison, quand même ils seraient fanés ; c'est ma fleur favorite, et j'ai besoin d'en respirer l'odeur. »

Pierre sortit en courant ; il allait donc tout savoir et comprendre le motif de ces longues stations devant l'étalage de la fruitière. Il ne se trompait pas, un bouquet d'œillets blancs se trouvait bien à la fenêtre ; il entra dans l'échoppe, dissimula son impatience, afin d'avoir le bouquet à bas prix, faisant valoir qu'il était tout fané, et l'eut presque pour rien.

C'est maintenant, poursuivit lady Ludlow en poussant un long soupir, que vous allez comprendre tout ce qu'il y a de dangereux à enseigner aux gens du peuple autre chose que ce qui leur est nécessaire pour gagner leur pain quotidien.

Le comte de Courcy, pauvre niais ! qui fut mis à mort par cette canaille dont il se préoccupait tant, et qui avait inculqué à sa fille les vaines théories qui poussèrent la pauvre créature à refuser son cousin, le comte de Courcy avait été frappé de l'intelligence du petit Pierre, qu'il rencontrait parfois jouant dans sa cour. Voulant mettre en pratique ses folles idées sur l'éducation du peuple, il s'imagina d'instruire lui-même le fils de sa concierge, occupation rebutante qui le fatigua bientôt. Mme Babette, d'ailleurs, n'était plus à sa porte ; néanmoins il continua de s'intéresser au petit Pierre et s'arrangea de façon que ledit marmot pût apprendre à lire, à écrire, à calculer, et je crois même, Dieu me pardonne, qu'il fut question de latin. Il en résulta qu'au lieu d'être un innocent messager, comme il l'eût été sans cela, et comme le fût resté ce petit Gregsone que M. Horner m'a envoyé aujourd'hui, le fils de dame Babette, l'enfant de la portière du comte, sut lire et écrire aussi bien que vous et moi. Qu'arriva-t-il ? C'est que Pierre avait à peine le bouquet entre les mains qu'il en dénoua la ficelle, et que du milieu de la mousse qui entourait les fleurs, il tomba un chiffon de papier où se trouvaient quelques mots couverts de moisissure. Le maudit Pierre ne manqua pas de le ramasser et d'en lire le contenu. « Chaque jour à 9 heures du soir ; tout est préparé, disait l'auteur du billet. Ne redoutez rien ; confiez-vous sans crainte à celui qui, malgré l'espérance qu'il a pu nourrir jadis, est heureux de vous être utile en qualité de fidèle et bon cousin. » Suivait le nom d'un endroit que j'ai oublié, mais que Pierre eut bien soin de graver dans sa mémoire, car évidemment c'était le lieu du rendez-vous.

Quand le fils de la concierge eut appris par cœur ces quelques lignes, il remit le papier à la place où il l'avait trouvé, l'enveloppa de mousse et rattacha le bouquet avec le plus grand soin. Virginie devint écarlate en recevant cette botte d'œillets fanés ; elle la respira en tremblant, et n'osa pas la défaire, malgré les conseils du gamin, qui insistait pour qu'elle mît ses fleurs dans l'eau ; Pierre fit semblant de partir, puis, se retournant tout à coup, il vit le bouquet dénoué et la jeune fille qui, tout émue, cachait un papier dans son corsage.

Cette fois il se hâta de sortir, afin d'aller trouver Morin et de lui transmettre le contenu du billet. Ce petit Gregsone a quelque chose du regard de pie de ce malheureux petit Pierre ; j'en ai frémi en l'entendant répéter mot à mot la lettre qui m'était adressée. Morin pria l'enfant de lui dire une seconde fois les paroles qu'il avait lues ; puis, craignant de les oublier, car il était dans un trouble excessif, il essaya de les écrire, ne put en venir à bout, soit qu'il tremblât trop fort, soit qu'il fût malhabile ; tant il y a, que c'est encore ce petit Pierre, avec sa maudite instruction, qui transcrivit sur le carnet de son cousin le billet du pauvre Clément. La chose faite, Jean Morin tomba dans un morne silence, au grand déplaisir du fils de la concierge, qui espérait une nouvelle scène de fureur passionnée. Il fallut que le gamin adressât plusieurs questions à l'amoureux pour en tirer quelques paroles ; et celles qu'il finit par obtenir furent si loin de répondre à sa pensée qu'il trembla que son cousin n'eût perdu la raison.

« Ma tante n'a plus de café, dit tout à coup Morin fils.

— Je ne sais pas, répliqua l'enfant.

— J'en suis sûr, reprit le jeune homme. Va lui dire qu'elle vienne me trouver, d'ici à une heure, chez un épicier de la rue Saint-Antoine n° 150, au *Bonnet de Liberté* ; c'est un de mes amis qui tient la boutique ; il a du café excellent, et je ferai la provision de ta mère.

— Si j'allais avec toi » répondit le gamin, je suis plus fort que maman, et je rapporterai mieux qu'elle un sac de… » Pierre m'a dit n'avoir jamais oublié le regard de son cousin, lorsque celui-ci, l'interrompant, lui ordonna d'obéir sans réplique.

Mme Babette, surprise et reconnaissante, alla rue Saint-Antoine, et revint deux heures après, chargée d'excellent café, mais l'air grave et la bouche close. C'était pour lui arracher le nom de Mlle Canne que son neveu l'avait attirée chez l'épicier ; non pas qu'il attachât d'importance à la famille de Virginie ; mais il voulait connaître ce fidèle et bon cousin dont il était question. Mme Babette refusa tout d'abord de lui répondre ; bien qu'elle ignorât le motif de sa curiosité, elle sentait vaguement que ce désir d'en savoir davantage au sujet de Virginie était de mauvais augure. Morin devint plus pressant : une fois marié il serait riche, son père lui donnerait la moitié de sa fortune, qui était considérable, et la tante ne serait pas oubliée ; on assurerait son avenir le jour même du mariage. Cependant Babette ne disait rien ; les menaces succédèrent aux promesses ; on la renverrait de l'hôtel, on la dénoncerait au comité de salut public pour avoir donné asile à une aristocrate ; la pauvre femme répondit vainement à son neveu que ce serait exposer à la mort la jeune fille qu'il aimait ; il finit par effrayer sa tante au point que Mme Babette avoua que Mlle Canne était la fille du comte de Courcy.

« Mais le comte avait un frère ?

— Assurément.

— Où est-il ?

— Mort depuis bien des années.

— Sans enfants ? »

La concierge hésita ; elle reprenait courage en songeant à la famille de ses anciens maîtres, et refusa de nouveau de répondre à Jean Morin ; mais quelques petits verres de cognac lui eurent bientôt délié la langue, et c'est pour en avoir dit plus long qu'elle ne l'aurait voulu, que la pauvre femme, dégrisée, rentrait chez elle d'un air inquiet et malheureux.

Pierre essaya de la questionner ; il en reçut un soufflet pour toute réponse. Furieux de ce traitement, auquel dame Babette ne l'avait pas habitué, mécontent de la mauvaise humeur de son cousin, il se rappela que Mlle Canne avait toujours été bonne pour lui et résolut de tout lui dire ; mais il craignit la vengeance de Morin et continua d'épier Virginie en silence. Vers huit heures et demie du soir il la vit faire quelques préparatifs. La concierge paraissait endormie, la jeune fille allait et venait bien doucement pour ne pas la réveiller ; elle fit deux paquets et sortit de sa chambre, après en avoir caché un sous sa robe et déposé l'autre sur une planche.

« Elle va partir, « se dit Pierre, qui sentit battre son cœur en pensant qu'il ne la verrait plus. S'il n'avait pas été fâché contre Morin, il aurait éveillé dame Babette afin qu'elle s'opposât au départ de la jeune fille ; mais dans l'état des choses, il retint son haleine et fit semblant d'être absorbé par sa lecture, désirant au fond de l'âme que Mlle Canne pût réussir dans l'entreprise qu'elle tentait. Elle s'arrêta en passant, lui posa la main sur la tête et le baisa doucement au front ; les yeux du gamin s'emplirent de larmes, il regarda sa mère avec inquiétude : mais celle-ci dormait toujours, et Virginie s'éloigna. Le cœur de Pierre battit plus fort ; Morin devait être aux aguets, il arrêterait la jeune fille, l'enfant n'en doutait pas et voulait suivre Mlle Canne, cette fois pour l'avertir, mais il était trop tard ; il craignait d'ailleurs de réveiller dame Babette et de subir sa colère.

CHAPITRE VIII.

Pierre avait toujours les yeux attachés sur son livre, mais il ne lisait pas ; attentif au moindre bruit, il ne savait plus rien du temps, ni de la réalité ; les sons prenaient à son oreille une puissance inexplicable, depuis les battements de son cœur jusqu'au roulement des voitures qui passaient dans le lointain. Il se demandait si Virginie était arrivée sans encombre au lieu du rendez-vous ; si elle y avait trouvé son cousin ; l'heure devait être passée. Bref, ne pouvant plus y tenir, il résolut d'aller voir quelle tournure avaient prise les affaires. En vain dame Babette, qui s'éveilla tout à coup, lui demanda-t-elle où il courait si vite, le petit Pierre était dehors avant qu'elle eût achevé sa phrase, et ne s'arrêta qu'en apercevant Mlle Canne ; celle-ci marchait d'un pas rapide à côté de Jean Morin, qu'elle s'efforçait d'éviter, et n'aurait pas reconnu Pierre, sans un geste de son fâcheux compagnon. Dès qu'elle eut aperçu le gamin, elle s'empara de son bras, et rendit grâces à Dieu comme si elle eût trouvé un protecteur dans ce marmot de douze ou treize ans.

« Va-t'en, Pierre, s'écria Morin.

— Je ne le peux pas, et ne le veux pas, répondit l'enfant, qui était tout disposé à braver le jeune homme. Pourquoi, d'ailleurs, Mlle Canne est-elle si effrayée ? ajouta Pierre.

— Elle n'a pas l'habitude de sortir seule, répondit Morin d'un ton bourru ; elle est tombée au milieu d'une foule qu'avait attirée l'arrestation d'un aristocrate, et ça lui a fait peur ; je lui ai offert de la ramener... Si mademoiselle voulait être assez bonne pour accepter mon bras ? » ajouta Morin d'une voix suppliante. Il aurait tout donné pour sentir cette petite main s'appuyer sur lui ; mais la jeune fille se recula en frissonnant comme à l'approche d'un reptile immonde. Il lui avait sans doute adressé quelques paroles qui motivaient ce dégoût. Toujours est-il qu'ayant vu le geste de répulsion qu'avait fait la jeune fille, l'amoureux se tint à l'écart et laissa le petit Pierre ramener Virginie à l'hôtel.

Il est facile de comprendre ce qui avait eu lieu : Morin avait été dire au comité que le ci-devant marquis de Courcy devait le soir même, à telle heure, se trouver à tel endroit. Il espérait que la jeune fille n'arriverait au rendez-vous qu'après l'arrestation ; les agents du pouvoir étaient si expéditifs dans leur affreuse besogne ! Mais Clément se défendit avec courage, Virginie fut exacte, et malgré l'empressement avec lequel on transporta le blessé à l'Abbaye, la fugitive avait pu reconnaître celui qu'on emmenait au milieu des vociférations et des insultes de la foule.

En arrivant chez dame Babette, Virginie tomba sans connaissance et ne revint à elle que pour témoigner de l'horreur que lui inspirait Morin ; celui-ci, qui l'avait comblée d'attentions respectueuses, se retira derrière elle pour n'en plus être aperçu ; mais il souffrit énormément. Je suppose qu'en France on est plus démonstratif qu'en Angleterre, car Morin avait les yeux pleins de larmes chaque fois qu'il venait à surprendre dans le regard de Virginie la répulsion dont il était l'objet.

Pierre, qui m'a raconté ces détails, et dont je me rappelle encore les paroles, ne savait rien de ce qui s'était passé ; il n'osait pas rompre le silence, et attendait que sa mère questionnât son cousin ; mais dame Babette avait peur de ce qu'aurait pu dire son neveu. Toutefois, lorsqu'à deux reprises différentes elle eut assuré que Mlle Canne était profondément endormie :

« C'est bien dur ! soupira Jean Morin, bien cruel, poursuivit-il, d'aimer une femme autant que cela. Ce n'est pas ma faute ; je n'ai pas cherché à l'aimer ; j'étais pris avant d'en rien savoir ; je ne m'en doutais pas, que je la préférais à tout le monde ; elle a effacé tout ce qu'il y avait dans ma vie avant que je l'eusse connue ; je ne sais plus rien du passé ; je ne me soucie pas du présent ; et ne vois que deux choses dans l'avenir : l'aurai-je, ou ne l'aurai-je pas ? Comment faire pour qu'elle m'accepte un jour ? Oh ! ma tante, dites-le-moi, » s'écria-t-il en prenant le bras de Mme Babette, qui répondit tout effrayée :

« Mon pauvre Jean, il y a d'autres femmes sur la terre.

— Pas pour moi, dit-il en retombant sur sa chaise d'un air désespéré ; je suis un homme rude, non pas un de ces petits maîtres parfumés comme les aristocrates ; je suis laid, brutal, vous pouvez en convenir ; ce n'est pas ma faute, non plus que de l'aimer comme je l'aime ; c'est mon sort. Dois-je en accepter les conséquences ? Non, non ; ma volonté n'est pas moins forte que mon amour ; tante Babette, il faut me venir en aide, et lui dire de m'aimer.

— Moi ! s'écria dame Babette ; y penses-tu ? Je veux bien parler pour toi à Mlle Lesage, à Mlle Maçon ou à d'autres pareilles, et je suis sûre de me voir bien accueillir. Mais à Mlle de Courcy ! Tu ne sais donc pas la différence ! Ces gens-là, je veux dire l'ancienne noblesse, ne distinguent pas un homme d'un chien quand il n'est pas de leur rang ; et je n'en suis pas surprise ; les nobles sont élevés si différemment de nous autres ! Si tu l'épousais demain, vois-tu, ce serait pour ton malheur ; tu peux m'en croire, je connais les aristocrates ; ce n'est pas pour rien que j'ai été concierge chez un duc et trois comtes ? Est-ce que tu crois que les manières ressemblent aux siennes ?

— Je les changerai, ma tante.

— Allons donc ! sois raisonnable, Morin.

— N'y comptez pas, si par être raisonnable vous entendez qu'il faut que je renonce à mon amour. Je vous répète qu'il n'y a pour moi que deux carrières : l'une avec elle, l'autre sans elle ; mais celle-ci, vous pouvez en être sûre, ne sera pas de longue durée ni pour elle, ni pour moi. » Et, se levant tout à coup, il laissa Mme Babette plus effrayée que jamais de ces paroles menaçantes.

Le récit de Pierre m'avait tellement impressionnée, continua lady Ludlow que je l'écrivis en rentrant pour mieux en garderie souvenir ; mais la narration du fils de dame Babette s'arrêtait brusquement à l'endroit où nous en sommes, car le lendemain matin Virginie avait disparu ; et ce n'est qu'après plusieurs jours d'attente que Babette et son fils en entendirent parler.

Néanmoins j'ai pu compléter cette histoire, grâce aux renseignements que Lefebvre tenait lui-même du vieux Jacques, cet ancien jardinier de l'hôtel chez qui était descendu Clément, lors de son arrivée à Paris, et chez qui le jeune homme avait été se réfugier en sortant de chez dame Babette. C'était par l'entremise de ce bon vieux serviteur que les deux cousins avaient pu s'entendre au moyen d'un bouquet d'œillets blancs ; et Jacques, porteur d'un costume d'ouvrière pour Virginie, suivait son jeune maître à une certaine distance, lorsqu'il vit ce pauvre Clément arrêté par quatre individus, et se défendre avec le courage et l'adresse d'un gentilhomme à qui l'épée est familière. « Mais à quoi bon, disait le vieux Jacques à M. Lefebvre, à quoi bon tant d'adresse et de courage ! Un manant lui cassa le bras droit avec son gourdin et le jeune marquis fut emmené, suivi de la foule qui l'accablait d'injures. » Non pas, toutefois, avant que le vieillard, qui s'était approché en boitant, eût déclaré qu'il était son serviteur, et tout dévoué au parti des aristocrates. Il n'en fallut pas davantage pour que le pauvre Jacques reçût à son tour deux coups de bâton sur la tête et fût garrotté avec la jarretière d'une virago, qui ne se fit pas scrupule de l'ôter devant tout le monde, dès qu'elle apprit l'usage que l'on voulait en faire.

Bien qu'on fût au mois de juin, la nuit commençait à venir, et le jardinier, tout étourdi par les coups qu'il avait reçus, au désespoir d'être séparé de son jeune maître, suivit machinalement les individus qui l'emmenaient, et ne se rendit compte de sa situation que lorsqu'il se trouva dans l'une des vastes salles de l'Abbaye, transformée en dortoir. Une lampe de fer, suspendue au plafond, éclairait faiblement cette pièce immense ; Jacques trébucha contre un dormeur qui était couché sur les dalles et qui gémit en s'éveillant ; aux excuses du vieillard, Clément, qui se trouvait à quelques pas, reconnut son fidèle serviteur, qu'il appela ; et tous les deux, assis contre un pilier, passèrent la nuit en se tenant par la main, chacun sans proférer une plainte, afin de ne pas ajouter sa douleur à celle qu'éprouvait l'autre. Quand arriva le point du jour, ces deux hommes étaient amis intimes, malgré la différence de position et d'âge. L'espoir déçu, l'horreur du présent et de l'avenir les rejetèrent dans le passé ; et le jeune marquis et le vieux jardinier en vinrent à se disputer avec feu, au sujet de la cheminée où l'étourneau avait coutume de s'établir : « C'était dans celle du milieu, disait l'un ; dans celle du coin, disait l'autre. » Vous vous rappelez ce fameux nid de sansonnet, que, par suite d'une gageure, le petit Clément avait envoyé à mon fils. Ils discutèrent le mérite des différents espaliers qui couvraient les murs de la terrasse et du jardin de l'hôtel, puis ils s'endormirent tous les deux. Ce fut le vieillard qui s'éveilla le premier ; il ne ressentait plus rien de ses contusions ; peut-être était-il plus accoutumé à la dure. Clément, bien qu'il sommeillât toujours, avait la fièvre, son bras cassé le faisait horriblement souffrir et lui arrachait des cris de douleur. Jacques regardait avec tristesse les joues enflammées, les lèvres pâles du jeune homme, et se plaça de manière à lui soutenir la tête, en lui faisant un oreiller de son corps. Ce mouvement réveilla le pauvre blessé, qui, dans son agitation fébrile, se mit à parler de Virginie, ce qu'il n'aurait jamais fait s'il eût été dans son assiette ordinaire ; car, après avoir décapité ou pendu ce qu'il y avait de plus noble en France, cette canaille altérée de sang commençait à prendre ses victimes dans toutes les classes de la société ; d'où il résulte qu'à l'époque dont nous parlons il y avait à L'Abbaye fort peu de gens de naissance. Mais Jacques avait dans le cœur autant de délicatesse qu'une femme de bonne maison, — notez bien qu'il ne savait ni lire, ni écrire, — et il se baissa de manière à permettre que son maître lui communiquât tout bas ses dernières volontés. Pauvre Clément ! il savait bien qu'il n'échapperait pas à la mort ; la guillotine ou la fièvre devait nécessairement l'emporter. Or donc, lorsqu'il aurait cessé de vivre, Jacques devait aller trouver Mlle de Courcy, lui dire que son cousin l'avait aimée jusqu'à son dernier soupir ; que jamais il ne lui aurait reparlé de son amour, sachant bien qu'il n'était pas digne d'elle ; et qu'il n'avait eu d'autre motif que de lui être utile en accourant d'Angleterre pour chercher à la sauver. Puis le délire s'était emparé du malade, et Jacques n'avait rien compris aux expressions de petit-maître, d'homme honorant l'humanité, qui revenaient sans cesse aux lèvres du marquis.

Le jour pénétra lentement dans la salle basse où étaient les prisonniers ; chacun dormait encore, Jacques n'osait pas bouger dans la crainte de réveiller Clément, qui s'était rendormi ; le sommeil le gagnait lui-même, en dépit de ses efforts, et il allait céder à ce besoin irrésistible, quand un bruit de voix se fit entendre à l'extérieur ; le tumulte dura quelques instants ; puis le geôlier ouvrit la porte et la referma derrière une femme qui venait d'entrer dans la salle. Celle-ci resta immobile, comme une personne que l'ombre aveugle, en sortant d'un endroit éclairé par le soleil ; mais Jacques ne pensait plus à dormir ; il avait reconnu Mlle de Courcy, et lisait dans le regard ferme et brillant de la jeune fille que son maître ne mourrait pas dans l'abandon.

« Le voilà, » murmura-t-il, quand elle passa près d'eux. Car elle ne voyait pas Clément tant la pièce était sombre.

Virginie s'assit à côté du jardinier, substitua ses bras à ceux du vieillard, et la tête de son cousin reposa sur son épaule. Jacques pouvait maintenant dormir sans crainte ; toutefois, avant de s'abandonner au sommeil, il vit son maître ouvrir les yeux, regarder Virginie en silence et refermer lentement les paupières, soit qu'il n'eût pas reconnu la jeune fille, soit que pour lui la réalité ne fît que prolonger la vision qu'il avait eue en rêve. Mais lorsque Jacques se réveilla, ils se regardaient tous deux en souriant, et se faisaient mille questions qu'ils échangeaient à voix basse ; on aurait dit, à les voir, qu'ils se retrouvaient au milieu d'une fête, ou dans les jardins de Versailles, tout inondés de soleil.

Clément avait le bras en écharpe ; Virginie avait organisé tout ce qu'il fallait pour qu'on pansât le blessé ; elle avait fait des bandes, s'était procuré deux morceaux de latte qui avaient servi d'attelles ; un de leurs compagnons d'infortune, quelque peu chirurgien, s'était chargé de l'opération ; et les revoyant si heureux, le vieillard, qui se réveillait triste et fatigué, supposa qu'ils allaient sortir de prison ; hélas ! on ne quittait l'Abbaye que pour marcher au supplice ; les deux cousins ne l'ignoraient pas ; mais ils étaient ensemble, ils s'aimaient, et avaient fini par le comprendre.

Deux jours s'écoulèrent ainsi ; tous les matins on appelait devant le tribunal un certain nombre de prisonniers qui ne reparaissaient plus. Chacun devenait grave quand approchait l'heure de l'appel ; les victimes partaient sans proférer une plainte, un morne silence régnait dans la salle pendant quelques instants, puis les conversations, même les divertissements, reprenaient leur cours. La nature humaine ne supporte pas la pression d'une pareille inquiétude sans s'efforcer de réagir contre la douleur qui en résulte. Clément et Virginie se distrayaient en parlant du passé. « Vous souvient-il ? » disait l'un ; « Vous rappelez-vous ? » disait l'autre ; et tout entiers à leur amour, ils oubliaient le présent et ne voyaient pas l'avenir. Jacques y pensait pour eux, et tremblait chaque matin d'entendre leur nom sortir de la bouche de l'huissier.

Le troisième jour de leur incarcération un homme fut introduit dans la salle, en qualité de visiteur ; c'était sans doute un ami du geôlier, car celui-ci causa longtemps avec le nouveau venu. M. et Mlle de Courcy déjeunaient ; le vieux Jacques se tenait debout derrière eux, cherchant par tous les moyens possibles à leur prouver son respect. Il avait bien vu l'étranger, mais, ne le connaissant pas, il ne lui avait accordé nulle attention, et ne s'occupait que de ses maîtres, lorsqu'un profond soupir, ou plutôt un gémissement fut proféré à côté de lui ; le petit groupe se retourna ; le visage du marquis n'exprima que le dédain ; la figure de la jeune fille se glaça tout à coup, et la haine se peignit dans ses yeux. Jacques n'avait jamais vu de pareil regard. L'étranger, un instant immobile, s'avança en tremblant : « Mademoiselle ! » murmura cet homme d'une voix tellement suppliante, que, sans le connaître, le vieillard eut pitié de lui ; mais pas un signe de la part de Virginie ne témoigna qu'elle l'avait entendu. « Monsieur ! » reprit l'inconnu avec hésitation, après une pause dont Jacques ne put mesurer la longueur. Clément se retourna avec un geste d'impatience et de dégoût, mais il se retourna, et cela suffit pour encourager cet homme.

« Monsieur, reprit celui-ci, priez mademoiselle de m'écouter, je n'ai que deux mots à lui dire.

— Mlle de Courcy n'écoute que les personnes qu'il lui plaît d'entendre, » répondit Clément avec fierté.

L'homme fit un pas en avant ; et bien que Virginie eût le dos tourné elle sentit son approche, car elle se recula par un mouvement rapide, afin d'augmenter l'espace qui la séparait de lui.

« Mademoiselle, poursuivit le malheureux, il en est temps encore ; demain il sera trop tard, votre nom est sur la liste ; mais je peux vous sauver, si vous voulez m'entendre. »

Virginie continua de rester impassible ; Jacques ne comprenait rien à ce silence obstiné envers un homme dont le dévouement lui paraissait sincère ; et tout en desservant le déjeuner, c'est-à-dire en éloignant de ses maîtres les grossiers ustensiles dont il s'était servi, le brave homme se rapprocha de l'inconnu ; celui-ci l'interpella :

« Jacques, lui dit-il, c'est vous qu'on nomme ainsi, n'est-ce pas ? Vous avez été mis en prison comme servant un aristocrate. Je vous donnerai le moyen de fuir, si vous voulez ; faites seulement comprendre à votre maîtresse qu'elle mourra demain ; qu'ils mettront son cou si délicat et si blanc sous le couteau de la guillotine ; oh ! mon Dieu ! Dites-lui, bon vieillard, que la vie est douce, que je peux l'empêcher de mourir, et que je ne lui demanderai pas autre chose que de la voir de temps en temps. Elle est si jeune, la mort est si affreuse ! Pourquoi donc me hait-elle ? je ne lui ai jamais fait de mal, et je ne pense qu'à la sauver ; demain il serait trop tard ; priez la bien de m'entendre. »

Jacques ne voyait aucun mal à se faire l'interprète de l'étranger ; Clément écouta ses paroles en regardant Virginie avec tendresse.

« Pourquoi ne pas accepter ? lui dit-il ; vous pouvez, je crois, avoir confiance en lui, et votre situation ne sera pas plus mauvaise qu'elle ne l'était il y a quelques jours.

— Pas plus mauvaise quand je vous aurai perdu, » répondit la jeune fille d'un ton de reproche. « Demandez à cet homme, reprit-elle tout-à-coup en s'adressant à Jacques, s'il peut sauver M. de Courcy en même temps que moi. Nous fuirons en Angleterre, Clément, nous sommes jeunes ; oh ! oui, la vie est douce, » ajouta-t-elle en se cachant la figure sur l'épaule de son ami.

Jacques transmit la question de sa maîtresse à l'inconnu. Celui-ci, dont les yeux étaient fixés sur les deux cousins, était d'une pâleur livide, et des mouvements convulsifs agitaient tous ses membres. Il resta quelque temps sans répondre.

« Je le sauverai avec mademoiselle, dit-il enfin, si, en sortant d'ici, elle consent à m'épouser.

— Vous !, s'écria Jacques, c'est impossible.

— Demandez-lui toujours ! » reprit Morin d'une voix râlante.

Au premier mot, Clément fit taire le vieillard, et Virginie l'arrêtant comme il allait s'éloigner : « Répondez à ce misérable qu'il me fait bénir la mort, » dit-elle en souriant au marquis.

Jean Morin baissa la tête et se dirigea vers la porte ; au moment de sortir il s'arrêta et fit signe à Jacques d'approcher.

« Écoutez bien, lui dit-il, le geôlier vous laissera passer demain matin avec ceux des prisonniers qu'on appellera ; tous les deux seront condamnés ; peu importe, je la sauverai, même au pied de l'échafaud, si elle se radoucit à mon égard. Tâchez de la convaincre ; il est si bon de vivre ! Adressez-vous au marquis, il aura sur elle plus d'influence que vous ; il ne peut pas vouloir qu'elle meure ! Je serai au palais de justice, à la place de Grève, j'ai des amis, des partisans ; soyez dans la foule qui suivra les victimes, je saurai bien vous retrouver.

— Sauvez mon maître, répondit le vieillard, et je ferai tout ce qu'il vous plaira.

— Oui, mais à la condition que j'ai dite, » répliqua Morin d'un ton bourru.

Jacques savait bien que cette condition ne serait jamais acceptée ; mais lui, pauvre vieillard, reculait devant la mort, et ne voyait pas pourquoi il laisserait échapper le moyen qui lui était offert de sortir de prison.

Il souscrivit donc aux intentions de Morin, toutefois sans lui dire qu'il avait la certitude que Mlle de Courcy persisterait dans son refus. Cette espèce de marché avec un homme aussi bas, pour une chose d'aussi peu d'importance que la vie, est la seule action blâmable que l'on puisse trouver dans la conduite de Jacques.

Vous pensez bien que Virginie repoussa de toutes ses forces la chance de salut qui lui était proposée. Clément crut de son devoir d'insister auprès d'elle ; mais il le fit simplement par conscience, et ne chercha pas à la convaincre ; d'ailleurs il n'y serait point parvenu.

Le lendemain matin ils furent appelés à la barre ; le marquis était faible et souffrait horriblement de ses blessures. Virginie, calme et sereine, demanda pour toute faveur qu'on lui permît de rester auprès de son cousin, afin de pouvoir le soutenir dans le trajet qu'il leur restait à faire. Ils furent interrogés ensemble et condamnés tous deux. Quand l'arrêt de mort fut prononcé, Virginie se retourna vers Clément, et l'embrassa avec amour ; puis on les fit monter dans la fatale charrette pour les conduire à l'échafaud.

Jacques était libre ; il avait dit à Morin l'inutilité de ses efforts ; et, complètement absorbé par la vue de ses maîtres, qu'il suivait au lieu du supplice, il ne s'aperçut pas de l'effet que ses paroles avaient produit sur son compagnon. Il vit les deux jeunes gens monter sur la plate-forme et s'agenouiller à côté l'un de l'autre ; le bourreau s'approcha, Virginie parut lui demander quelque chose ; il répondit par un signe affirmatif, poussa Clément devant elle, et, selon sa promesse, fit tomber la tête du marquis la première. Il y eut alors un mouvement dans la foule, un homme se pressait d'arriver à l'échafaud ; mais Virginie, les yeux fixés sur la guillotine, fit lentement le signe de croix, et se mit à genoux à la place où Clément venait de mourir.

Jacques se couvrit les yeux en sanglotant ; le bruit d'un coup de pistolet lui fit relever la tête. Une autre victime remplaçait déjà Mlle de Courcy ; et, à l'endroit où la foule s'était agitée quelques minutes avant, on emportait le cadavre d'un individu qui, disait-on, venait de se tuer, Pierre m'apprit plus tard que c'était Jean Morin.

CHAPITRE IX.

« Et que devint la mère du marquis ? demandai-je à lady Ludlow.

— Elle ne fit jamais de questions à l'égard de son fils, répliqua milady. Je suis persuadée qu'elle a connu sa fin tragique ; mais je ne saurais dire par quel moyen. Medlicott affirme que c'est le jour même de l'exécution de Clément, que Mme de Courcy ne mit plus de rouge et ne consentit plus à se lever. Elle prétend que la marquise fut instruite de la mort de son fils à l'instant même où celle-ci arriva ; mais elle avait toujours eu l'esprit frappé d'un rêve qu'avait fait la pauvre mère, et dont elle m'avait souvent parlé : Mme de Courcy avait vu l'ombre de Virginie se détacher au milieu d'épaisses ténèbres, faire signe à Clément de venir la rejoindre, et l'entraîner avec un sourire au fond du caveau de Saint-Germain l'Auxerrois, où les de Courcy avaient leur sépulture. Medlicott voyait dans ce rêve étrange un avertissement de ce qui est arrivé plus tard, et prétendait que la mort de Clément avait été révélée à sa mère d'une façon mystérieuse. Toujours est-il qu'à partir de la mi-juin (c'est le 15 que le supplice avait eu lieu), la marquise ne manifesta plus d'inquiétude et resta plongée dans un morne désespoir. Vers la fin de l'été, je quittai Londres avec milord pour aller en Écosse ; nous l'aurions emmenée volontiers, si le docteur y avait consenti. Elle vivait encore à notre retour ; pour ma part je ne la trouvai pas changée, mais elle s'affaiblissait de plus en plus ; et, quelque temps après, on vint me dire un matin qu'elle avait cessé de vivre. J'appelai aussitôt Medlicott ; celle-ci me raconta qu'elle avait été réveillée à deux heures par l'agitation de la marquise ; elle avait couru auprès de la pauvre femme, qui remuait son bras décharné et répétait en gémissant : « Je ne l'ai pas béni quand il m'a quittée, je ne l'ai pas béni ! » Medlicott lui donna une cuillerée de bouillon et finit par l'endormir ; et la malheureuse mère se réveilla dans l'autre monde.

— C'est une histoire bien triste, dis-je en soupirant après un instant de silence.

— Bien triste, en effet, répliqua milady ; mais il est rare qu'on arrive à mon âge sans avoir vu naître et mourir une foule de gens dont la destinée trompa l'espoir que l'on avait à côté de leurs berceaux. Nous n'en parlons jamais, parce qu'ils nous sont trop chers, et que leur nom touche aux plaies vives de notre cœur. On ne peut pas s'entretenir de ces êtres chéris avec des personnes qui ne les ont pas connus, et pour qui nos chagrins et nos larmes ne seraient qu'un épisode d'un récit ordinaire. Mais la jeunesse devrait se rappeler que nous avons fait cette grave et triste expérience de la vie, que c'est d'après elle que nous formulons nos jugements, et que notre opinion n'est pas basée sur des principes dont personne n'a jamais essayé la valeur. Je ne parle point de M. Horner qui est à peu près de mon âge ; c'est à M. Gray que je pense ; le malheureux ne sait pas où nous conduiraient ses plans d'école, ses projets d'éducation, toutes les idées nouvelles qui lui tournent la tête.

— Quel dommage qu'il n'ait pas entendu l'histoire de ce pauvre M. de Courcy ! m'écriai-je.

— Pas du tout, chère enfant, répliqua lady Ludlow ; un jeune homme qui, par son âge et par sa position, ne peut avoir qu'une expérience très-restreinte, doit incliner son opinion devant la mienne, sans qu'il soit nécessaire que je lui donne le motif de ma façon de penser, lorsque je veux bien condescendre à discuter avec lui.

— Cela aurait pu le convaincre, repris-je avec persévérance.

— Et quel besoin a-t-il d'être convaincu ? demanda Sa Seigneurie d'une voix pleine de douceur ; il n'a qu'une chose à faire, c'est d'approuver. Bien qu'il ait été désigné par M. Croxton, je n'en suis pas moins la maîtresse du château, il faut bien qu'il le sache. Mais c'est avec M. Horner que j'ai à m'entendre au sujet de ce petit Gregsone ; je crains bien qu'il n'y ait pas de méthode connue pour faire perdre à ce petit malheureux les fâcheuses connaissances qu'on lui a inculquées ; le voilà maintenant empoisonné d'un savoir que ne contre-balance aucun principe ; pauvre enfant ! j'ai grand'peur qu'il ne finisse par être pendu ! »

Le lendemain matin, M. Horner vint se justifier. D'après le son de sa voix, car milady l'avait reçu dans la chambre voisine, il était facile de comprendre combien il était vexé de la découverte que Sa Seigneurie avait faite. Lady Ludlow parlait avec autorité et se plaignait hautement, non sans motifs plausibles : M. Horner connaissait fort bien sa manière de voir à cet égard, et avait agi contre ses vœux de propos délibéré. Il le confessait lui-même, et ne l'aurait jamais fait en toute autre circonstance, sans lui en demander la permission.

« Que je ne vous aurais point accordée » répliqua lady Ludlow.

Mais Henri Gregsone avait des dispositions tellement extraordinaires ! Qu'en aurait-il fait, si personne ne les eût employées à quelque chose d'utile ? Ces facultés exceptionnelles auraient été nécessairement dirigées vers le mal ; d'ailleurs, disait M. Horner, c'était en vue du service de milady qu'il avait élevé cet enfant ; il ne pouvait plus suffire à tenir les comptes, à mettre la correspondance au courant, tant les affaires se compliquaient chaque jour.

Lady Ludlow pressentit l'allusion qui allait venir au sujet de cette malencontreuse hypothèque et se hâta de répondre à l'intendant :

« Vous avez raison ; je ne souffrirai pas que vous ayez plus de besogne que vous ne pouvez en faire ; nous en parlerons une autre fois. Quant à présent ; je ne m'inquiète que d'une chose, c'est de remédier à la situation morale de ce pauvre petit Gregsone. Un travail manuel un peu rude ne serait-il pas un excellent moyen de lui faire oublier ce qu'il peut savoir ?

— J'espérais au contraire que Votre Seigneurie m'aurait accordé la permission de continuer ses études, afin qu'il pût me servir en qualité de commis, répliqua le régisseur qui démasqua tout à coup ses batteries.

— En qualité de quoi ? demanda lady Ludlow avec surprise.

— De copiste, de secrétaire ; il a déjà une fort belle main, et calcule avec une rapidité surprenante.

— Monsieur Horner, reprit Sa Seigneurie en se redressant d'un air grave, le fils d'un braconnier, d'un vagabond, n'aurait jamais dû acquérir la faculté de copier des lettres relatives au domaine d'Hanbury, ce qui, dans tous les cas, ne se fera jamais avec ma permission. Je me demande comment il est possible que, sachant l'usage qu'il a fait hier de ses connaissances en lecture, vous osiez me proposer de lui donner un emploi qui le mettrait dans votre confidence, vous, l'agent particulier de cette famille. Mais tous nos secrets, et vous le savez, monsieur Horner, chaque famille honorable et d'ancienne origine a les siens, tous nos secrets, dis-je, appris par cœur, seraient récités au premier venu.

— Je l'aurais élevé de manière à lui faire sentir le besoin de la discrétion, milady.

— Élevé, monsieur Horner ! tirez donc un faisan d'un poulet de ferme ; la chose serait plus facile. En tout cas, vous faites bien de parler de discrétion, non pas d'honneur ; l'une réfléchit, prévoit les conséquences ; l'autre ne raisonne pas, c'est un instinct plutôt qu'une vertu. Il est possible, après tout, qu'on puisse apprendre à être discret, c'est une chose que j'ignore. »

M. Horner garda le silence ; milady en fut touchée, et, comme il lui arrivait toujours en pareille occasion, elle commença à craindre d'avoir été trop loin.

« Toutefois, lui dit-elle, avec une douceur extrême, je regrette infiniment le surcroît de besogne que vous donnent mes affaires ; ce sont les mesures que j'ai prises qui ont augmenté votre travail, je le reconnais et je comprends que vous ayez besoin d'un aide ; aussi vais-je m'occuper de trouver quelqu'un qui puisse remplir cette tâche auprès de vous. Il s'agit de copier des lettres et de faire des comptes, si j'ai bien entendu ? »

M. Horner avait certainement le projet d'élever, plus tard, le petit Gregsone à la dignité de commis, mais seulement dans l'avenir ; s'il en avait parlé comme d'une nécessité présente, ce n'était que pour le besoin de la cause ; et il cherchait le moyen de se rétracter au sujet de cet accroissement de besogne et du copiste dont il était question, lorsque milady s'écria tout à coup :

« J'ai notre affaire ; miss Galindo, j'en suis sûre, ne demandera pas mieux que de vous prêter son concours. Je lui en parlerai moi-même ; soyez tranquille.

— Miss Galindo ! » répéta M. Horner, tombant des nues. Je fus sur le point d'en faire autant ; car il faut vous dire ce qu'était miss Galindo. La chère demoiselle habitait le village depuis de longues années ; pourvue de ressources des plus minimes, elle n'en avait pas moins un état de maison, et s'arrangeait de manière à se donner une servante, qu'elle choisissait invariablement parmi les infirmes dont personne ne voulait chez soi. Elle avait eu des borgnes, des boiteuses, des bossues et jusqu'à une aveugle. On parlait d'une phtisique arrivée au dernier degré, qu'elle avait prise parce que la pauvre fille eût été sans cela obligée d'aller au dépôt de mendicité, où elle n'aurait pas été convenablement nourrie ; d'où il résulta que la pauvre créature ne pouvant rien faire, miss Galindo était à la fois sa propre domestique et la garde-malade de sa bonne.

Celle qu'elle avait à l'époque dont nous parlons était une naine de trois pieds et demi et d'un caractère épouvantable ; il n'y avait que miss Galindo qui pût garder une pareille fille. Servante et maîtresse se disputaient du matin jusqu'au soir, et n'en étaient pas moins fort bien ensemble au fond du cœur ; c'était l'une des particularités de la pauvre miss, de faire toutes les bonnes actions imaginables et de vous dire les choses les plus impatientantes. Aveugle ou bossue, naine ou boiteuse, toutes entraient chez elle pour être grondées sans cesse ; la poitrinaire fut la seule qui n'entendit jamais un mot piquant ; mais toutes ces pauvres filles, quelque tarabustées qu'elles fussent, rendaient justice à la bonté de leur maîtresse, et ne l'en aimaient pas moins ; d'ailleurs, cette dernière avait le tour d'esprit tellement original, que ses bourrasques n'étaient pas moins faites pour les divertir que pour les irriter ; et, d'autre part, une réponse impertinente, pourvu qu'elle fût spirituelle, trouvait toujours grâce devant miss Galindo, qui se mettait à rire au milieu de sa colère, et oubliait tout sujet de plainte en faveur d'un mot heureux, quelle qu'en fût l'insolence.

Mais tous ces détails, qui servaient d'aliment aux causeries du village, n'étaient jamais parvenus à l'oreille de milady ; tout ce qu'elle savait de miss Galindo, quant à sa vie présente, se bornait aux rapports de la vieille fille avec un certain bazar que les femmes riches du comté avaient établi dans la ville où se tenaient les assises. La directrice officielle de ce bazar était en général une femme de bonne famille qui avait eu des malheurs : une veuve d'ecclésiastique, une fille de gentleman, qui recevait du comité une somme proportionnelle au montant des objets vendus ; ces objets, d'autre part, étaient fabriqués par des femmes d'une certaine position, également sans fortune, qui restaient inconnues et cachaient leurs noms sous une initiale ou un chiffre quelconque.

De pauvres dessins à l'encre de Chine, à l'indigo, des écrans ornés de mousse et de feuilles sèches, des gouaches sur velours, et divers ornements du même genre occupaient l'un des côtés du magasin. Comme il était réputé de bon goût de ne laisser pénétrer de ce côté-là qu'une lumière plus que douteuse, je n'ai jamais pu m'assurer du mérite de ces œuvres d'art, ainsi qu'on appelait pompeusement les lavis et les découpures sortis des mains de ces dames. Mais il y avait de l'autre côté, près d'une fenêtre complètement dépourvue de stores, une foule d'articles désignés sous le nom d'objets utiles, dont je pouvais reconnaître la perfection. Comme c'était bien cousu, bien piqué ! des boutonnières comme on n'en voit nulle part ; des monceaux de bas et de chaussettes d'un tricot si moelleux, des écheveaux de fil de lin d'une finesse dont vous n'avez pas d'idée, et qui ravissaient milady.

Or, les plus délicats de ces ouvrages étaient dus à miss Galindo ; et Sa Seigneurie le savait bien. Il est vrai que les patrons de la vieille fille étaient d'une coupe tellement surannée, qu'en dépit de la perfection de leurs coutures, les bonnets et les camisoles, dont elle avait acheté l'étoffe à crédit, et dont la confection lui avait usé la vue, restaient des mois entiers dans un tas d'articles jaunis et rebutés des acheteurs. C'est alors que miss Galindo était plus amusante que jamais, plus féconde en saillies pleines de gaieté. Arrivait-il, au contraire, une commande importante, et bien payée, faite à X (c'était l'initiale qu'elle avait prise), la chère demoiselle se remettait sur sa chaise et gourmandait sa servante tout en poussant l'aiguille.

« Quand les affaires vont mal, disait-elle pour justifier sa conduite, on ne vivrait pas si l'on ne s'égayait l'âme par un peu de bonne humeur ; mais quand il faut travailler du matin jusqu'au soir, on a besoin de se fouetter le sang pour ne pas mourir d'apoplexie ; et ne pouvant faire autre chose, je me querelle avec Sally. »

Du dehors, miss Galindo n'était pas populaire ; toutefois, on l'eût bien regrettée dans le village si elle en fût partie ; mais elle faisait trop de questions indiscrètes, pour ne pas dire impertinentes, au sujet de l'économie domestique de ses voisins ; et si pauvre qu'on soit, on aime à dépenser son argent à sa guise. Il lui arrivait trop souvent d'ouvrir les armoires et d'y trouver les folies d'un chacun ; d'interroger les ménagères d'une façon trop pressante sur la quantité de beurre qu'elles usaient par semaine, et d'abuser du droit de réprimande qu'elle avait pris je ne sais où. Si bien qu'un jour elle reçut une rebuffade dont peut-être vous vous seriez fâché, mais qui n'eut d'autre résultat que de la mettre de belle humeur. Elle allait entrer dans une chaumière, lorsqu'elle rencontra sur la porte une brave femme qui chassait une cane devant elle en s'écriant :

« Veux-tu bien t'en aller, miss Galindo ; veux-tu t'en aller ! Faites excuse, mademoiselle, reprit la femme en se trouvant face à face avec la visiteuse ; c'est ma diable de cane qui voulait entrer dans la chambre..,. T'en iras-tu ! miss Galin…

— Elle porte donc mon nom ? demanda miss Galindo.

— Mon Dieu oui, mam'selle ; c'est mon homme qui l'a baptisée ; et de fait il a eu raison ; car la malheureuse bête s'en va toujours fourrant son bec où personne ne la demande.

— Parfait ! votre homme a de l'esprit, répondit la vieille fille ; dites-lui de venir me voir ; nous taillerons des bavettes au coin du feu, et il me chapitrera tout à son aise. »

Le brave homme ne manqua pas de répondre à cette invitation, et fut tellement séduit par l'humeur joyeuse de miss Galindo, et par la finesse avec laquelle elle pénétra les mystères de ses professions diverses (il était maçon, ramoneur et taupier), qu'il se fâcha contre sa femme la première fois qu'elle appela sa cane du nom de la vieille fille, que lui-même avait donné au volatile importun.

Mais si bizarre que fût en général miss Galindo, elle était d'excellente compagnie toutes les fois que bon lui semblait, ce qui arrivait toujours en présence de Sa Seigneurie. À vrai dire, je ne connais pas d'homme, de femme ou d'enfant qui, instinctivement, ne se montrât à milady sous son meilleur côté. Lady Ludlow n'avait donc pas la moindre notion d'une foule de choses qui faisaient redouter à M. Horner d'avoir miss Galindo pour commis. Le pauvre homme aurait bien voulu que milady changeât d'idée ; mais c'était impossible ; il avait déjà trop déplu à Sa Seigneurie pour oser la contredire, et il se contenta de faire valoir une foule d'obstacles qu'il présentait comme insurmontables, et que milady renversa d'une manière triomphante. On ne pouvait pas confier au dehors la correspondance relative au domaine, cela ne faisait aucun doute. Aussi miss Galindo aurait-elle une chambre au manoir où elle viendrait chaque matin ; elle avait une écriture superbe, cette besogne lui ménagerait les yeux ; elle possédait pour l'arithmétique des facultés toutes spéciales, et joignait à cette aptitude, en raison de sa naissance, une loyauté scrupuleuse qui lui ferait oublier le contenu des lettres qu'elle aurait eues entre les mains. Ce n'est pas elle qui les apprendrait par cœur et les réciterait sans en passer un mot. Quant à la rémunération, milady se chargeait de traiter ce point délicat ; elle inviterait miss Galindo à venir le soir même prendre le thé ; il ne lui restait plus à savoir qu'une chose : combien de temps la vieille fille devait-elle consacrer chaque jour à sa nouvelle besogne ? « Trois heures, dites-vous, suffiront ; très-bien, monsieur Horner. » Et le pauvre homme s'éloigna, peu satisfait du commis qui lui était donné, car je lui trouvai la mine bien longue quand il passa sur la terrasse pour se rendre à la poterne.

Une invitation de lady Ludlow équivalait à un ordre royal ; ajoutons que le village était trop paisible pour que ses habitants n'eussent pas toujours la libre disposition de leur soirée. De loin en loin, M. et Mme Horner invitaient les principaux tenanciers à venir souper chez eux avec leurs femmes, le pasteur, miss Galindo, mistress Medlicott, et une ou deux vieilles filles du voisinage. Milady ne manquait jamais, dans cette occasion solennelle, de fournir, comme plat d'honneur, un paon qui était servi froid, et la queue déployée comme aux plus beaux jours de son existence. C'était l'œuvre de mistress Medlicott, dont toute la matinée avait été consacrée à l'arrangement de cette roue splendide, et qui se trouvait bien récompensée par la surprise et l'admiration qu'excitait cette merveille. Mais depuis l'attaque de paralysie qu'avait eue mistress Horner, il n'y avait plus de gala chez l'intendant, et miss Galindo, complètement libre de sa soirée, écrivit à milady pour lui dire combien elle serait heureuse d'avoir l'honneur de répondre à l'aimable invitation qui lui était faite.

Comme je ne quittais plus ma chaise longue, ce ne fut qu'après le souper, lorsque milady rentra dans son cabinet, que je vis miss Galindo. Elle avait certainement sa plus belle robe ; mais la façon et l'étoffe en étaient si anciennes que je ne n'ai jamais vu la pareille, excepté dans de vieux portraits. Son tablier de mousseline, délicatement brodé, était mis un peu de travers, afin, nous disait-elle, de cacher un endroit de sa jupe où la couleur avait été emportée par du jus de citron. « Lorsque mon père vivait, poursuivit miss Galindo, je prenais toujours son bras droit, et j'avais l'habitude de placer à gauche le lé de ma robe qui par hasard avait une tache, ou qui était plus passé que les autres ; c'est à cela qu'un homme est bon ; et n'ayant pas cette ressource, les veuves et les vieilles filles sont obligées de faire comme elles peuvent. Après tout, chaque position a ses dédommagements ; n'oubliez pas, dit-elle en s'adressant à moi, n'oubliez pas, ma chère, lorsque vous récapitulerez les avantages de votre triste sort, de mettre en ligne de compte le peu de bas que vous aurez à ravauder, ce qui est bien quelque chose ; j'aimerais mieux en tricoter deux paires que d'en raccommoder une.

— Avez-vous fait ces jours derniers quelques-uns de vos admirables tricots ? demanda milady, qui, son ouvrage à la main, cherchait une occasion d'entamer son affaire.

— Hélas ! non, répondit la vieille fille ; je suis sans ouvrage ; c'est la chaleur qui en est cause ; on ne songe pas au mauvais temps ; et puis chacun a sa provision de bas depuis qu'avec cent douze sous on peut en acheter une paire.

— Avec votre activité, vous devez alors avoir beaucoup de loisir ? reprit lady Ludlow en se rapprochant de la question qu'elle avait à traiter, question qui, je le suppose, lui paraissait moins abordable qu'elle ne l'avait cru d'abord.

— Du loisir, Votre Seigneurie, oh ! Dieu non ! le village me donne bien assez de fil à retordre pour me tenir lieu de tricot. C'est un X qui me représente au bazar ; et je l'ai choisi parce que c'est l'initiale de Xantippe, la grondeuse la plus déterminée des temps anciens. Je ne sais vraiment pas comment irait ce bas monde si l'on cessait de gronder ; la terre s'arrêterait, et le soleil n'éclairerait plus.

— Je crois que je serais bien malheureuse, si j'étais obligée de m'en mêler, répliqua milady en souriant.

— C'est tout simple ; Votre Seigneurie a des gens qui s'en acquittent pour elle. Le monde se divise en trois sections : les saints, les grondeurs et les pécheurs. Vous êtes dans la première de ces catégories, parce que vous êtes douce par nature, et qu'il existe des personnes qui se chargent de votre colère et de vos contrariétés. À l'autre bout de l'échelle se trouvent les malheureux qu'on envoie en prison, comme ce pauvre Jonathan. Moi je suis à moitié chemin, n'ayant pas assez de vertu pour être avec les meilleurs, et néanmoins détestant le mal sous toutes ses formes, ne pouvant souffrir le vice, le désordre, la médisance ; témoin continuel de toutes ces choses qui se passent perpétuellement sous mes yeux, et n'ayant pas la patience d'un saint, il faut que je gronde. J'aimerais mieux être parfaite ; mais que voulez-vous, chacun fait le bien à sa manière, et je crois que la mienne n'est pas la plus mauvaise.

— Assurément, chère miss, répondit lady Ludlow ; mais je suis désolée d'apprendre que l'on se conduit aussi mal dans notre village.

— C'est moi qui suis désolée, milady, j'ai eu tort de vous conter cela ; d'autant plus que j'exagère ; tout se borne à des peccadilles ; c'était seulement pour vous dire que quand je n'ai rien qui me retienne à la maison, je fais un tour au dehors, je m'en vais chez mes voisines et je les rappelle à leurs devoirs, tout juste pour tenir le diable à l'écart. Satan, vous le savez, a toujours en réserve quelque méchante besogne à donner aux oisifs. »

Tout cela ne conduisait pas au sujet que voulait aborder milady. Au contraire, la vieille fille aimait tellement à jaser, qu'à la fin de sa réponse elle était bien loin du point de départ. Il fallait donc que Sa Seigneurie entamât brusquement la question.

— Miss Galindo, j'aurais à vous demander une grande faveur, dit-elle.

— Est-ce bien possible ? Je voudrais pouvoir dire à Votre Seigneurie tout le plaisir qu'elle me fait en m'honorant de la sorte, répondit la vieille fille qui en avait les larmes aux yeux. Nous étions tous si contents de pouvoir faire quelque chose pour cette bonne lady Ludlow !

— Voilà ce que c'est, reprit Sa Seigneurie : M. Horner ne disait ce matin que les lettres relatives à ce domaine se sont tellement multipliées qu'il lui est impossible de les transcrire lui-même ; il réclame donc les services d'une personne dont la discrétion m'inspire toute confiance, et qui puisse non-seulement copier ces lettres, mais tenir certains comptes demandant une certaine habileté. Il y a précisément une petite pièce fort agréable à côté du cabinet de M. Horner, et si vous étiez assez bonne pour venir déjeuner ici et pour nous accorder trois heures tous les jours, M. Horner vous donnerait les papiers... »

Milady s'arrêta ; la figure de la vieille fille s'était couverte de nuages ; il fallait un bien grand obstacle pour qu'elle pût résister au désir d'obliger Sa Seigneurie.

« Et que fera Sally pendant ce temps-là ? » dit-elle enfin avec un soupir. Lady Ludlow ignorait certainement l'existence de Sally, et, dans tous les cas, n'avait pas la moindre notion des perplexités qui assiégeaient l'esprit de la vieille fille à la seule pensée que sa naine resterait livrée à elle-même pendant trois ou quatre heures. Milady, habituée à vivre dans une maison où tout se faisait sans bruit, à l'heure dite, par des serviteurs nombreux, tous bien payés et fort habiles, ne soupçonnait pas la grossièreté de la souche d'où étaient sortis ses excellents domestiques. Chez elle, d'ailleurs, pourvu que le résultat fût bon, personne ne s'inquiétait du plus ou moins de dépense qui avait été faite pour en arriver là ; tandis qu'un sou était chez miss Galindo une chose assez importante pour qu'elle en discutât l'emploi ; et de sombres visions de cuillerées de lait répandues, de croûtes de pain gaspillées, flottaient devant les yeux de la vieille fille. Néanmoins le désir d'être utile à milady lui donna la force de dominer toutes ses appréhensions.

« Qu'elle aille au diable, s'écria-t-elle en pensant à Sally. Mille pardons, Votre Seigneurie ; c'est à moi-même que je parlais ; une habitude que j'ai contractée pour m'exercer la langue ; et je m'adresse souvent la parole sans m'en apercevoir. Trois heures tous les matins !... Je serai trop heureuse de faire quelque chose qui puisse vous être agréable, milady. Je compte sur l'indulgence de M. Horner, du moins pendant les premiers jours. J'ai été sur le point de devenir auteur dans ma jeunesse, et il me semble que j'étais destinée à employer mon temps à écrire.

— Auteur, miss Galindo !

— Certainement ; tout était préparé. M. Burney me donnait des leçons de musique, pour laquelle je n'avais pas la moindre disposition, c'était un caprice de mon père. Miss Burney fit un livre, elle était fort jeune, tout simplement fille d'un maître de musique ; pourquoi n'aurais-je pas fait comme elle ? Je pris donc une main de papier, deux paquets de plumes, une bouteille d'encre.

— Et ensuite ?

— Une fois la plume à la main, je n'ai rien trouvé à dire, et j'en suis restée là ; mais quand par hasard j'ouvre un livre, je suis toujours surprise de m'être laissé arrêter par une raison aussi futile, puisqu'elle n'empêche pas les autres d'écrire.

— Vous avez très-bien fait, miss Galindo, répliqua Sa Seigneurie. Je m'élève fortement contre les femmes qui usurpent les fonctions des hommes ; mais peut-être cette idée qui vous est venue d'écrire un livre a-t-elle amélioré votre écriture ; c'est l'une des plus lisibles que je connaisse, elle est vraiment fort belle.

— J'ai toujours méprisé les z qui n'ont pas de queue, dit la vieille fille, enchantée de l'éloge qu'elle venait de recevoir.

— Voulez-vous me permettre de vous montrer un ancien cabinet dont les sculptures sont précieuses et que mon fils a trouvé en Hollande ? lui demanda Sa Seigneurie. »

Elles passèrent dans la pièce voisine où était le susdit meuble, et l'affaire des émoluments fut réglée, ou du moins je le suppose, car il n'en fut plus question.

Lorsqu'elles revinrent, ces dames parlaient de M. Gray, que miss Galindo était loin d'épargner. « Un pauvre garçon, qui ne prononcerait pas un mot devant une oie sans rougir, disait-elle, et qui à peine installé dans un village comme le nôtre, le meilleur de tous ceux qui existent, s'en va nous traiter du haut en bas, comme si nous avions fait toutes les scélératesses du monde. J'en perds vraiment patience ; ne veut-il pas nous faire aller au ciel en nous apprenant l'alphabet ! À l'entendre il n'y a pas d'autre moyen de sauver l'âme des enfants ; quelle sottise ! Votre Seigneurie pense comme moi. Je n'ai jamais connu de meilleure créature que ma mère ; si elle n'est pas en paradis, personne ne peut espérer d'y être ; et la pauvre femme ne savait pas même épeler. M. Gray s'imagine-t-il que le bon Dieu en prend note ?

— J'étais certaine que vous partagiez mon opinion à cet égard, répliqua milady. Vous et moi nous savons où tous ces bavardages sur l'éducation du peuple, les principes et les écrits de M. Rousseau ont conduit les Français.

— Je crains bien que ce Rousseau et M. Gray soient du même poil, répondit la vieille fille en hochant la tête ; et cependant il y a du bon dans ce jeune homme ; il a passé toutes les nuits au chevet de Bill Davis pour que la femme de celui-ci, qui était épuisée de fatigue, pût se reposer et ne tombât pas malade à son tour.

— Vraiment ! dit Sa Seigneurie, dont le visage rayonna comme il arrivait toujours quand elle entendait parler d'une action généreuse, quelle que fût la personne qui l'eût accomplie.

— Je le crois, en outre, fort charitable, reprit la vieille fille.

— C'est bien dommage qu'il ait mordu à toutes ces idées révolutionnaires, et qu'il veuille absolument renverser l'ordre social, répliqua Sa Seigneurie. »

Je suis persuadée qu'elles en seraient venues à faire l'éloge du pasteur sans la moindre restriction, si l'entretien s'était prolongé ; mais il se faisait tard, et miss Galindo fit ses adieux à milady.

Elle laissait à Sa Seigneurie une impression tellement favorable, que cette dernière me dit avec un sourire de satisfaction lorsque la vieille fille nous eut quittées :

« Je crois avoir procuré à M. Horner un collaborateur bien autrement habile et respectable que ce petit Gregsone ne l'eût jamais été, même dans vingt ans d'ici. J'enverrai ce malheureux enfant dans les landes que milord possède en Écosse, afin qu'il puisse sortir de la voie périlleuse où il est engagé. »

Mais un accident sur lequel milady ne comptait pas vint s'opposer à la réalisation de ce projet charitable.

CHAPITRE X.

Le jour suivant, miss Galindo arriva dès le matin et fut introduite par méprise dans la chambre où je m'essayais à marcher ; on m'avait ordonné de faire un peu d'exercice, quelque douloureux que fût devenu pour moi l'usage de mes malheureuses jambes.

La vieille fille avait un panier au bras ; et tandis que le domestique était allé prendre les ordres de milady, elle se mit à causer avec moi.

« Quelle brusque détermination, ma chère ! s'écria-t-elle. Je me suis dit souvent à propos d'une circonstance déjà fort ancienne, que si lady Ludlow me faisait jamais l'honneur de me demander le sacrifice de ma main droite, je n'hésiterais pas à la couper, et que j'envelopperais si bien le moignon, qu'elle n'en verrait pas la plaie. Toutefois, si j'avais été moins pressée, j'aurais mieux taillé mes plumes ; mais telle que vous me voyez, je me suis couchée assez tard pour faire ceci qui m'était indispensable, dit la vieille fille en mettant une paire de manches de toile bise pareilles à celles que portent les garçons épiciers, et je n'ai pu tailler que sept ou huit plumes, choisies parmi toutes celles que le fermier Thompson m'a données cet automne. Pour de l'encre, j'en ai toujours de faite : une once de limaille d'acier, item de noix de Galle ; une pinte d'eau (les gens prodigues emploient du thé, mais j'ai toujours eu de l'ordre, grâces à Dieu !), mettez tout cela dans une bouteille que vous suspendez à la porte, de manière que chaque fois que vous fermez celle-ci, le contenu de la bouteille soit nécessairement agité ; si vous êtes en colère, comme il m'arrive souvent de l'être contre cette affreuse Sally, vous claquez la porte avec violence, et la chose n'en vaut que mieux. J'ai donc de l'encre toujours prête pour n'importe quel usage : pour faire un compte, ou le testament de milady, si besoin est.

— Ne parlez pas de cela, miss Galindo ; le testament de milady ! elle n'est pas encore morte.

— Et si elle était morte, reprit la vieille fille, il ne serait plus temps d'y songer. Ah ! si ma pauvre Sally m'avait dit pareille chose, comme je l'aurais traitée d'oie ! mais, en votre qualité de parente de milady, je suis forcée d'être civile à votre égard et je me contente de vous dire que vous m'avez répondu comme une sotte ; il est vrai que vous êtes boiteuse, pauvre créature ! »

Milady entra, fort heureusement pour moi, et je pus aller dans la chambre voisine continuer ma promenade. J'étais toujours sur le qui-vive lorsque parlait miss Galindo, car on ne savait jamais ce qu'elle allait dire, et sa langue était capable de tout.

Quelques instants après, Sa Seigneurie vint chercher quelque chose dans son bureau.

« Il faut, dit-elle en fouillant dans les tiroirs, que M. Horner se soit trompé quand il m'a dit avoir assez de besogne pour occuper un commis ; voilà miss Galindo qui attend, la plume derrière l'oreille, qu'on lui fournisse de l'ouvrage, et il ne trouve rien à lui donner. Je viens chercher les lettres de ma mère, dont je serai fort aise d'avoir une belle copie. Les voilà, chère enfant, ne vous donnez pas la peine. »

Lorsque la chose fut arrangée, milady vint se rasseoir auprès de moi, et se mit à parler de M. Gray.

« Je ne sais pas comment tout cela finira, dit-elle ; miss Galindo l'a vu dans un cottage, faisant la prière au milieu des gens qui s'y étaient rassemblés. Tout cela m'inquiète et me rend très-malheureuse. C'est ainsi que dans ma jeunesse faisait M. Wesley[4] ; et depuis lors nous avons eu la rébellion des colonies américaines et la révolution française. Soyez-en sûre, ma chère, vulgariser l'instruction et la religion dans un pays est une chose bien fâcheuse. L'individu qui entend faire la prière dans la chambre où il vient de manger du pain et du lard, oublie le respect qui est dû à l'Église, commence à ne plus établir de distinction entre les différents lieux où il se trouve, met sur la même ligne un temple et une chaumière, en vient à penser qu'un homme en vaut un autre, et c'est alors que le peuple arrive à parler de ses droits, au lieu de ne songer qu'à ses devoirs. Je suis désolée que M. Gray ne veuille pas entendre raison. Et ce n'est pas tout. Vous ne devineriez jamais ce que j'ai appris ce matin ; croiriez-vous que le domaine de la Colline, qui est enclavé dans la terre d'Haubury, vient d'être acheté par un anabaptiste, boulanger à Birmingham !

— Un anabaptiste boulanger ! » m'écriai-je. Il faut vous dire que je n'avais jamais vu de dissident, et qu'en ayant toujours entendu parler avec horreur, je me les représentais comme des bêtes fauves, des espèces de rhinocéros qui excitaient à la fois ma crainte et ma curiosité ; et je n'en revenais pas d'entendre dire que l'un de ces monstres exerçait des fonctions aussi paisibles que celles de boulanger.

« La chose est malheureusement sûre ; continua milady ; c'est un M. Lamb, je crois du moins que tel est le nom que M. Horner lui donne ; en tout cas, c'est un anabaptiste et, qui plus est, un commerçant ! Qu'allons-nous devenir entre ce schismatique et un pasteur méthodiste ? Je crains bien que notre village ne perde son cachet primitif. »

Il est certain que M. Gray n'en faisait plus qu'à sa tête. Autrefois il consultait milady et ne s'embarquait jamais dans une nouvelle entreprise sans avoir au moins recherché son consentement, qu'à vrai dire elle lui refusait toujours. La nouveauté déplaisait si fort à Sa Seigneurie, même en fait de toilette, qu'elle n'aimait que les modes qui prévalaient dans sa jeunesse ; et malgré l'affection personnelle qu'elle portait à la reine Charlotte, dont vous savez qu'elle avait été fille d'honneur, elle n'en était pas moins assez entachée de jacobitisme pour ne pas supporter qu'on désignât devant elle le prince Édouard sous le nom de jeune prétendant. Elle nous parlait avec complaisance d'un aubépin qui avait été planté par la reine Marie Stuart dans le parc de milord, et devant lequel on ne passait jamais sans se découvrir, par respect pour la mémoire de l'infortunée reine d'Écosse. Il nous était permis de jouer aux cartes le dimanche, lorsque bon nous semblait, mais non pas le cinq novembre[5] ou le trente janvier[6] ; ces deux grands jours se passaient à l'église, et en méditation profonde. C'est une rude besogne que de méditer ; quant à moi j'aurais mieux aimé gratter les dalles du vestibule ; et c'est sans doute pour me punir de mes fautes qu'une vie passive m'a été infligée. Mais je reviens à l'horreur que Sa Seigneurie éprouvait pour les innovations.

Or, d'après tout ce que j'entendais dire, M. Gray n'avait dans la tête que des idées nouvelles et ne songeait à rien moins qu'à renverser toutes les institutions établies, non-seulement dans le village et dans la paroisse, mais dans tout l'empire britannique. Il est vrai que c'était de miss Galindo que je tenais ces renseignements, et la chère miss avait plus de penchant à parler avec chaleur qu'avec exactitude.

« Si vous saviez, me disait-elle, je le rencontre partout gloussant après la marmaille comme une vieille dinde qui réunit des poussins, et leur enseignant, à propos de leur salut, une foule de choses dont il est blasphématoire de parler hors de l'église. Il tourne la tête aux vieillards en leur faisant mettre le nez dans la Bible. Certes, je ne parlerai jamais des saintes Écritures qu'avec un profond respect, mais trouvant hier le vieux Job enfoncé dans l'ancien Testament : « Qu'est-ce que vous lisez là ? lui demandai-je ; à quoi bon, je vous en prie ? qu'est-ce que vous y gagnez ? »

« Il me répondit qu'il venait de relire, pour la vingtième fois, l'histoire de la chaste Suzanne, celle de Bélial et du dragon, ajoutant qu'il n'avait jamais lu de plus jolis contes, et qu'il était bien aise de savoir qu'il y avait ici-bas de vieux coquins dont il fallait se défier. Ne valait-il pas mieux qu'il récitât le Credo, l'Oraison dominicale ou les dix

Commandements, que de lire ces jolis contes, ainsi qu'il les appelle ? Encore si notre pasteur bornait là toutes ses folies ! mais n'essaye-t-il pas de nous apitoyer sur le sort des noirs, et de nous fourrer de petits portraits de nègres avec cette légende imprimée sous la gravure :

« Ne suis-je pas un homme comme vous ? Ne suis-je pas votre frère ? »

« Je vous demande un peu si je suis la sœur et l'égale de chaque négrillon, qui sert de valet aux petits maîtres ? On dit même que ce pauvre M. Gray avale son thé sans sucre, parce qu'il prétend voir sur chaque morceau une tache de sang. Voilà ce que j'appelle de la superstition. »

Ce fut encore pis le lendemain.

« Bonjour, ma chère, me dit-elle en entrant ; comment ça va-t-il ? Milady m'envoie causer un peu avec vous pendant que M. Horner me prépare de la besogne. Entre nous soit dit, M. le régisseur n'est pas flatté de m'avoir pour secrétaire, ce qui est vraiment bien heureux ; car maintenant que le voilà veuf, s'il était poli, j'aurais besoin d'un chaperon. Dans tous les cas, je m'efforce de lui faire oublier que je suis une femme : je m'acquitte de mes devoirs avec la précision d'un comptable et d'un copiste mâle ; le pauvre homme n'a pas une faute à reprendre : l'écriture est bonne, l'orthographe excellente, l'addition irréprochable. Je le vois qui me regarde du coin de l'œil, en faisant une mine d'une aune, parce que je suis du sexe féminin, comme si c'était de ma faute ! J'ai tout essayé pour le mettre à son aise, j'ai mis ma plume derrière l'oreille, je lui ai fait un salut au lieu d'une révérence, j'ai sifflé, non pas un air, mon habileté ne va pas jusque-là ; j'ai dit : sac à papier, que la peste m'étouffe ! Je ne peux pourtant pas faire davantage ; malgré cela il ne veut point oublier que je suis une femme ; d'où il résulte que je ne fais pas la moitié de la besogne que je pourrais expédier. Ah ! si ce n'était pas pour plaire à milady, j'enverrais le régisseur et ses livres à tous les diables… voyez comme cela vient naturellement ! ne dirait-on pas que je suis un homme ? Et figurez-vous que j'ai une commande de douze bonnets de nuit pour un mariage ; je ne sais vraiment pas si j'aurai le temps de les faire. Puis ce M. Gray, qui profite de mon absence pour séduire ma naine !

— M. Gray, séduire Sally ! m'écriai-je.

— Allons donc ! ce n'est pas ce que vous pensez, vilaine petite ; il y a plusieurs genres de séduction ; il veut qu'elle aille à l'église et il vient quand je n'y suis pas causer avec elle de l'état de son âme. Je rentre chez moi, le rôti est carbonisé. Je me fâche naturellement, et je dis à Sally de ne pas s'occuper de son salut quand le rosbif est au feu ; là-dessus mon insolente me répond en me citant un passage relatif à Marthe et Marie, trouvant qu'elle a bien fait de laisser brûler mon bœuf, au point que c'est tout au plus s'il en restait une bouchée pour la petite fille de Ben, qui vient d'avoir la scarlatine. J'avoue que cela m'a fait sortir des gonds ; je crains même d'avoir été un peu vive ; toujours est-il que je lui ai répondu que j'avais une âme aussi bien qu'elle, et que je prendrais à mon tour le droit de la sauver en pensant au Seigneur au lieu de m'occuper de ce que j'avais à faire. Je me suis donc reposée toute l'après-midi, ce qui m'arrive si rarement que cela m'a fait beaucoup de bien. À l'heure du thé, je vois entrer ma naine, avec sa bosse sur le dos et son âme à sauver, qui me demande si je suis allée à la ferme pour dire qu'on envoyât du beurre. « Non, du tout, répondis-je, j'ai consacré toute l'après-midi à mes devoirs spirituels. — J'en rends grâce à Dieu, riposte l'impudente, c'est le résultat de mes prières. » Ah ! monsieur Gray, si vous aviez été là ! Peu importe ; j'étais bien résolue à ne pas m'occuper de sujets charnels, et à faire manger du pain sec à ma Sally, qui ne peut pas le souffrir. Quand j'eus grignoté le mien en pensant au fameux gâteau que je ferais pour la petite Ben avec le beurre qui se trouvait économisé, je pris l'air grave, et je dis à ma bossue qu'à l'avenir elle prierait depuis neuf heures du soir jusqu'à six heures du matin, si l'état de son âme l'exigeait, mais qu'elle travaillerait pendant le jour et qu'elle ferait son salut en s'occupant de son ouvrage, suivant la volonté de Dieu. Elle a murmuré je ne sais quelle antienne au sujet de la vanité des biens de ce monde, et je suis sûre qu'elle me considère comme une brebis égarée. »

À force d'entendre parler de M. Gray par les gens de la maison comme d'un novateur dangereux, ne songeant qu'à propager des doctrines désastreuses, des principes immoraux qui devaient changer la face de la société tout entière, je finis moi-même par l'envisager comme un instrument de ténèbres, et je m'attendais à trouver sur son visage (il y avait fort longtemps que je ne l'avais vu) les signes d'une présomption et d'une arrogance quelque peu sataniques. Je fus donc excessivement étonnée lorsqu'on l'introduisit un matin dans le grand salon bleu, où l'on m'avait mise pour me faire changer de place, je fus donc très-surprise de le voir plus gauche, plus timide que jamais, et plus embarrassé que moi de cette rencontre imprévue. Sa figure avait maigri, son regard était plus ardent, sa physionomie plus inquiète et sa rougeur plus fugitive qu'autrefois. Je lui adressai la parole, mais c'est à peine si je pus obtenir de lui quelques monosyllabes, tant il était préoccupé.

Lorsqu'entra Sa Seigneurie, le pauvre jeune homme pâlit et rougit tour à leur, fit un effort douloureux sur lui-même, et aborda la question qui l'amenait au château.

« Les enfants de ce village sont de véritables païens, dit-il, et ma conscience m'ordonne de faire tout mon possible pour changer cet état de choses. Votre Seigneurie, je le sais, désapprouve tous les plans auxquels j'avais pensé ; mais il faut absolument agir, et je viens auprès de vous, milady, pour vous demander avec respect, mais avec fermeté, de vouloir bien me donner un conseil. »

Il est toujours maladroit, en pareil cas, de rappeler aux personnes d'un caractère décidé l'opinion qu'elles ont émise, quand vous n'avez précisément d'autre but que de les en faire changer. C'était la faute que venait de commettre M. Gray, faute d'autant plus grave que, sans être obstinée, lady Ludlow n'était pas femme à se donner un démenti.

« Vous me demandez, répondit-elle après un instant de silence, de vous donner un conseil pour remédier à un mal que je ne soupçonne même pas. M. Montford n'a jamais proféré les plaintes que vous venez de me faire entendre ; et toutes les fois que j'ai eu l'occasion de voir les enfants du village, ce qui m'arrive assez souvent, j'ai toujours trouvé qu'ils se conduisaient d'une manière fort convenable.

— Devant vous, c'est possible, madame ; ils sont élevés dans le respect de Votre Seigneurie, et ne connaissent rien au-dessus d'elle.

— Vous êtes dans l'erreur, monsieur Gray, répliqua lady Ludlow en souriant, ils ont pour le roi des sentiments aussi prononcés qu'il est possible de les avoir à leur âge ; ils ne manquent jamais de venir le 4 juin boire à la santé de Sa Majesté, manger des gâteaux et regarder les portraits de la famille royale, que je leur montre moi-même, et qu'ils contemplent avec un intérêt aussi vif que respectueux.

— Il est un être supérieur aux monarques de la terre, madame, » répondit le jeune ecclésiastique.

Sa Seigneurie devint toute rouge de la méprise qu'elle avait faite, car elle était véritablement pieuse. Néanmoins elle se remit aussitôt et répliqua d'une voix qui me parut être un peu sèche :

« Le manque de respect envers Dieu, monsieur Gray, doit s'attribuer au directeur de la paroisse, permettez-moi de vous le dire et pardonnez ma franchise.

— J'ai besoin, au contraire, que vous me parliez franchement, milady ; je ne suis pas accoutumé à ces formes de langage, qui font partie de l'étiquette, dans le monde où Votre Seigneurie est placée, et qui me semble constituer autour d'elle un rempart que ma voix ne peut franchir ; parmi ceux avec lesquels j'ai vécu, on est habitué à dire sa façon de penser d'une manière franche et nette, surtout quand il s'agit de ce qui vous tient au cœur. Votre Seigneurie n'a donc pas besoin de s'excuser de sa franchise, que je réclame tout entière. J'admets avec vous, milady, que c'est la faute du pasteur qui la dirige, si, dans cette paroisse, les enfants jurent, blasphèment, offrent l'exemple d'une brutalité révoltante, s'ils ne savent rien au monde, si quelques-uns d'entre eux ignorent jusqu'au nom du Créateur ; je le reconnais, et cette faute, qui est la mienne, pèse sur mon âme d'un poids qui s'augmente tous les jours. Je m'épuise en efforts inutiles pour améliorer ces enfants qui m'échappent, et qui grandissent pour le mal ; bientôt ils seront des hommes et n'auront de capacité que pour le crime. Vous êtes toute puissante, milady ; et je m'adresse à vous pour que vous m'aidiez, non-seulement de vos conseils, mais de toute l'influence… »

M. Gray, qui s'était assis et relevé plusieurs fois pendant cette allocution, retomba sûr sa chaise, interrompu qu'il était par une violente quinte de toux qui le fit trembler des pieds à la tête. Milady sonna pour demander un verre d'eau et parut très-affligée.

« Vous êtes malade, monsieur Gray, dit-elle de sa voix la plus sympathique ; c'est là ce qui vous fait exagérer les défauts de ces malheureux enfants. Il en est toujours ainsi lorsque notre santé n'est pas bonne. Vous vous donnez beaucoup de peine, vous travaillez trop ; et c'est l'excès de fatigue qui, en vous faisant souffrir, vous porte à nous voir tous plus mauvais que nous ne le sommes. »

Milady souriait avec bonté en regardant le jeune prêtre, qui cherchait à reprendre haleine ; elle avait oublié, j'en suis sûre, tous ses griefs contre lui, toute sa mauvaise humeur au sujet des rapports qu'elle entendait chaque jour. Il était, en effet, bien difficile de ne pas se laisser attendrir par cette figure si délicate et si jeune, où se peignaient tant de soucis et d'angoisses.

« Que faut-il faire, milady ? reprit-il aussitôt qu'il eut recouvré la parole, et avec un tel accent de franchise et d'humilité qu'il était impossible de ne pas en être ému. Le mal que je vois en ce monde est un fardeau qui m'accable. Ce que je fais est si peu de chose ! moins que rien, puisque c'est inutile ; ce n'est qu'aujourd'hui… »

L'agitation où il se trouvait ramena une quinte de toux.

« Mon cher monsieur (je n'aurais jamais cru que milady fût capable d'appeler M. Gray mon cher), écoutez la voix d'une vieille femme qui s'intéresse à vous, soyez-en convaincu ; vous n'avez pas autre chose à faire, pour le moment, que de soigner votre santé ; prenez du repos, voyez le docteur ; et quand vous serez rétabli, vous comprendrez que le mal est moins grand que vous ne l'aviez cru d'abord.

— Me reposer, milady ! c'est impossible. Le mal, vous n'en voulez rien croire ; mais enfin le mal existe, et j'en souffre plus que je ne peux vous l'exprimer. Je n'ai pas même un endroit où je puisse réunir les enfants pour leur enseigner les choses les plus indispensables. J'ai essayé de les faire venir chez moi : les pièces y sont trop petites. J'ai voulu prendre à bail un coin de terre pour y bâtir une école à mes frais : le procureur de Votre Seigneurie est venu me signifier je ne sais quel droit féodal, qui ne permet pas de construire sur les terrains de la commune sans la permission du châtelain ; et c'est vous aujourd'hui qui possédez le château. Je ne dis pas que le procureur ait eu tort ; mais c'est une chose cruelle, et qui n'aurait pas eu lieu, si Votre Seigneurie avait connu la situation morale de mes pauvres paroissiens. Que dois-je faire, milady ? je vous le demande ! Vous me conseillez le repos ! m'est-il possible quand les enfants dont le salut m'est confié vivant dans la crasse et l'ignorance, deviennent cruels et blasphémateurs ? On sait dans le village que Votre Seigneurie désapprouve mes efforts et s'oppose à mes plans. Si vous les trouvez mauvais, mal conçus, mal élaborés, — ce qui est bien possible, j'ai si peu d'expérience, — que Votre Seigneurie m'en propose de meilleurs pour arriver à mon but ; mais qu'elle ne me dise pas de me reposer, tandis que Satan dérobe autour de moi les âmes que je devrais conduire au Seigneur.

— Il est possible, mon cher monsieur, qu'il y ait quelque chose de vrai dans tout cela, répondit lady Ludlow ; je suis disposée à le reconnaître, bien que dans votre état de santé vous exagériez énormément la situation qui vous afflige ; mais l'expérience que m'a fait acquérir une vie assez longue m'a démontré combien il est dangereux de répandre l'instruction à tort et à travers. Elle rend les classes inférieures incapables de remplir leurs devoirs, de se soumettre à l'autorité, de se contenter du sort qu'il a plu à Dieu de leur assigner en ce monde, et de se plier d'eux-mêmes, avec humilité et respect, aux volontés de leurs supérieurs. J'ai déjà exprimé cette opinion devant vous, et me suis permis de vous dire combien je désapprouve certaines de vos idées. Vous comprenez dès lors que je fus assez mécontente lorsqu'on me rapporta que vous aviez pris quelques verges de la ferme de Hale pour y fonder une école. Vous l'aviez fait sans ma permission, bien que les convenances, autant que mon droit, vous obligeassent à me la demander ; et j'ai mis obstacle à l'accomplissement d'une chose qui me paraît fâcheuse pour le village et pour ceux qui l'habitent. Comment pouvez-vous croire, mon cher monsieur, que la lecture, l'écriture et la table de multiplication, en supposant que vous alliez jusque-là, puissent empêcher les enfants de blasphémer, d'être cruels et malpropres ? Je ne voudrais pas m'exprimer trop vivement à cet égard dans l'état où vous êtes, mais il me semble qu'en pareil cas la lecture fait peu de chose ; la moralité fait bien davantage, et ne s'apprend pas dans les livres.

— C'est à leur âme que je pense, milady ; et pour avoir sur elle un peu de prise, il faut bien que je l'éclaire ; sans cela que deviendront-ils dans l'autre monde ? Pour écouter mes paroles, il faut qu'ils puissent les comprendre. Jusqu'à présent ils ne reconnaissent que la force brutale…

— De votre propre aveu, monsieur Gray, ils ont pour moi de la déférence ?

— Ils craignent de vous déplaire, milady ; mais dès qu'ils peuvent vous cacher leur conduite, ils n'en font pas moins tout ce que Votre Seigneurie désapprouve, et s'inquiètent peu d'agir contre sa volonté.

— Monsieur Gray ! ceux dont vous parlez vivent, de père en fils, depuis des siècles sur la terre d'Hanbury. »

Le visage de lady Ludlow exprimait à la fois la surprise et une légère indignation.

« Je ne dis pas le contraire, madame, répondit l'ecclésiastique d'un air abattu et d'une voix fatiguée ; mais cela n'infirme pas la vérité de mes paroles, quel que soit le peu de confiance que vous y ajoutiez. »

Milady, bien que toujours un peu émue, laissa voir sur ses traits un certain embarras.

« Ainsi donc, reprit M. Gray en se levant pour partir, Votre Seigneurie ne trouve aucun remède à l'état de choses que je viens de lui signaler, état de choses relatif à des malheureux qui vivent sur ses terres et qui, pour la plupart, sont ses propres fermiers ? J'espère, néanmoins, qu'il me sera permis de faire usage de la grange de Hale tous les jours de sabbat ; il ne demande pas mieux que je m'en serve, toutefois avec l'approbation de Votre Seigneurie.

— Il est impossible que vous preniez un surcroît de besogne à présent ; laissez-moi le temps d'y réfléchir ; vous soignerez votre santé pendant que je pèserai votre demande, et vous reprendrez des forces. »

Le pauvre jeune homme était trop agité pour s'apercevoir de la douceur de milady, et s'irrita du délai qui lui était proposé.

« J'ai si peu de temps à vivre, si peu de temps pour accomplir mon œuvre ! » murmura-t-il, pendant que milady parlait au majordome, qu'elle m'avait prié de sonner quelques minutes avant.

« Monsieur Gray, dit-elle en se retournant tout à coup, il me reste encore un peu de malvoisie de la récolte de 1778 ; vous savez que c'est un excellent spécifique pour la poitrine, dans tous les cas où le mal est causé par l'épuisement, vous me permettrez de vous en envoyer six bouteilles ; soyez sûr qu'après les avoir bues, vous envisagerez les choses sous un jour plus consolant, surtout si vous êtes assez bon pour recevoir le docteur Trévor, qui doit me faire une visite avant la fin de la semaine. Quand vous aurez assez de force pour travailler de nouveau, je chercherai avec vous le moyen d'empêcher les enfants du village de dire des paroles grossières et de vous causer le moindre tourment.

— Jamais Votre Seigneurie ne me comprendra, s'écria-t-il avec impatience ; que me fait le tourment, à moi ? c'est le mal d'autrui qui m'accable. Je me porte à merveille ; je puis me mettre à l'œuvre aujourd'hui même ; je ferais tout au monde pour n'avoir plus à me reprocher cette vie stérile qui me tue, et que vous m'imposez malgré moi. Gardez votre précieux vin, madame ; c'est la liberté d'agir qui seule me guérirait. Mais il est écrit que je ne serai pour la terre qu'un poids inutile, en face du mal qui s'accroît tous les jours et dont je suis responsable !... Que Votre Seigneurie me pardonne cette visite importune. »

En disant ces mots, M. Gray présenta la main à milady, qui hésita quelques instants avant de la prendre, et qui paraissait profondément blessée. C'est alors qu'il me vit, comme pour la première fois. Il oubliait dans son émotion que c'était moi qui l'avais reçu ; il approcha de mon lit de repos, hésita plusieurs fois à me faire l'adieu d'usage, finit par me tendre sa main, qui était humide et tremblante, et s'éloigna en chancelant comme un homme pris de vertige.

Lady Ludlow n'était pas moins mécontente d'elle-même que du jeune ecclésiastique ; de mon côté, j'étais fort peu satisfaite du résultat de la conférence ; mais Sa Seigneurie ne parlait jamais de ses impressions, et je n'étais pas fille à m'oublier au point d'aborder un sujet qu'elle n'entamait pas la première. Toutefois, elle vint auprès de ma couche, et fut tellement bonne, tellement affectueuse, que ses marques de tendresse, jointes à la pensée du désespoir et de la maladie de M. Gray, me donnèrent envie de pleurer.

« Vous êtes souffrante, chère petite, me dit Sa Seigneurie ; venez dans ma chambre, vous y serez mieux, et vous nous aiderez, Medlicott et moi, à faire une liste de mets délicats et fortifiants pour ce pauvre jeune homme, qui s'épuise par trop de sensibilité et qui se tuera par excès de conscience.

— Oh ! milady !... » Je n'osai pas en dire davantage.

« Qu'est-ce que c'est ? demanda-t-elle.

— Si vous vouliez lui permettre de prendre la grange de Hale, je suis sûre que la joie qu'il en ressentirait lui ferait plus de bien que tout le reste.

— Bah ! le pauvre garçon n'a pas la force de parler. Je vais écrire au docteur Trévor, cela vaudra beaucoup mieux, » répliqua Sa Seigneurie.

Mais je ne lui avais pas déplu ; et, pendant une demi-heure, nous préparâmes des fortifiants de toute espèce pour le pauvre M. Gray.

« Milady sait-elle qu'Henry Gregsone vient de tomber d'un arbre, et qu'il s'est cassé la cuisse ? demanda mistress Medlicott, lorsque nous eûmes fini ; on prétend qu'il en restera boiteux.

— Henry Gregsone ! répliqua lady Ludlow ; ce petit gars aux yeux noirs, qui lit mes lettres ? Voilà ce que c'est que d'instruire le peuple. »

CHAPITRE XI.

Je ne vois pas néanmoins comment l'instruction d'Henry Gregsone aurait pu lui faire casser la cuisse, d'autant plus que cet accident lui était arrivé de la manière suivante.

M. Horner, dont la santé s'affaiblissait tous les jours, depuis la mort de sa femme, éprouvait pour son élève une affection de plus en plus vive ; c'était même, à vrai dire, le seul être au monde qui lui inspirât de la tendresse. Il était on ne peut plus dévoué à lady Ludlow, et ne reculait devant rien toutes les fois qu'il s'agissait des intérêts de Sa Seigneurie ; mais au fond de son attachement pour elle, couvait une sorte d'aigreur contre certaines opinions que milady soutenait avec une opiniâtreté calme et douce, que ni les raisonnements les mieux établis, ni les calculs les plus justes ne pouvaient ébranler. Je crois même que l'espèce d'amertume qu'il en ressentait au fond du cœur, s'était accrue dans ces derniers temps par la fantaisie (le mot lui était échappé) que milady avait eue de lui donner miss Galindo pour secrétaire. Toujours est-il que cette opposition fréquente, si elle ne diminuait en rien l'estime et le respect que la maîtresse et l'intendant éprouvaient l'un pour l'autre, empêchaient qu'il ne s'y mêlât un sentiment plus affectueux ; et le seul individu, je le répète, qui, depuis la mort de mistress Horner, inspirât de la tendresse au régisseur, était ce petit Gregsone au regard brillant et attentif, aux cheveux ébouriffés qui lui retombaient sur le front et qui le faisaient ressembler à certains barbets mal peignés et farouches, mais aussi dévoués qu'intelligents. Ce gars inculte, mi-braconnier, mi-bohème, ainsi que chacun se plaisait à le dire, ne quittait pas le silencieux et respectable M. Horner, qu'il suivait partout avec la fidélité passionnée du chien auquel il ressemblait. J'imagine que c'était cette preuve d'attachement à sa personne qui d'abord avait disposé l'intendant en faveur de son protégé ; mais je ne crois pas que M. Horner eût jamais éprouvé l'amour qu'il ressentait pour Henry, si l'enfant n'avait joint à sa profonde affection une intelligence et une perspicacité peu communes.

Le régisseur n'était pas moins silencieux avec le petit Gregsone qu'avec les autres ; et par cela même il lui était bien doux de se sentir compris immédiatement, sans qu'il eût besoin de parler ; de voir les miettes de science qu'il laissait tomber, souvent au hasard, recueillies par son petit compagnon, qui en faisait un trésor ; de trouver sans cesse auprès de lui une âme ardente, pleine de haine pour les personnes qu'il n'aimait pas, et d'admiration chaleureuse pour celles qui lui inspiraient de l'estime ou du respect. Il n'avait jamais eu d'enfants, et l'amour paternel s'était développé dans son cœur depuis qu'il s'occupait d'Henry. Vous vous rappelez que son rêve était de l'avoir pour secrétaire, afin de lui laisser un jour son poste d'intendant. Aussi la disgrâce où tomba le pauvre Gregsone, à propos de la lettre qu'il avait lue, avait-elle été pour M. Horner un coup plus douloureux que sa froideur ne permettait de le supposer.

Il est probable qu'Henry avait reçu à cet égard une réprimande aussi verte que brève, car notre vieux régisseur était dur, même avec les personnes qui lui étaient les plus chères ; mais quelques paroles plus ou moins aigres ne pouvaient diminuer l'affection du gamin, et j'ai entendu dire que le jour même de cette rebuffade, Henry accompagnait M. Horner dans les champs, suivant son habitude ; le régisseur ne paraissait pas remarquer sa présence, dont toutefois la privation lui eût été fort pénible. Il en était toujours ainsi ; jamais M. Horner n'avait prié Henry de le suivre et ne lui avait dit qu'il fût content de l'avoir sur les talons, toujours prêt au moindre signal à partir comme une flèche pour s'acquitter des messages qui lui étaient confiés. Jamais il n'avait demandé où l'enfant pouvait être, quand par hasard le père Gregsone avait besoin de son fils, ou qu'une circonstance imprévue empêchait le gamin de se trouver à son poste ; mais les fermiers et les travailleurs prétendaient que ces jours-là M. Horner était impossible à contenter, que rien ne lui échappait, et que la moindre faute le mettait en fureur, tandis que l'on était sûr de son indulgence, lorsqu'on voyait l'enfant trottiner derrière lui.

C'était du moins ce que disait miss Galindo, la seule personne qui me tînt au courant des nouvelles du village, et c'est elle qui m'apprit les détails de l'accident du pauvre Henry.

« Vous savez, ma chère, me dit la vieille fille, que ce petit braconnier s'est épris d'un fol amour pour mon patron (c'est ainsi qu'elle appelait le régisseur depuis qu'elle lui servait de commis). La chose est vraiment inexplicable ; j'aurais vingt cœurs à perdre qu'il ne me viendrait jamais à la pensée d'en donner la plus petite part à ce bourru taciturne et sévère ; mais tous les goûts sont dans la nature, et ce fils de chaudronnier ambulant s'est fait de lui-même l'esclave ou plutôt le chien de M. Horner. Ce qui n'est pas moins bizarre, c'est que le patron, qui jadis n'aurait pas manqué d'envoyer aux trousses du bambin et de sa famille le garde qui chasse les mendiants de la paroisse, le patron, dis-je, est tellement coiffé du marmot, que si la certitude de fâcher milady ne le retenait, il lui ferait apprendre le latin.

« Il paraît qu'avant-hier au soir, une certaine missive n'avait pas été envoyée avec les autres dépêches. — Je ne peux pas vous confier quel en était l'objet, quoiqu'il me soit connu : service oblige tout aussi bien que noblesse ; — mais vous pouvez m'en croire, c'était une lettre importante, et je suis très-surprise que le patron l'eût oubliée. Depuis la mort de sa femme, le pauvre homme n'est plus ce qu'il était autrefois. Bref, il paraissait fort contrarié de son oubli ; la chose en valait la peine, d'autant plus qu'il n'avait personne à blâmer. Quant à moi, c'est différent, je gronde toujours quelqu'un lorsque j'ai fait une sottise ; mais le patron ne pensait pas à cette ressource, qui est vraiment toute-puissante ; il ne put manger, tant il était soucieux, et l'on voyait à sa figure l'ennui qu'il éprouvait. Le fidèle bambin s'en aperçut aussitôt, et, se levant comme un page de ballade, proposa de courir à la poste en prenant à travers champs, ainsi qu'il fait toujours. Le patron donna sa lettre, et il ne fut plus question du marmot jusqu'au lendemain matin : le chaudronnier croyait que son fils était dans la grange du régisseur, où il couche tous les soirs, et l'intendant s'imaginait que le bambin était resté chez son père, ce qui était bien naturel, puisqu'il passait devant la porte.

— On m'a dit qu'il était tombé dans l'ancienne carrière des landes ; est-ce vrai ? demandai-je.

— Hélas ! oui, chère enfant, répondit miss Galindo. Il arriva que M. Gray s'étant querellé avec milady au sujet de ses idées nouvelles, et consterné de ne pouvoir faire à cet égard tout ce qu'il aurait voulu, avait pris un détour pour revenir au presbytère, ne se souciant pas de traverser le village, où sa mauvaise humeur aurait été remarquée. C'est fort heureux, ainsi que vous allez voir (je ne veux pas dire que ce fût providentiel, attendu que je ne suis pas méthodiste) ; toutefois quand il passa près de la carrière, M. Gray entendit un gémissement qui attira son attention ; il crut d'abord que c'était la plainte d'un agneau, tant celle-ci était faible ; mais s'étant approché, il reconnut la voix d'une créature humaine et descendit en s'accrochant aux broussailles, jusqu'à l'endroit où le petit Gregsone gisait à demi mort, ayant la cuisse cassée ; le petit malheureux était là depuis la veille. C'est en revenant dire à son maître qu'il avait mis la lettre à la poste, que le pauvre enfant était tombé dans la carrière ; et ses premières paroles, quand il revint à lui, furent (miss Galindo essaya vainement de retenir ses larmes) : « Je suis arrivé à temps, monsieur ; je l'ai vu mettre dans le sac, vous pouvez le croire, je l'ai vu de mes propres yeux. »

« Vous me demanderez, continua la vieille fille, comment il a pu sortir de cette carrière ; voilà le fait : le vieux gentleman (je n'ose pas nommer le diable dans la maison de lady Ludlow) n'est pas si noir qu'on veut bien le dire, et il y a beaucoup de bon dans M. Gray, bien qu'à certains moments, lorsqu'il me fait opposition, je trouve qu'il ne vaut pas la corde qu'il faudrait pour le pendre. Toujours est-il que ce brave jeune homme prit le malheureux Henry dans ses bras, comme s'il se fût agi d'un poupon, alla trouver les marches que l'on a taillées dans le rocher, à l'époque où l'on exploitait la carrière, déposa son fardeau sur l'herbe, courut au village, revint avec des hommes chargés d'une porte et d'un matelas, et ordonna de conduire le blessé au presbytère, où il le fit mettre dans son propre lit. C'est alors qu'on s'aperçut pour la première fois que lui-même était couvert de sang (vous savez comme il est faible) ; il s'était rompu un vaisseau, et le voilà aussi pâle qu'un linge, couché dans un cabinet, tandis que ce petit bohème se prélasse dans le lit du pasteur, où maintenant que sa jambe est remise, il ronfle tout à son aise, comme si la plume et la toile fine étaient son élément. Il est si bien, en vérité, que cela m'impatiente de le voir couché à la place où M. Gray devrait être. C'est là ce que milady ne cesse de prophétiser :

la confusion des classes, le bouleversement de la hiérarchie sociale.

— Pauvre M. Gray, » m'écriai-je avec un soupir, en pensant à l'état de faiblesse et de fièvre où nous l'avions vu quelques minutes avant qu'il ne sauvât le petit Gregsone ; et je dis à miss Galindo que je le croyais bien malade.

« Assurément, répondit-elle ; Sa Seigneurie le pensait comme vous ; c'est pour cela qu'elle lui avait renvoyé le docteur Trévor, ce qui s'est trouvé à merveille ; car il a pu surveiller cet âne de Prince et empêcher les bévues du lourdaud. »

L'âne en question était le chirurgien du village, et il existait entre lui et la vieille fille une guerre impitoyable. Miss Galindo possédait une foule d'antiques recettes que M. Prince regardait, du haut de sa pharmacopée, avec un mépris que tous les hommes de l'art comprendront ; ils se rencontraient souvent, car ils chassaient sur les mêmes terres ; et les querelles étaient parfois si vives, que le praticien avait fini par déclarer qu'il n'entrerait plus dans la chambre d'un malade où miss Galindo serait admise. Malheureusement pour lui les visites de la vieille fille ne coûtaient rien, non plus que ses drogues ; elles étaient presque toujours accompagnées de bouillon, de tranches de bœuf, etc., médecine réconfortante qui n'était pas sans valeur ; et bien que la chère demoiselle n'allât jamais nulle part sans chapitrer les gens à propos de choses et d'autres, on préférait en général ses services, en cas de maladie, aux soins médicaux de M. Prince.

« Il a bien fallu cette fois que le vieil âne tolérât ma présence, poursuivit miss Galindo ; j'étais arrivée la première, j'avais droit de possession ; d'un autre côté mon Prince tenait énormément à l'honneur de soigner notre ministre et de se trouver en consultation avec un grand médecin. Le hasard veut que le docteur Trévor soit l'un de mes anciens amis (la vieille fille soupira, je vous dirai plus tard à quel propos) et qu'il me traite avec infiniment de respect ; d'où il résulte que ne voulant pas agir autrement que son chef de file, notre médicastre fut obligé, quoi qu'il en eût, de me saluer jusqu'à terre ; mais on aurait cru qu'il entendait gratter un crayon sur une ardoise quand j'ai dit au docteur que je veillerais les deux enfants ; ce bon M. Gray me paraît à peine sorti de l'adolescence, en dépit de la manière dont il défend ses opinions.

— Pourquoi passer la nuit, miss Galindo ? vous vous fatiguerez horriblement ; est-ce qu'il n'y a personne auprès d'eux ? ne pus-je m'empêcher de le lui dire.

— On les garde assurément, répondit-elle, les bons cœurs ne manquent pas ; mais j'ai bien d'autres chats à fouetter, il faut que je fasse taire la mère Gregsone qui pleure auprès de son fils, et dont les sanglots troubleraient M. Gray. C'est une potion qu'il faut donner à l'un, des bandes et des compresses à préparer pour l'autre ; puis la horde sauvage des frères et sœurs du blessé qu'il faut mettre à la porte ; le père Gregsone dont il faut brider la reconnaissance pour qu'il ne tue pas notre jeune ministre en lui exprimant sa gratitude. Je vous demande un peu qui se chargerait de toute cette besogne, si ce n'était moi. »

Miss Galindo n'en était pas moins fort exacte à remplir les devoirs de sa charge ; elle arrivait tous les matins, heure militaire, sans qu'on pût se douter qu'elle avait passé la nuit ; elle était, à vrai dire, un peu plus irascible, et surtout plus silencieuse ; mais son irritation était facile à comprendre, et son silence n'avait rien de regrettable.

Quant à milady, elle était fort tourmentée au sujet des deux patients ; généreuse et sensible, elle prenait toujours une grande part aux malheurs dont elle entendait parler ; mais dans cette circonstance l'idée qu'elle et ces pauvres malades ne s'étaient pas quittés… comment dirai-je ? on ne peut pas employer l'expression de bons amis en parlant de ce petit bohémien et de la comtesse Ludlow. Bref, la pensée qu'elle ne s'était pas séparée d'eux comme elle l'aurait voulu, si la mort avait dû les frapper, donnait à son inquiétude quelque chose de plus vif, de plus agité qu'à l'ordinaire. C'étaient des recommandations continuelles au docteur Trévor de ne rien épargner pour la guérison de ces malheureux jeunes gens ; tout ce qu'il ordonnerait comme régime, devait être préparé sous la direction de Medlicott, et envoyé au presbytère, depuis les sirops et les pâtes, les juleps et les consommés, jusqu'aux blancs de volaille, aux conserves, aux analeptiques de toute espèce ; et comme de son côté M. Horner avait eu les mêmes attentions, et pris les mêmes mesures, il en résulta que nos malades furent soignés comme des princes.

Il fallut nécessairement, puisque M. Gray était dans son lit, qu'un autre ecclésiastique vînt officier le dimanche : c'était un homme qui mangeait la moitié des mots, expédiait à la hâte toutes les parties du service, et qui trouvait toujours, quelque pressé qu'il fût, le temps d'aller se mettre sur le passage de Sa Seigneurie et de la saluer mille et mille fois. Je suis certaine qu'il lui aurait été moins pénible d'être réprimandé, voire souffleté par une comtesse, que de passer auprès d'elle sans en être aperçu. Lady Ludlow approuvait certainement qu'on rendît hommage à son titre et à sa qualité : c'était une sorte de tribut qu'elle recevait au nom de la noblesse, tribut qu'elle n'avait le droit de remettre à personne, et qu'elle était contrainte d'exiger au besoin ; mais elle avait tant de modestie et de simplicité, elle se croyait personnellement si peu de chose, qu'elle ne pouvait souffrir les manières serviles de M. Crosse, notre ministre par intérim. Elle avait horreur de son sourire et de ses saluts perpétuels, de l'empressement qu'il mettait à l'approuver, à changer d'avis, si par hasard il avait eu le malheur d'émettre une opinion qu'elle ne partageait pas. Milady parlait très-peu, comme vous savez, beaucoup moins que si elle eût vécu avec ses égaux ; mais nous l'aimions tant, que nous savions interpréter ses moindres gestes ; elle avait de ces mouvements de tête particuliers, de ces façons de contracter ses doigts délicats et souples, qui me révélaient ses impressions tout aussi bien que des paroles auraient pu le faire ; et je compris qu'elle serait fort aise lorsque notre pauvre pasteur reprendrait son service, quitte à le voir s'en acquitter avec un excès de zèle aussi fâcheux pour lui qu'impatientant pour elle. D'ailleurs si M. Gray ne faisait pas plus de cas des opinions de lady Ludlow que de celles d'une femme ordinaire, Sa Seigneurie avait trop de sens pour ne pas trouver infiniment plus de plaisir à causer avec lui qu'avec M. Crosse, qui ne savait que répéter ses paroles.

Quant à miss Galindo, elle était entièrement convertie aux idées de M. Gray.

« Vous savez, disait-elle à milady, que je n'ai jamais passé pour être très-forte en matière de raisonnement ; je n'ai donc pas la prétention d'avoir été convaincue par la logique de M. Gray. Il y a d'abord à cela un excellent motif, puisqu'il ne parlait pas ; le docteur l'avait positivement défendu ; et je ne l'aurais pas souffert, en supposant qu'il en ait eu la force. Mais quand je vois un homme, à toute extrémité, s'oublier sans cesse pour ne penser qu'aux autres, être patient et modeste — beaucoup trop, je vous assure ; — ne l'ai-je pas entendu s'accuser de négligence et de tiédeur ! »

Miss Galindo faisait d'horribles grimaces pour retenir ses larmes, et tortillait ses yeux d'une façon qui m'aurait bien divertie s'il n'avait pas été question de M. Gray.

« Quand donc, poursuivit-elle, je vois quelqu'un d'aussi généreux, d'aussi parfait que cet excellent jeune homme, je viens à penser qu'il est dans la bonne voie, et que je ne peux pas mieux faire que de saisir le pan de son habit, de fermer les yeux et de le suivre jusqu'au bout. D'où il résulte que Votre Seigneurie devra me pardonner si je prends fait et cause pour l'école du dimanche, et si je vais encore plus loin, à cet égard, que ce pauvre M. Gray lui-même, attendu que je suis d'une forte constitution comparativement à la sienne, et que j'ai une puissance de langage qu'il est naturel d'employer. J'en préviens Votre Seigneurie, par respect pour le rang qu'elle occupe, et surtout à cause de la bienveillance qu'elle me témoigne depuis si longtemps, bienveillance qui lui donne le droit de savoir la première tout ce qui a rapport à ma personne. Il ne serait point exact de dire que j'ai changé d'opinion, car je ne vois pas plus aujourd'hui qu'autrefois le bien qu'on peut attendre de l'enseignement de l'abécédaire ; mais M. Gray affirme que la chose est bonne, cela me suffit, je saute le fossé et me voilà du côté de l'éducation. J'ai déjà prévenu ma naine que si elle continuait à négliger son ouvrage pour aller cancaner avec Nelly Mather, je lui apprendrais l'alphabet ; et depuis lors je n'ai pas eu mot à lui dire. »

J'ai tout lieu de croire que milady fut blessée de la désertion de miss Galindo, mais elle n'en laissa rien paraître et se contenta de répondre que si les habitants du village désiraient avoir une école du dimanche elle ne s'y opposerait pas.

« Je regrette seulement, ajouta-t-elle, de ne pas pouvoir changer d'opinion avec la même facilité que vous. »

Elle essaya de sourire en disant ces paroles, et n'y parvint qu'avec effort. Miss Galindo s'en aperçut, et, après être restée pensive un instant :

« Votre Seigneurie, dit-elle, n'a pas vu M. Gray dans l'intimité, comme je l'ai fait depuis quelque temps ; c'est une grande différence. Quant aux habitants du village, ils subissent votre influence en toute chose, et dès lors il n'est pas probable qu'ils désirent une école.

— Je n'ai jamais rien fait pour les influencer en quoi que ce soit, répondit gravement lady Ludlow.

— Tout au monde, riposta la vieille fille avec vivacité ; j'en demande pardon à Votre Seigneurie. La chose d'ailleurs est naturelle : vos aïeux ont vécu dans ce château depuis un temps immémorial et ont toujours possédé la terre que cultivaient les ancêtres des habitants du village ; vous êtes née parmi ces braves gens, qui, depuis le jour de votre naissance, vous considèrent comme une reine, avec d'autant plus de raison que Votre Seigneurie a toujours été parfaite à leur égard ; mais je laisse à M. Grosse les compliments qu'il y aurait à vous faire, et j'en reviens à dire qu'au moral vous menez toute la paroisse ; fort heureusement pour tous ceux qui l'habitent, car ils seraient fort embarrassés d'émettre une opinion, s'ils étaient obligés de la formuler eux-mêmes. Il est seulement bien fâcheux que vous ne puissiez pas vous entendre avec ce bon M. Gray.

— La dernière fois que je l'ai vu, répliqua lady Ludlow, je lui ai promis de réfléchir à sa demande ; le meilleur moyen de me faire accepter une idée contraire aux miennes est, je crois, de me laisser tranquille à cet égard et de ne pas m'en parler. »

Malgré la douceur avec laquelle milady avait proféré ces paroles, on sentait qu'elle avait grand'peine à maîtriser son impatience ; je ne crois pas l'avoir jamais vue plus agacée qu'elle ne l'était alors ; et cependant, ne voulant pas que miss Galindo pût s'attribuer l'irritation qu'elle éprouvait, elle ajouta d'une voix de plus en plus douce :

« Vous ne sauriez croire combien M. Horner est entiché de ces plans d'éducation ; il en parle à propos de tout, non pas qu'il fasse de longs discours sur la matière, ce n'est pas son genre ; mais il y revient sans cesse.

— Je sais bien pourquoi, milady, répliqua la vieille fille ; Henry Gregsone, le pauvre enfant, ne pourra plus gagner sa vie par un travail actif, car le voilà boiteux pour le reste de ses jours ; M. Horner, qui l'aime plus que tout au monde (après Votre Seigneurie toutefois), a le projet de continuer l'éducation du pauvre gars ; et il se dit en lui-même que si les plans de M. Gray pouvaient réussir, son protégé deviendrait un jour maître d'école. Votre Seigneurie ne voulant pas que l'enfant travaille chez le régisseur, il faut bien penser à autre chose. Quant à moi, j'aurais vivement désiré que Votre Seigneurie approuvât ce double projet.

— M. Horner et M. Gray ont, à ce qu'il me semble, été bien loin dans cette affaire avant d'avoir obtenu mon consentement, répliqua milady, qui s'était levée pour mettre un terme à la conversation, et qui sortit de la chambre sans expliquer le motif de son départ.

— Je n'en fais jamais d'autres, s'écria la vieille fille, lorsque lady Ludlow nous eut quittées. Je suis vraiment stupide avec mes bavardages. Il est bien certain qu'aujourd'hui la tête des gens va vite en matière de projets, surtout quand celui qui les rêve est un pauvre malade qui ne peut faire autre chose que de ruminer ses plans.

— Milady oubliera bientôt que vous l'avez contrariée, » dis-je, avec l'intention d'apaiser la vieille fille ; mais je ne fis qu'attirer sur ma tête les reproches qu'elle s'adressait à elle-même.

« Est-ce que milady n'a pas le droit de m'en vouloir, et d'être fâchée contre moi aussi longtemps qu'il lui plaît ? riposta miss Galindo. Est-ce que je me plains de Sa Seigneurie, pour que vous ayez besoin de l'excuser ? Je la connais depuis trente ans, et s'il lui convenait de me prendre par les épaules et de me mettre à la porte je ne l'en aimerais qu'un peu plus. Ne venez donc pas vous placer entre nous avec vos paroles de conciliation. J'ai tout gâté, en jasant comme une pie borgne, et Sa Seigneurie fait bien de m'en vouloir, je l'en estime davantage. Adieu, miss ; attendez ayant de parler de milady que vous l'ayez connue autant que moi. »

Et miss Galindo s'en alla.

Je ne comprenais pas bien le tort qu'elle pouvait me reprocher ; mais j'eus soin désormais de ne lui faire aucune remarque sur le compte de milady, car il était facile de voir qu'une vive reconnaissance l'attachait à lady Ludlow, pour laquelle elle avait un véritable culte.

Pendant ce temps-là, Henry Gregsone commençait à marcher en boitant dans la rue du village. Il était toujours au presbytère, où il se trouvait plus à même de recevoir les soins du docteur, et de suivre le régime indispensable à son rétablissement. Dès que sa guérison serait complète, il devait venir habiter la maison du régisseur ; mais celui-ci demeurait à une certaine distance, il fallait qu'Henri fût assez bien pour y être transporté ; je crois en outre que M. Horner le laissait volontiers chez M. Gray, dont le peu de forces était consacré à l'instruction du petit boiteux.

Quant à Job Gregsone, le braconnier, le vagabond, jusqu'ici en guerre avec tout le monde, cet homme des bois, sans feu ni lieu, s'apprivoisait en voyant qu'on était bon pour son enfant. Il s'était levé contre tous parce que chacun le traitait comme un ennemi ; son élargissement de la prison d'Henley, où il était détenu sans motifs, avait été le premier acte de justice que l'on eût fait à son égard ; il n'en avait pas fallu davantage pour l'attacher à ceux qui avaient défendu sa cause, et pour qu'il se fixât, comme ouvrier, dans la commune où jadis il passait en maraudeur. Je n'oserais pas affirmer que les habitants du bourg furent satisfaits de le voir s'établir auprès d'eux : c'était le père de dix ou douze enfants dont la réputation était assez mauvaise ; l'un de ses fils avait même été déporté comme voleur, et chacun voyait encore le malheureux père, à son retour des assises, traverser le village à grands pas en proférant des cris de vengeance, l'œil en feu et lançant des éclairs à travers les cheveux épars qui lui couvraient la face.

On l'avait vu passer, agitant les bras avec désespoir, suivi de sa femme en pleurs et toute chargée d'enfants ; et le soir même il avait quitté sa masure, dont la clef, disaient les voisins, avait été cachée dans la terre au pied d'une haie d'épine.

Job Gregsone avait reparu avec toute sa famille à l'époque où M. Gray fut envoyé dans la commune ; soit que le jeune ecclésiastique ignorât la mauvaise réputation du pauvre Job, soit qu'il trouvât que c'était une raison de plus pour s'intéresser à lui, il eut pour la brebis galeuse une bienveillance dont le résultat fut de transformer le païen grossier, le géant sauvage, n'ayant connu jusqu'à présent que la loi du plus fort, en fidèle esclave de ce faible prêtre modeste et maladif.

Gregsone n'avait pour M. Horner qu'une sorte de respect bourru ; il supportait avec peine l'accaparement d'Henry, et murmurait tout bas contre cette espèce de monopole qui lui enlevait son enfant. La mère acceptait de meilleure grâce les droits que le régisseur s'était arrogés sur son fils ; l'espérance de voir un jour celui-ci occuper une position moins pénible, et surtout plus honorable que celle où se débattait son père, lui faisait étouffer sa jalousie maternelle. Mais le braconnier avait eu trop de fois maille à partir avec l'intendant pour qu'une entente cordiale pût jamais régner entre eux ; même aujourd'hui, qu'il ne devait songer à M. Horner qu'avec reconnaissance pour toutes les bontés dont son fils était l'objet, il fuyait la vue du régisseur, qui de son côté avait besoin de toute sa réserve naturelle et de son empire sur lui-même pour ne pas mettre sous les yeux d'Henry la conduite de Job, comme exemple du mal qu'il devait éviter.

Nul motif de répulsion, au contraire, n'existait chez Gregsone à l'égard de M. Gray ; il avait pour lui un sentiment de protection que lui donnait sa supériorité physique, et admirait le courage moral de cet être débile qu'il aurait broyé entre ses doigts, et qui n'avait pas craint de venir lui reprocher ses torts, avec une liberté de langage que personne n'eût osé prendre à sa barbe. Et puis M. Gray lui avait témoigné tant de confiance ! il avait fait appel à ses bons sentiments avec tant de calme et de certitude, que le vagabond se serait laissé jeter au fond d'une geôle sans mot dire, plutôt que de lever la main contre le jeune ecclésiastique. Job écoutait les réprimandes du ministre avec le sourire approbateur que Gulliver eût accordé au sermon d'un habitant de Lilliput ; mais quand des paroles audacieuses, le ministre passa aux bienfaits, Gregsone fut complètement subjugué et reconnut son vainqueur. Le plus beau de cette affaire c'est que M. Gray ne se douta pas de la belle œuvre qu'il avait accomplie, et ne vit en lui-même que l'instrument passif de la bonté divine. Il remercia le Seigneur de cet acte de miséricorde ; il se prit à aimer le rude bohémien, et à lui être reconnaissant d'avoir changé de manière de vivre ; mais il ne lui vint jamais à l'esprit qu'il fût pour quelque chose dans le rachat du braconnier.

Il y avait environ trois mois que M. Gray n'était venu au château ; l'état de faiblesse où il était encore le retenait au presbytère, et milady ne l'avait pas vu depuis le jour où elle avait refusé de mettre à sa disposition la grange de Hale, dont il voulait faire une école du dimanche. Ce n'était pas la faute de Sa Seigneurie : personne ne s'était préoccupé davantage du sort des deux malades, et bien certainement elle serait allée voir M. Gray, ainsi qu'elle le lui écrivit elle-même, sans une entorse qu'elle se donna en glissant dans l'escalier.

Nous n'avions donc pas eu la visite du jeune prêtre depuis qu'il s'était brisé une veine en sauvant Henry Gregsone, lorsqu'un jour de novembre, on vint dire à milady qu'il désirait lui parler. Elle était auprès de moi et je me souviens de l'air étonné qu'elle eut en apprenant que M. Gray se trouvait au château. Elle ne marchait pas encore et dit au valet de chambre d'introduire le jeune ecclésiastique dans la pièce où nous étions.

« Sortir par un temps pareil ! » s'écria Sa Seigneurie en jetant les yeux vers la fenêtre où l'on voyait, à travers un épais brouillard, les feuilles jaunies du bignonia perdre le peu de sève qui leur était resté.

M. Gray s'avança en tremblant : sa pâleur était extrême, et son regard exprimait la douleur.

« Qu'y a-t-il ? s'écria milady sous l'impression d'un malheur inconnu qui la fit tressaillir ; qu'y a-t-il, M. Gray ? vous avez certainement quelque chose d'extraordinaire.

— C'est qu'en effet quelque chose d'extraordinaire est arrivé, madame, répondit-il avec effort. J'ai reçu tout à l'heure la visite d'un gentleman, appelé M. Howard ; il venait d'Autriche, de Vienne même, en droite ligne.

— Mon fils !... s'écria Sa Seigneurie en étendant les bras comme pour interroger M. Gray.

— Le Seigneur l'avait donné, le Seigneur l'a rappelé : que le nom du Seigneur soit béni ! répliqua le jeune prêtre. »

Mais la pauvre mère n'eut pas la force de répéter ces paroles : c'était le dernier de ses enfants ; et jadis elle en avait eu neuf qui la rendaient heureuse.

CHAPITRE XII.

J'ose à peine avouer le sentiment qui s'empara de mon âme, à l'époque de cet affreux malheur, sentiment qui fut presque aussi fort en moi que le chagrin dont nous étions tous accablés en songeant à notre chère lady Ludlow. Peut-être cela tenait-il à ce que l'esprit s'irrite et s'altère, quand la santé est mauvaise, et jamais la mienne n'avait été moins bonne. Le fait est que je fus horriblement jalouse pour la mémoire de mon père, quand je vis tous les signes de douleur que suscitèrent la mort du comte. Tout le village fut en deuil, toute la paroisse changea ses habitudes, parce que

Sa Seigneurie venait de mourir dans un pays éloigné, elle qui n'avait jamais rien fait pour personne de la commune. Mon père avait passé les plus belles années de son existence au milieu de ses paroissiens ; il leur avait été dévoué corps et âme, et n'avait rien eu de plus cher après sa famille, que les membres du troupeau qui lui était confié. Néanmoins, tandis que le son des cloches retombait sur notre cœur, dont il déchirait les blessures, nous entendions les bruits du dehors se mêler à nos sanglots : les charrettes passaient, les affaires suivaient leur cours ; on parlait, on criait dans la rue, on chantait dans le lointain ; la vie active contrastait douloureusement avec l'immobilité de la mort ; elle pesait sur notre désespoir, et crispait nos pauvres nerfs, mis au vif par ce coup douloureux.

Même à l'église, à cette église dont mon père avait été le pasteur, bien que les coussins de la chaire fussent voilés de noir et qu'on aperçût quelques humbles signes de deuil parmi les fidèles, rien n'y paraissait changé. Qu'étaient cependant les œuvres de lord Ludlow pour la paroisse d'Hanbury, comparativement à ce que mon père avait fait pour la sienne ?

Il est probable que si j'avais pu voir milady, je n'aurais pas éprouvé cette irritation jalouse ; mais Sa Seigneurie demeurait enfermée dans sa chambre, dont les murailles étaient drapées de noir, y compris les volets ; elle y resta pendant plus d'un mois, n'ayant d'autre lumière que la clarté d'une lampe, et n'admettant auprès d'elle que mistress Adam, dont les soins lui étaient indispensables.

Au bout de quinze jours, mistress Medlicott pénétra dans la chambre funèbre ; elle en revint tout en larmes, et nous dit avec des gestes de désespoir, en un langage mêlé d'allemand, car l'anglais lui faisait défaut, que milady, pâle comme un spectre au milieu de cette pièce funéraire, était assise auprès d'une lampe coiffée d'un abat-jour, et dont la lueur tombait sur la grande Bible de famille ; celle-ci était ouverte, non pas à quelque verset consolant, mais à la page où étaient enregistrés les naissances et les décès des neuf enfants de Sa Seigneurie. Cinq d'entre eux étaient morts au berceau, victimes de la coutume barbare qui interdisait aux mères de nourrir leurs enfants ; les quatre autres avaient grandi, étaient devenus des hommes ; puis Urian avait quitté ce monde, et le comte Ughtred-Mortimer le dernier de tous, venait de mourir.

Milady ne pleurait pas, nous raconta mistress Medlicott, rendue plus communicative par le chagrin qu'elle éprouvait. Lady Ludlow était calme et silencieuse ; elle restait indifférente à toutes les choses de la terre, si ce n'est aux honneurs que l'on devait rendre à la mémoire du défunt, et ne semblait vivre que pour entourer de toutes les pompes imaginables les restes du dernier de sa race.

À cette époque, les courriers étaient peu rapides et les formalités d'une lenteur désespérante ; il en résulta que les obsèques de milord avaient eu lieu en Autriche, avant que les instructions de lady Ludlow fussent parvenues à Vienne. D'après mistress Medlicott, il avait été question de déterrer la dépouille du comte et de la faire revenir à Hanbury ; mais les exécuteurs testamentaires du défunt, ses parents du côté paternel, prétendirent que s'il était ramené en Angleterre, on devait le transporter à Monkshaven et l'inhumer avec les ancêtres de la famille Ludlow. Milady en fut profondément blessée, et retira sa demande avant que la discussion eût dégénéré en débat inconvenant. Ce fut un motif de plus pour que le deuil du village empruntât toutes les formes possibles, afin de réparer l'injure que l'héritier du comte avait faite à milady. Les cloches de la paroisse ne cessaient de faire entendre leur glas funèbre ; l'église était complètement tendue de noir, des écussons avaient été mis dans tous les endroits où il y avait eu moyen d'en placer ; chacun parlait à voix basse, et personne n'eut osé rappeler qu'après tout, la chair de l'homme, voire celle d'un comte, le dernier des Hanbury, avait la destinée de l'herbe des champs qui ne vit un jour que pour se faner et mourir.

Jusqu'à l'auberge du village qui avait fermé sa porte ; elle aurait clos ses volets, si elle en avait eu à ses fenêtres ; les habitués s'y introduisaient furtivement par la cour, et demeuraient silencieux et assoupis au-dessus de leurs gobelets vides. Miss Galindo, qui avait les yeux rouges à force d'avoir pleuré, me dit en fondant en larmes, qu'elle avait trouvé Sally sanglotant sur sa Bible, et faisant usage d'un mouchoir de poche pour la première fois depuis qu'elle était au monde. Le tablier, dont la pauvre fille s'était servie jusque-là pour s'essuyer les yeux, n'était plus d'étiquette, lorsqu'il s'agissait de pleurer la mort d'un comte.

Jugez un peu, s'il en était ainsi au dehors, de ce que cela devait être au château. Nous parlions tout bas, seulement pour les choses indispensables, et l'on n'essayait pas même de manger ; il est vrai que nous ressentions si vivement la douleur de notre bien-aimée lady Ludlow, que nous fûmes plusieurs jours sans éprouver le moindre appétit. Je dois cependant avouer que notre chagrin ne tarda pas à s'affaiblir, à mesure que la chair se montra plus exigeante. Mais notre cœur n'en saignait pas moins, toutes les fois que nous pensions à milady, livrée à elle-même, dans cette chambre tendue de noir, assise auprès de cette lampe dont la lumière éclairait sans cesse la page funèbre qui portait le nom de ses trépassés.

Combien j'aurais voulu qu'elle consentît à recevoir M. Gray ! Mais c'était un évêque, disait mistress Adam, qui seul pouvait approcher de milady ; et personne au château n'avait assez d'autorité pour envoyer chercher un si haut personnage.

M. Horner souffrait plus que nous encore de cet affreux événement ; il était trop dévoué à la famille des Hanbury pour ne pas être désespéré de la voir s'éteindre ; en outre, il avait pour milady plus d'affection qu'il n'en laissait paraître, et je suis persuadée qu'il prenait une part bien vive à la douleur de sa maîtresse.

Puis, l'état des affaires augmentait son chagrin et y mêlait une amertume que je ne saurais exprimer. Les exécuteurs testamentaires du comte lui écrivaient sans cesse, et jamais il n'avait déploré plus vivement cette fâcheuse hypothèque, dont le patrimoine des Hanbury était grevé au profit de la famille Ludlow. Tant que milord avait été de ce monde, la chose lui importait peu ; des deux domaines appartenant au même héritier, il était assez indifférent que l'un fût le débiteur de l'autre ; et milady avait toujours refusé de prendre aucune mesure qui pût assurer le payement du capital emprunté sur sa terre, ne pouvant pas, disait-elle, spéculer sur la mort de son fils.

Mais aujourd'hui qu'il n'était plus, et que décédé sans enfants, le comte laissait son héritage à un avocat d'Édimbourg, il devenait cruel de supporter les charges contractées pour les terres de milord, et de ne pas transmettre, à l'héritier des Hanbury, le domaine de la famille tel que milady l'avait reçu à la mort de son père.

Cette situation fâcheuse désespérait le vieil intendant : il s'était opposé de toutes ses forces à l'emprunt, et avait en horreur le payement des intérêts, qui obligeait lady Ludlow à certaines économies dérogatoires aux habitudes de la famille. Pauvre M. Horner ! il était si froid et si roide, si bref et si tranchant que personne ne lui rendait justice. Miss Galindo fut la seule qui m'en parlât jamais en termes affectueux, et qui s'inquiétât de lui autrement que pour s'éloigner à son approche.

« Mon pauvre maître est malade, me dit un jour la vieille fille, trois semaines environ après la mort du comte : il reste des heures entières la tête appuyée sur sa main, et c'est tout au plus s'il m'entend quand je lui adresse la parole. »

Elle ne s'étendit pas davantage à cet égard, et je ne me préoccupai nullement de l'état de M. Horner.

Lady Ludlow reparut enfin au milieu de nous, et reprit sa vie habituelle ; c'était maintenant une vieille femme, petite et frêle, et pliant sous ses lourds habits de deuil. Elle ne parlait point de sa douleur, et n'y faisait pas même allusion ; elle était seulement plus tranquille, plus pâle, plus douce qu'autrefois, et avait les yeux obscurcis par des larmes que personne ne lui vit jamais répandre.

M. Gray avait été reçu à l'expiration du mois que Sa Seigneurie avait passé dans la retraite ; mais je ne crois pas que cette dernière lui eût dit un mot de ses chagrins ; tout ce qui avait rapport à ses sentiments personnels paraissait enseveli au plus profond de son âme.

Un jour M. Horner envoya dire qu'il était trop indisposé pour venir au château faire sa besogne habituelle ; il écrivit en même temps à miss Galindo pour lui donner différents ordres, et ajouta qu'il serait le lendemain matin à son cabinet, mais le lendemain matin il était mort.

Ce fut la vieille fille qui l'annonça à lady Ludlow ; elle sanglotait en parlant, mais Sa Seigneurie ne pleura pas ; c'était pour elle une impossibilité physique ; elle avait répandu toutes ses larmes et ses yeux n'en avaient plus. D'ailleurs elle était bien moins étonnée de la mort de M. Horner, qu'elle n'était surprise d'être encore de ce monde : il lui semblait naturel qu'un serviteur aussi dévoué ne pût survivre au dernier membre de la famille à laquelle il avait toujours appartenu.

M. Horner était en effet un bien loyal serviteur ; je ne crois pas qu'aujourd'hui on puisse en trouver d'aussi fidèle ; peut-être ce que je dis là n'est-il, après tout, qu'une imagination de vieille femme.

Lorsque le testament du régisseur fut ouvert on découvrit que, peu de jours après la chute d'Henry Gregsone, l'intendant avait légué à celui-ci tout ce qu'il possédait, environ trois mille livres[7], en priant son exécuteur testamentaire de veiller à ce qu'on enseignât à l'enfant certaines choses pour lesquelles ce dernier paraissait avoir une aptitude spéciale. Cette recommandation était accompagnée d'une phrase où M. Horner établissait qu'Henry, devenu infirme, ne pouvait plus gagner sa vie par une profession manuelle, ainsi que le désirait une noble dame pour laquelle le testateur avait un profond respect, et dont les vœux étaient pour lui des ordres.

Mais par un codicille autographe, écrit d'une main tremblante et postérieur à la mort du comte, M. Horner avait révoqué la donation qu'il avait faite à Henry, et ne lui laissait plus que deux cents livres[8], confiées à M. Gray, pour être employées de la façon la plus avantageuse au petit Gregsone. Le régisseur léguait tout le reste de ses épargnes à lady Ludlow, afin de concourir, autant que possible, au remboursement de l'hypothèque dont il avait été si malheureux pendant sa vie. Je ne me sers peut-être pas des termes qu'emploierait un homme de loi ; c'est par miss Galindo que j'ai connu toute cette affaire, et il est possible qu'elle-même se trompât d'expressions, bien qu'à vrai dire elle possédât une lucidité d'esprit qui ne tarda pas à lui gagner l'estime de M. Smithsone, le procureur de lady Ludlow. Celui-ci la connaissait de réputation ; il l'avait rencontrée plusieurs fois, mais il ne s'attendait pas à la voir installée au château en qualité de commis du régisseur, et il la traita d'abord avec une politesse dédaigneuse. Mais c'était à la fois une femme de tête et de sens que notre vieille demoiselle, et qui savait se refuser toute bizarrerie de parole et d'action lorsque bon lui semblait. Elle se présenta donc au procureur dans sa robe des dimanches, ne dit pas un mot de plus qu'il n'était nécessaire, et Dieu sait que naturellement elle aimait à causer. Ses livres étaient parfaitement tenus, ses renseignements précis et fidèles. Je me souviens de la joie amusante que lui causait la victoire qu'elle avait remportée sur l'opinion préconçue de M. Smithsone, et sur le mépris qu'inspirait au juriste une femme remplissant les fonctions de comptable.

« Laissez donc, me dit-elle un jour qu'elle était venue s'asseoir auprès de moi ; c'est un brave homme, un homme de sens, et je ne doute pas qu'il ne soit fort bon légiste ; mais il n'est pas capable de sonder les profondeurs d'un esprit féminin. Je suis convaincue d'une chose, c'est que, de retour à Warwick, il n'écoutera plus les gens qui lui avaient fait accroire que j'étais à moitié folle ; je vous assure qu'il en était persuadé ; il me l'a prouvé cent fois plus ouvertement que ne l'a jamais fait mon ancien patron. S'il a bien voulu condescendre à écouter les éclaircissements que je lui ai donnés, et à consulter mes livres, il est évident que c'était pour plaire à milady. Après tout, se disait-il, on peut pardonner à une femme la fantaisie de se croire bonne à quelque chose ; c'est une idée qui peut la préserver du mal. Je le pénètre à merveille, et je puis dire, grâce à Dieu, qu'il ne se doute pas de ce qu'il y a dans mon esprit. Toutes les fois que je veux atteindre un but je me conduis en conséquence. Voilà un homme qui suppose qu'on est une femme respectable dès qu'on porte une robe de soie noire : j'ai mis la robe qui devait me donner un brevet de respectabilité. Il est persuadé qu'une femme ne peut pas écrire droit, et qu'elle a besoin d'un homme pour savoir que deux et deux font quatre : j'ai précisément l'écriture la plus régulière qu'on puisse voir, et je possède mon Barème sur le bout du doigt, beaucoup mieux que lui, je vous assure. Mais mon plus grand triomphe est d'avoir su retenir ma langue ; il aurait eu mauvaise opinion de mon sexe, en dépit de mon écriture, de mon calcul et de ma robe de soie noire, si je lui avais parlé sans qu'il m'eût interrogée d'abord. J'ai donc renfermé dans mon sein plus de choses de sens depuis dix jours, que je n'en ai débité pendant le reste de ma vie ; j'ai été si brève, si brusque, si horriblement ennuyeuse, que je vous réponds que mon procureur me croit digne d'être un homme. Mais il faut, ma chère, que je retourne auprès de lui ; ainsi donc je vous dis au revoir ainsi qu'à la conversation. »

Il est possible que le procureur de milady fût satisfait de miss Galindo ; c'était alors la seule chose dont il ne fût pas mécontent. Je ne sais plus qui nous avait dit que les affaires allaient mal ; toutefois personne dans la maison ne paraissait en douter. Ce n'est qu'après sa mort que nous sentîmes la confiance que nous inspirait le silencieux régisseur.

Lady Ludlow aimait, ainsi que nous l'avons dit, à gouverner ses domaines et à décider les questions qui surgissaient entre elles et ses tenanciers ; mais elle finissait en général par suivre les conseils de M. Horner, qui n'était pas toujours de son avis. Elle commençait par dire clairement sa volonté, et s'empressait de donner les ordres pour que l'on fît ce qu'elle désirait. Si M. Horner approuvait sa manière de voir, il saluait et se mettait en mesure de lui obéir immédiatement. Si au contraire il ne partageait pas l'opinion de Sa Seigneurie, il saluait encore, mais il tardait si longtemps à exécuter les ordres qu'il avait reçus que milady finissait par lui dire : « Eh bien ! M. Horner, qu'avez-vous à m'opposer ? » Car elle comprenait son silence tout aussi bien que s'il eût exprimé son opinion. Par malheur, au moment où l'on était pressé par le besoin d'argent, M. Horner avait perdu sa femme, le chagrin l'avait affaibli au point de lui faire négliger ses propres affaires ; et, malgré sa bonne volonté, celles de lady Ludlow en souffrirent nécessairement, d'autant plus que son ancien commis, chargé d'années, était tout à fait incapable de suppléer à l'énergie qui lui manquait maintenant.

Chaque jour M. Smithsone paraissait plus contrarié. Comme tous les individus qu'employait lady Ludlow, il existait, du moins autant que je puis le croire, quelque lien héréditaire entre lui et la famille. Depuis que les Smithsone étaient dans la procédure, ils avaient toujours été procureurs des Hanbury ; on avait recours à eux dans toutes les grandes occasions ; et personne ne connaissait mieux tout ce qui avait rapport à cette famille, aujourd'hui presque éteinte, jadis nombreuse et disséminée dans toutes les possessions anglaises.

Tant que le chef des Hanbury avait été un homme, le procureur avait agi d'après ses ordres et n'avait donné des conseils que lorsqu'on lui en demandait ; mais il avait changé de position le jour mémorable où Sa Seigneurie avait contracté cet emprunt désastreux ; l'homme de loi avait cru devoir protester contre cette mesure ; milady avait été froissée de la remontrance, et une certaine froideur tacite avait existé depuis lors entre Sa Seigneurie et le père du Smithsone actuel.

Celui-ci, j'en étais vraiment désolée, trouvait fort mauvais que M. Horner eût laissé les terres en aussi mauvais état, et que la plupart des fermages offrissent un arriéré considérable. Il avait trop de délicatesse pour exprimer son opinion à l'égard du défunt ; mais lady Ludlow était assez pénétrante pour lire dans la pensée du juriste, et lui dit tranquillement que c'était elle qui avait empêché son régisseur de prendre certaines mesures peu en harmonie avec le sentiment héréditaire qu'elle avait toujours eu des rapports qui doivent exister entre maître et tenanciers.

Quant au besoin d'argent, c'était un malheur qu'elle pouvait réparer, disait-elle, en mettant plus d'économie dans ses propres dépenses, économie qui pourrait bien monter à quelque cinquante livres[9]. Mais dès que le procureur parla de certaines réformes qui touchaient au bien-être des autres, ou à la splendeur nécessaire à la grande famille des Hanbury, lady Ludlow fut inflexible. Des quarante domestiques dont sa maison était composée il y en avait au moins vingt qui n'étaient plus capables de remplir leurs devoirs ; on pouvait, d'après les calculs de M. Smithsone, épargner plusieurs centaines de livres, en mettant à la retraite ces bons vieux serviteurs ; mais Sa Seigneurie ne voulut pas même en entendre parler ; non plus que de nous rendre à nos parents, chez qui M. Smithsone insistait pour qu'on nous renvoyât.

« S'il m'est impossible de remplir mes engagements, répliqua lady Ludlow, il me faudra bien renoncer, dans l'avenir, à une chose qui a toujours été pour moi une source de vive satisfaction ; mais je suis liée envers ces jeunes filles qui m'accordent la faveur de vouloir bien demeurer chez moi ; et je ne peux pas, vous le comprenez, M. Smithsone, rétracter la parole que j'ai donnée à leurs familles. »

Elle entra, en disant ces mots, dans la pièce où je me tenais habituellement ; le procureur, dont elle était accompagnée, se douta bien que j'avais dû entendre ce qu'il avait dit à notre égard, et en éprouva une certaine émotion ; quant à milady, son visage conserva toute sa sérénité. La terre entière pouvait surprendre ses paroles, toujours bienveillantes et pures, sans qu'elle éprouvât la moindre crainte au sujet de l'interprétation qu'on pouvait leur donner. Elle s'approcha du lit de repos où j'étais étendue, me baisa au front, et chercha ensuite les papiers dont elle avait besoin.

« J'ai parcouru hier matin les termes de Coningtone, milady, continua l'homme de loi, et j'ai été vivement peiné, je l'avoue, de la triste condition des terres ; tout ce qui n'est pas en friche est littéralement épuisé par les récoltes successives de froment qu'on y a faites ; et pas un atome d'engrais depuis plusieurs années ! La chose est d'autant plus frappante, qu'elle forme le plus grand contraste avec les champs voisins : là, une rotation intelligente, des palissades en bon état, des moutons parqués sur des terres où ils mangent des navets, en un mot, tout ce qu'on peut désirer en fait d'agriculture.

— Quelle est cette ferme ? demanda lady Ludlow.

— Je suis fâché d'avoir à le dire, mais elle n'appartient pas à Votre Seigneurie. Je l'avais espéré tout d'abord et je voulus m'en assurer ; un homme à l'air grotesque, montant à cheval comme un tailleur, et qui surveillait ses ouvriers avec une paire d'yeux les plus fins et les plus perçants qu'on puisse voir, répondit à ma question que cette ferme était à lui. Je ne pouvais pas lui demander son nom, mais j'appris en causant qu'il avait gagné quelque fortune dans le commerce, avait acheté cinq cents acres de terre, et consacrait tous ses instants à les faire valoir, après être allé à Holkham, à Woburn et dans tous les environs pour y apprendre les meilleurs procédés agricoles.

— Ce doit être Brooke, le dissident, l'ancien boulanger de Birmingham, répliqua Sa Seigneurie avec une excessive froideur. Je suis désolée de vous avoir retenu si longtemps, monsieur Smithsone, ajouta-t-elle, voici les lettres que vous désirez consulter. »

Mais si lady Ludlow avait eu l'intention de congédier l'homme de loi, ou seulement de lui faire changer de conversation, elle s'était bien trompée. M. Smithsone jeta les yeux sur les papiers que milady lui présentait, et, reprenant l'entretien où il l'avait laissé :

« J'en ai conclu, dit-il, que si Votre Seigneurie avait un pareil homme pour gérer ses affaires, la culture de ses domaines et la rentrée des fermages ne laisseraient rien à désirer. Je ne crois pas impossible de déterminer M. Brooke à prendre la place de ce pauvre M. Horner ; il me sera facile de lui en parler, car nous sommes devenus fort bons amis en faisant ensemble une collation qu'il m'avait prié de partager. »

Lady Ludlow ne quitta pas des yeux la figure du procureur tant que celui-ci débita les paroles précédentes.

« Vous êtes bien bon, monsieur Smithsone, répondit-elle après quelques instants de silence ; mais ne vous donnez pas la peine de me chercher un intendant : j'écrirai ce soir à un ancien ami de l'un de mes fils, au capitaine James, qui vient d'être sérieusement blessé à Trafalgar, et je lui demanderai de me faire l'honneur de vouloir bien accepter la position qu'avait ici M. Horner.

— Un marin pour administrer les domaines de Votre Seigneurie !

— Mais certainement ; s'il veut être assez bon pour cela, je lui en serai fort reconnaissante. On m'a dit qu'il avait été forcé de donner sa démission par suite de la gravité de ses blessures, et que le docteur lui a spécialement recommandé le séjour de la campagne. J'espère être assez heureuse pour obtenir qu'il vienne ici, d'autant plus qu'il a peu de fortune, et qu'ayant pris sa retraite il doit se trouver gêné.

— Un marin, un invalide !

— Vous trouvez que la faveur que j'ambitionne est trop grande ? » poursuivit lady Ludlow. Était-ce par malice ou par simplicité qu'elle interprétait de la sorte les paroles du procureur, c'est ce que je ne saurais dire.

« Mais ce n'est pas un capitaine de vaisseau, ajouta-t-elle ; c'est un simple commandant de frégate, et sa pension est très-peu de chose ; d'ailleurs, en lui offrant l'air de la campagne et une occupation salutaire, il est possible que je contribue à lui faire recouvrer la santé.

— Une occupation ! Mais je le demande à Votre Seigneurie, quelles connaissances un officier de marine peut-il avoir en agriculture ? Vos fermiers se moqueront de lui.

— Mes fermiers, j'en ai la certitude, respecteront la personne qu'il m'aura plu d'investir de mon autorité. Le capitaine James a l'expérience du commandement, c'est un homme de grand sens et d'une habileté pratique fort remarquable ; chacun lui rend cette justice ; d'ailleurs, quelle que puisse être la nature de ses facultés, la chose ne regarde que lui et moi, et je m'estimerai fort heureuse s'il condescend à ma demande. »

Il n'y avait plus moyen de faire d'objections après des paroles aussi catégoriques, et M. Smithsone fut réduit au silence.

J'avais entendu dire plusieurs fois à milady combien le capitaine James avait été bon pour son fils Urian, lorsque celui-ci était entré dans la marine, et je me rappelais que Sa Seigneurie avait manifesté le désir de lui en prouver sa reconnaissance ; j'avoue malgré cela que j'étais de l'avis du procureur, et je trouvais comme lui qu'il était assez bizarre de confier l'administration d'une terre à un marin. M. Smithsone, comme on peut le supposer, n'en reparla plus à Sa Seigneurie ; mais il ne put s'empêcher de s'en entretenir avec miss Galindo, qui ne manquait pas de me tenir au courant de tout ce que l'on faisait et pensait au dehors. Elle s'était éprise pour moi d'un goût très-vif, parce que, disait-elle, je parlais si agréablement. Je crois plutôt que ce qui l'avait séduite, c'est que j'écoutais si bien !

« Vous savez la nouvelle ? me dit un jour la vieille fille, nous allons avoir le capitaine James, un marin, porteur d'une jambe de bois. Qu'aurait dit mon cher patron s'il avait pu deviner qui le remplacerait ? J'ai souvent pensé, ma chère, que l'arrivée du facteur, m'apportant une lettre, serait l'un des plaisirs qui me manqueraient en paradis ; mais ce bon M. Horner est bien heureux de n'être plus à portée de savoir ce qui se passe ; il apprendrait sans cela que M. Smithsone est allé faire des avances à ce boulanger de Birmingham, et que c'est un capitaine de frégate qui vient prendre sa place. Voyez-vous d'ici notre officier de marine surveiller ses ouvriers au moyen d'une lunette d'approche, et planter sa jambe de bois dans un bourbier d'où il lui est impossible de sortir ? assurément ce n'est pas moi qui lui tendrai la main... oh ! si, dit-elle en se reprenant, je le ferais pour milady.

— Mais êtes-vous bien sûre que le capitaine ait une jambe de bois ? demandai-je à miss Galindo.

— Assurément ; presque tous les marins sont blessés à la jambe. Allez à Greenwich, vous y verrez vingt jambes de bois pour une manche vide. Mais notre capitaine, eût-il quatre paires de jambes pour une, qu'il n'en saurait pas davantage sur l'aménagement des terres. Je déclare que c'est un impudent s'il abuse de la bonté de milady au point de venir prendre une position qu'il est incapable de remplir. »

Trois semaines après, la voiture n'en alla pas moins au-devant du capitaine James, comme elle était venue à ma rencontre quelques années auparavant. On avait dit tant de choses sur le nouveau régisseur, on avait tant parlé de son arrivée, que nous étions tous fort curieux de le connaître.

Mais avant de vous décrire notre officier de marine ; il faut que je vous apprenne une chose qui n'est pas moins importante : croiriez-vous que lady Ludlow et Henry Gregsone étaient devenus bons amis ? C'était j'imagine, par respect pour la mémoire de M. Horner ; cependant cette supposition est toute gratuite, car Sa Seigneurie n'a jamais dit une parole qui pût le donner à penser. Toujours est-il qu'un soir lady Ludlow envoya prier le petit Gregsone de venir lui parler, si toutefois il était assez fort pour se rendre chez elle, et que le lendemain matin on introduisit le pauvre garçon dans la pièce où jadis nous l'avons vu dans une situation si fâcheuse.

Dès que milady aperçut le pauvre convalescent dont la figure était pâle, et qui se tenait debout appuyé sur sa béquille, elle ordonna au valet de chambre d'avancer un tabouret, et, d'une voix pleine de bonté, pria Henry de s'asseoir. Il est possible que la pâleur de son visage donnât au petit Gregsone plus de distinction qu'il n'en avait autrefois ; mais j'ai toujours pensé qu'il était susceptible de recevoir les bonnes impressions, et que les allures graves et dignes de l'ancien intendant, les manières calmes et douces de M. Gray l'avaient peu à peu transformé. Puis l'abattement causé par la souffrance physique, et la douleur que nous ressentons de la mort d'un être qui nous est cher produisent quelquefois, tout au moins pendant qu'on les éprouve, le même effet que l'éducation. Il est alors impossible d'élever la voix et de s'emporter ; nous n'avons plus pour les intérêts d'ici-bas cette ardeur qui éveille tous les côtés vulgaires de notre nature, et le sentiment d'un monde supérieur et invisible, vers lequel nous élève la pensée de l'être dont nous regrettons la perte, nous rend plus calmes, plus indifférents à l'égard des petitesses et des misères de cette vie. C'est du moins la réponse que j'obtins de M. Gray, lorsque je lui dis combien nous étions étonnées de l'amélioration qui se remarquait dans la tenue et les manières d'Henry Gregsone.

Lady Ludlow chercha pendant si longtemps la meilleure façon d'exprimer ce qu'elle voulait dire, que le pauvre Henry commençait à s'effrayer de son silence. Quelques mois auparavant j'en aurais été moi-même surprise ; mais depuis la mort de son fils, milady était bien changée ; elle paraissait plus incertaine, plus défiante d'elle-même pour ainsi dire.

Elle prit enfin la parole, et je crois être sûre qu'il y avait des larmes dans ses yeux : « Mon pauvre enfant, dit-elle, vous avez bien manqué de mourir depuis que je ne vous ai vu. »

La seule chose que le pauvre garçon eût à répondre était un oui pur et simple, et le silence recommença.

« Vous avez perdu un bien excellent ami dans M. Horner, » reprit lady Ludlow en faisant un effort sur elle-même.

Les lèvres d'Henry s'agitèrent convulsivement et je ne distinguai pas les mots qu'elles firent entendre.

« Moi aussi, continua lady Ludlow ; il nous était bien attaché à tous les deux. Il avait d'abord eu le désir de vous prouver son affection d'une manière plus évidente qu'il ne l'a fait ensuite. M. Gray à dû vous annoncer que vous êtes l'un des légataires de notre généreux ami. »

Aucun signe de joie ne parut sur le visage du pauvre enfant, à qui la somme léguée devait néanmoins sembler une véritable fortune.

« Je sais qu'il m'a laissé de l'argent, répondit-il avec indifférence.

— Vous en connaissez le chiffre, deux cents livres.

J'aimerais mieux qu'il ne fût pas mort, milady, s'écria le petit Gregsone en sanglotant de manière à faire supposer que son cœur allait se rompre.

— Je vous crois, mon petit ami, répliqua lady Ludlow ; nous voudrions tous que nos morts fussent vivants ; et rien dans la fortune ne peut nous faire oublier leur perte ; mais vous savez, M. Gray a dû vous le dire, que c'est Dieu qui fixe l'heure à laquelle nous devons quitter la vie. M. Horner était un homme juste et bon, qui s'est montré, pour vous, comme pour moi, affectueux et dévoué. Peut-être ne savez-vous pas qu'il avait eu d'abord l'intention de vous faire un don beaucoup plus considérable. Vous deviez posséder tout son avoir, à l'exception d'un legs de peu d'importance qu'il destinait à son ancien clerc, Morrison ; mais il savait que ce domaine, qui appartient à ma famille depuis plus de six cents ans, était grevé d'une somme qu'il me serait difficile de payer ; et il sentait combien il est triste de voir tomber un ancien patrimoine comme celui-ci, aux mains des gens qui sont mes créanciers. Vous comprenez cela, mon petit homme ? » ajouta lady Ludlow en interrogeant du regard la figure de son jeune auditeur.

Celui-ci avait arrêté ses larmes et faisait tous ses efforts pour saisir le sens des paroles de milady ; je ne suis pas sûre qu'il y parvint complètement ; toutefois il avait trop d'intérêt à connaître la suite de cette affaire pour suspendre l'entretien ; il fit un signe affirmatif et lady Ludlow continua.

« M. Horner, poursuivit-elle, a donc repris la somme qu'il vous avait léguée pour en disposer en ma faveur, avec l'intention de me faciliter le payement de la dette qui pèse sur le domaine d'Hanbury. Cette somme doit s'augmenter chaque année des intérêts qu'elle aura produits ; j'épargnerai de mon côté le plus possible afin d'arriver à l'acquittement de l'hypothèque, et je mourrai tranquille, si je peux laisser le domaine de mes pères dégagé de toute créance ; mais je ne mourrais pas heureuse en pensant à vous, mon pauvre enfant. Je ne sais pas si la fortune et les honneurs sont une bonne chose ici-bas : mais Dieu a jugé convenable de placer quelques-uns d'entre nous dans certaines positions, et notre devoir est alors de rester ferme au poste comme le fait un soldat.

Les intentions de notre pauvre ami n'en seront pas moins exécutées. L'argent vous appartient, puisque c'est à vous qu'il l'avait destiné d'abord ; mais je vous l'emprunterai, Henry Gregsone, et je l'emploierai à l'acquittement de cette dette qui a été l'un des chagrins de ce bon M. Horner ; je payerai l'intérêt de la somme que je vous emprunte à

M. Gray, qui doit agir auprès de vous en qualité de tuteur ; c'est lui qui désignera l'usage que l'on devra faire du principal, quand celui-ci pourra vous être rendu. Je crois qu'il est maintenant fort convenable que vous receviez de l'éducation ; c'est un piège de plus qui s'ajoute à celui que vient vous tendre la fortune ; mais prenez courage, Henry ; on peut faire de la science et de l'argent un bon emploi, quand on s'arme par la prière contre les tentations qu'ils entraînent à leur suite. »

Henri garda le silence, bien qu'il comprît, j'en suis sûre, tout ce qu'il venait d'entendre ; et Sa Seigneurie voulant savoir ce qu'il avait au fond du cœur, lui demanda ce qu'il ferait de son argent s'il en avait une partie entre les mains. La question était simple et la réponse arriva promptement aux lèvres du petit Gregsone.

« Je ferais bâtir pour mon père un cottage, où il y aurait un escalier dedans, et puis pour M. Gray une belle maison d'école, dit-il avec assurance. Mon père a si envie que M. Gray soit heureux ! Il a charroyé toutes les pierres dans un coin de la ferme de maître Hale ; c'est M. Gray qui l'a payé ; tout est prêt pour bâtir ; mon père dit comme cela, qu'il travaillerait nuit et jour, et qu'avec mon petit frère Tom, qui lui porterait le mortier, ce serait, bientôt fini, si M. Gray voulait seulement lui permettre de commencer, plutôt que de se chagriner comme il le fait de ce que personne ne lui prête assistance

Henry Gregsone ignorait évidemment la part que milady avait dans cette affaire.

« Si j'avais un petit brin de mon argent, poursuivit-il, j'achèterais un coin de terre à M. Brook ; il en a justement une petite pièce à vendre au tournant du sentier de Nadow, et je le donnerais à M. Gray ; puisque Votre Seigneurie pense que l'on peut bien m'instruire, peut-être que plus tard je deviendrais maître d'école.

— Vous avez un bon cœur, mon enfant, répliqua lady Ludlow : mais, avant de mettre à exécution le projet dont vous parlez, il est nécessaire de réfléchir à bien des choses que vous ne pourriez comprendre ; cependant on essayera.

— L'École, milady, m'écriai-je, supposant qu'elle se trompait.

— Oui, chère petite, répondit-elle ; j'en ferai l'essai pour l'amour de M. Horner, pour l'amour de notre pasteur et pour celui de ce brave enfant. Priez M. Gray, dit-elle à Henry, de venir me parler ce soir à propos du terrain ; il est inutile de s'adresser à un dissident ; et ne manquez pas de dire à votre père qu'il sera chargé de la bâtisse et que votre petit frère Tom lui portera le mortier.

— Et que je serai maître d'école ? demanda vivement Henry.

— Nous verrons cela, répliqua lady Ludlow, qui s'amusait de l'ardeur juvénile du petit Gregsone ; il se passera quelque temps avant que notre projet puisse être réalisé.

Mais revenons au capitaine, le nouveau régisseur dont miss Galindo m'entretint la première.

« Il n'a pas plus de trente ans, me dit la vieille fille. Me voilà forcée de plier bagage ; ce serait de la dernière inconvenance que de rester sous ses ordres en qualité de commis ; c'était fort bien du temps de mon vieux patron ; mais un jeune homme qui n'a pas de femme et qui n'est pas même veuf ! Que ne dirait-on pas sur mon compte ! Il me regarde du coin de l'œil ; j'en fais autant à son égard, et je devine sa pensée. Il a peur que je ne l'épouse, mais il peut être bien tranquille, je n'en ai pas la moindre envie. M. Smithsone a déjà recommandé quelqu'un à lady Ludlow pour me remplacer ; milady préférerait que je restasse ; mais c'est tout à fait impossible, les convenances s'y opposent.

— Comment est le capitaine ? lui demandai-je.

— Il n'a rien de particulier ; c'est un petit homme aux cheveux noirs, au teint brûlé par le soleil ; je n'en sais pas davantage, la bienséance ne m'ayant pas permis de le regarder avec attention. Et maintenant je vais pouvoir m'occuper de mes bonnets de nuit ; j'aurais été désolée qu'une autre se fût chargée de les faire ; j'ai un si joli modèle ! »

Miss Galindo voulant enfin résigner ses fonctions, s'en fut annoncer à milady qu'elle abandonnait la plume pour reprendre l'aiguille. C'est alors qu'un malentendu qui avait eu lieu de part et d'autre, souleva entre ces deux dames une discussion assez étrange. Miss Galindo s'était imaginée que Sa Seigneurie lui avait demandé une faveur en la priant de tenir ses écritures, et elle avait consenti à le faire sans même supposer qu'elle recevait pour cela une rémunération quelconque. Je l'avais entendue plus d'une fois regretter de voir les commandes qui lui étaient faites, passer en d'autres mains, depuis qu'elle consacrait à ses registres le temps précieux qu'elle eût donné à la couture ; mais elle n'en avait jamais parlé devant milady ; et la vieille miss faisait courir sa plume aussi longtemps qu'il était nécessaire, avec un entrain qui ne se démentait pas.

Sa Seigneurie fut donc excessivement contrariée lorsqu'elle vit que la vieille fille avait cru ne pas recevoir de salaire. Je suppose qu'elle avait mis tant de réserve en traitant cette question délicate qu'il avait été impossible à miss Galindo de comprendre ses intentions. Quant à cette dernière, elle fut profondément blessée de l'insistance que mettait milady à la payer d'un service qu'elle avait rendu de si bon cœur.

« Non, ma chère lady, répliqua-t-elle, non, non ! fâchez-vous si vous voulez, mais n'offrez pas de me payer, je vous en conjure. Souvenez-vous de Mark Gibson et de ce que vous avez été pour moi à cette époque. Je ne vous cacherai pas que j'avais besoin d'argent, et cela pour un dessein particulier ; mais quand j'ai découvert que je pouvais vous rendre service, et je vous bénis de me l'avoir demandé, j'ai renoncé au plan que j'avais fait, je me suis décidée à autre chose ; tout est réglé maintenant : Bessy va sortir de pension, et viendra demeurer chez moi. Je vous en supplie, ne me parlez plus d'argent ; vous ne savez pas combien je suis heureuse d'avoir pu vous être utile ; n'est-ce pas

Marguerite Dawson ? Ne m'avez-vous pas entendu dire plus d'une fois que je me couperais volontiers la main pour milady. Suis-je donc une bûche ou un rocher pour ne pas me souvenir d'un bienfait ? Je suis si contente d'avoir travaillé pour vous, lady Ludlow. Et puisqu'il est décidé que Bessy viendra chez moi, je n'ai plus tant besoin d'argent. Pauvre créature ! Personne ne la connaît et ne s'intéresse à elle ; pauvre innocente ! comme si jamais elle avait rien fait de mal !

— Chère miss Galindo, répliqua milady, n'en parlons pas davantage, c'est une affaire réglée ; je croyais seulement que c'était une chose convenue entre nous ; vous avez accepté, dernièrement encore, la somme qui vous était due pour la façon d'une douzaine de peignoirs.

— Oui, milady ; mais ce n'était pas une besogne confidentielle, et je suis fière d'avoir été choisie par vous pour une mission de confiance.

— Mais quelle est cette Bessy dont vous parliez tout à l'heure, demanda lady Ludlow ; je ne devine pas à quelle famille elle appartient, ni pourquoi elle vient demeurer chez vous. Soyez assez bonne, à votre tour, chère miss, pour m'honorer d'une confidence.

CHAPITRE XIII.

J'avais toujours compris que miss Galindo s'était trouvée jadis dans une position de fortune plus brillante que celle où je la voyais alors. Comme vous le pensez bien, je n'osais pas lui faire de questions à cet égard ; mais à l'époque où nous sommes arrivés, j'appris relativement à sa jeunesse différentes choses que je vais vous raconter, non pas dans l'ordre où elles vinrent à ma connaissance, mais dans celui où les faits se sont passés.

Le père de miss Galindo, ecclésiastique du Westmoreland, avait pour frère aîné un baronnet dont le titre de noblesse remontait au règne de Jacques I. Cet oncle de notre vieille fille était l'un de ces originaux que vit naître le commencement du XVIIIe siècle dans cette partie de l'Angleterre. Je n'ai jamais beaucoup entendu parler de lui ; la seule chose qu'on m'ait dite sur son compte, chose d'ailleurs assez grave, c'est que très-jeune encore il avait quitté sa famille pour aller vivre on ne savait dans quel pays ; car il n'était pas revenu du voyage qu'il avait fait sur le continent, à sa sortie d'Oxford, voyage que la mode exigeait à cette époque de tous les fils de famille. Il avait bien écrit plusieurs fois à son frère ; mais ses lettres arrivaient à celui-ci par l'entremise de MM. Graham, banquiers du baronnet, qui se trouvaient dans l'obligation de cacher à tout le monde le nom de la résidence de leur client, sous peine de se voir enlever la confiance et les affaires du gentilhomme.

Le baronnet faisait à l'ecclésiastique une rente dont l'échéance était loin d'être régulière, et qui cependant paraissait devoir être annuelle dans l'intention du donateur ; néanmoins comme cette intention n'avait jamais été formulée, soit par écrit, soit en paroles, il était impossible de compter sur la durée des subsides qu'envoyait le baronnet, bien qu'on fût obligé, pour se conformer à ses désirs, d'habiter l'ancien manoir patrimonial dont l'entretien absorbait la plus grande partie des revenus du pasteur. Maintes fois celui-ci avait fait le projet de ne pas toucher à l'argent que lui donnait son frère, et de le mettre de côté pour former une dot à Laurentia, notre vieille miss Galindo ; mais son revenu personnel, joint aux appointements d'un bénéfice, dont les dîmes allaient au baronnet, qui en était titulaire, ne lui permettait pas de réaliser cette intention. Comment trouver le moyen de faire des économies dans une vaste demeure où il était forcé d'entretenir des relations héréditaires avec des gens qu'il ne pouvait recevoir d'une façon moins honorable que ne l'avaient fait ses aïeux ?

Il y avait parmi les voisins du pasteur un M. Gibson, dont le fils était à peine plus âgé que Laurentia Galindo. Les deux familles étaient assez intimes pour se faire de fréquentes visites, et l'on s'accordait à dire que Mark Gibson était à la fois plein de cœur et d'élégance, en un mot tout ce qu'il y a de plus séduisant aux yeux d'une jeune personne. Les parents, soit qu'ils eussent oublié que Mark et Laurentia n'étaient plus des enfants, soit qu'ils ne vissent aucun mal à ce que l'intimité du jeune homme et de la jeune fille se terminât par un mariage, laissèrent grandir l'affection que les deux jeunes gens éprouvaient l'un pour l'autre, sans y apporter le moindre obstacle. Malgré cette latitude qui lui était donnée, Mark Gibson ne parlait pas des sentiments que lui inspirait Laurentia. Il était allé à Oxford, il en était revenu ; il chassait, il pêchait avec le pasteur, et revenait avec lui au manoir, partager le dîner de famille entre Laurentia et mistress Galindo ; il paraissait heureux toutes les fois qu'il arrivait chez l'ecclésiastique, mais il gardait le silence sur ses projets d'avenir. Le temps s'écoulait ainsi, lorsqu'un jour M. Galindo reçut une lettre des MM. Graham, qui lui annonçait la mort du baronnet, décédé en Italie par suite de la malaria, et qui le félicitait, lui, sir Hubert, de son avènement aux domaines et à la baronnie que le défunt laissait vacants. Le roi est mort, vive le roi, suivant la formule dont se servent les Français.

Sir Hubert et sa femme ignoraient la maladie du gentilhomme ; leur surprise fut des plus grandes en apprenant sa mort ; ils se sentirent profondément choqués de la manière dont cette affreuse nouvelle leur était parvenue, et leur douleur fut des plus vives ; mais ils n'en éprouvèrent pas moins une joie réelle en pensant à la succession qui leur était laissée. Les MM. Graham avaient parfaitement géré les affaires du défunt ; ils tenaient une somme très-ronde au service de sir Hubert, à moins que celui-ci ne préférât toucher seulement l'intérêt du capital ; bref, l'héritage s'élevait à deux cent mille francs de rente ; et Laurentia était l'unique héritière de cette immense fortune ! Lady Galindo, qui avait toujours été pauvre, se mit à rêver pour sa fille les plus beaux mariages de l'empire britannique, et l'ambition de sir Hubert ne fut pas moins grande que celle de sa femme. Ils partirent pour Londres afin de renouveler leurs équipages, leur toilette et leur ameublement ; c'est alors qu'ils firent connaissance avec lady Ludlow. Je serais fort embarrassée de vous dire comment il se fait que miss Laurentia plût à Sa Seigneurie ; cette dernière, qui faisait partie de l'ancienne noblesse, était calme et douce, pleine de grandeur et de majesté dans ses manières. Miss Galindo avait toujours dû être fort vive, même un peu brusque ; et son énergie s'était toujours révélée d'une façon excentrique ; mais je n'ai pas la prétention de vous expliquer cette étrange anomalie, je raconte les choses telles qu'elles se sont passées ; et le fait est que la comtesse élégante, et difficile en matière de relations, fut entraînée par la jeune provinciale, qui de son côté adora milady.

Cette connaissance, qui flattait leur vanité, confirma sir Hubert et sa femme dans leurs vues ambitieuses : à quelle position leur fille ne pouvait-elle pas prétendre, elle qui devait avoir plus tard deux cent mille francs de rente, et qui se trouvait lancée parmi les comtes et les ducs de la plus ancienne origine ? Il en résulta qu'après leur retour au manoir, ils refusèrent nettement les propositions de Mark Gibson, lorsque celui-ci vint offrir à Laurentia Galindo son cœur et sa main, appuyés de la perspective d'un revenu de vingt mille francs. En vain demanda-t-il qu'on lui permît de s'adresser à son amie d'enfance ; on lui répondit qu'on le lui accorderait aussitôt que la jeune fille aurait été prévenue, par ses parents, du motif de la visite de Mark ; c'est-à-dire quand ceux-ci auraient pris le temps de soumettre à Laurentia tous les arguments qui peuvent persuader à une fille laide, ayant conscience de sa laideur, que le soupirant qui la demande n'a pas songé à l'épouser tant qu'elle avait été pauvre, et que c'est de la cassette, non de la personne, que l'amoureux est épris.

Dieu seul pourrait dire jusqu'à quel point cette supposition était fondée. Lady Ludlow avait toujours pensé qu'il y avait eu calcul de la part de Mark Gibson ; mais certains événements, dont elle eut connaissance à l'époque où miss Bessy vint demeurer chez la vieille fille, parurent la faire changer d'opinion. Quoi qu'il en soit, la pauvre Laurentia refusa d'épouser Mark, et se brisa le cœur en agissant ainsi. L'amoureux consterné, découvrant les soupçons dont il était l'objet, affirma que s'il n'avait pas avoué plus tôt son amour, c'est parce qu'étant l'aîné de cinq enfants, il avait dû cacher sa flamme jusqu'au moment où il pourrait gagner, par son travail, un revenu suffisant aux besoins d'un ménage. Il se destinait au barreau, et ce n'était pas sa faute si l'oncle de Laurentia était mort avant qu'il eût obtenu son diplôme d'avocat ; il avait toujours eu le projet d'épouser miss Galindo ; son père, à lui, le savait bien, on pouvait le lui demander. Malheureusement le vieux Gibson était connu pour adorer le veau d'or ; il était probable, disaient les Galindo, qu'autrefois il avait empêché son fils de demander la main d'une pauvre fille qu'il lui faisait rechercher, maintenant qu'elle était riche ; et le fils avait obéi à la défense, tout aussi bien qu'il le faisait actuellement aux sollicitations d'un père avide. Cette conclusion revint aux oreilles de Mark ; cette fois le pauvre jeune homme se contenta de répondre qu'il était cruel d'être méconnu à ce point par la femme qu'il aimait ; puis il quitta le Westmoreland pour s'établir à Londres. Sir Hubert et lady Galindo furent enchantés d'être débarrassés de lui ; mais Laurentia ne se pardonna jamais d'avoir méconnu le pauvre Mark ; et les paroles qu'il avait dites en partant, et qu'un ami lui avait rapportées ne cessèrent pas de retentir dans son cœur. L'année suivante, Laurentia fut conduite à Londres où sir Galindo et sa femme allèrent nasser l'été ; mais elle ne voulut pas sortir, dans la crainte de rencontrer le regard plein de reproches de Mark Gibson ; et, accablée de regrets, elle perdit la santé en même temps que l'espérance.

Milady, frappée du triste changement qui s'était opéré chez la jeune fille, en apprit la cause par lady Galindo, qui naturellement lui donna sa propre version de la conduite et des motifs de Mark. Sa Seigneurie ne parla jamais de cette malheureuse affaire, qu'elle fit semblant d'ignorer ; mais elle redoubla d'affection et de prévenances pour la pauvre Laurentia, et fit tout son possible pour lui être agréable. C'est alors que, cherchant à la distraire par des causeries pleines d'abandon, elle lui avait tant parlé de sa jeunesse et de l'endroit où elle était née, que miss Galindo résolut, si jamais c'était en son pouvoir, d'aller visiter les lieux que préférait son amie. Voilà comment, plus tard, je l'ai trouvée dans notre village, où elle avait fixé sa résidence.

Mais avant d'en arriver là, il s'était fait un grand changement dans la position de miss Galindo. Son père et sa mère n'étaient pas de retour de la seconde visite qu'ils avaient faite à Londres, qu'une lettre de leur procureur vint informer sir Hubert de l'existence d'un fils légitime du baronnet et d'une Italienne, et par conséquent héritier direct des propriétés et du titre de sir Galindo. Celui-ci, d'humeur aventureuse, avait toujours préféré les arts et la poésie aux jouissances que procurent le rang et la fortune ; et, captivé par la vie facile et indépendante qu'on mène en Italie, il avait épousé la fille d'un pêcheur napolitain. Bornant son ambition à jouir de son bonheur, il avait parcouru les rivages de la Méditerranée sans autre souci que d'être heureux, sans autre devoir que de veiller sur sa famille, dont l'avenir ne lui causait nulle inquiétude. Quant à sa femme, il lui suffisait de ne pas manquer d'argent, et que son mari continuât à l'aimer. Elle détestait l'Angleterre, cette contrée brumeuse, hérétique et perverse, et avait grand soin d'éviter de faire allusion à tout ce qui se rattachait à la jeunesse du baronnet.

Il en résulta qu'à la mort de celui-ci, elle se fâcha contre le docteur qui lui conseillait d'annoncer en Angleterre la mort de son mari. Non-seulement elle ne voulut pas suivre l'avis qui lui était donné ; mais, craignant que les Anglais ne fondissent sur elle pour lui enlever ses enfants, elle emmena ces derniers dans les Abruzzes, où elle vécut du prix de quelques bijoux, et resta cachée tant que dura son argent. Lorsqu'elle fut à bout de ressources, elle revint dans sa famille, qu'elle n'avait pas visitée depuis son mariage. Son père était mort ; mais elle retrouva son frère, dont l'intelligence ne manquait pas de finesse. Ce jeune homme alla consulter un prêtre, qui finit par découvrir, en s'adressant à l'ambassade anglaise, que la succession du baronnet valait la peine d'être assurée à l'un des membres de la foi catholique. C'est en raison de cette découverte que sir Hubert fut appelé à restituer à son neveu le titre et les terres de sir Galindo, plus les fonds qu'il avait dépensés depuis la mort du baronnet. L'ancien ministre opposa un refus éloquent à cette réclamation ; il ne pouvait supporter l'idée que son frère avait épousé la fille d'un pêcheur, une Italienne, une papiste ; et il s'abandonnait au désespoir en songeant que la terre patrimoniale de ses ancêtres allait passer à un mécréant, issu d'un tel mariage. Il combattit du bec et de l'ongle pour préserver d'une telle souillure la fortune et la baronnie des Galindo : il y perdit la presque totalité de son avoir personnel, et s'aliéna tous les membres de sa famille ; car, à l'exception de sa femme, tout le monde était convaincu du bon droit de ses neveux. À la fin, bien obligé de céder, il résigna son bénéfice, et quitta la demeure de ses pères avec un sombre désespoir ; il aurait volontiers changé de nom pour qu'il n'existât rien de commun entre lui et ces enfants mâtinés, que son frère avait eus d une Italienne. Celle-ci n'en vint pas moins avec son fils, le baronnet, et toute sa nichée de papistes, prendre possession du manoir, où elle passa l'hiver, et d'où elle partit avec joie pour retourner à Naples.

L'ex-baronnet, pendant ce temps-là, vivait à Londres, où il avait obtenu un vicariat dans l'une des paroisses de la Cité. Combien sa femme et lui auraient été heureux à cette époque, si Mark Gibson avait renouvelé sa demande ! Il n'en fit rien, hélas ; et M. et Mme Galindo virent dans son silence la confirmation des calculs odieux qu'ils lui avaient attribués. J'ignore ce que leur fille en pensait ; mais elle ne souffrait pas que, devant elle, on parlât mal de son ancien ami d'enfance. Mark savait assurément que les Galindo habitaient Londres ; son père avait dû le lui dire ; il était d'ailleurs impossible qu'il n'eût pas connaissance des sermons que le vicaire de la cité prêchait dans d'autres paroisses, à la demande de certains ministres, et dont l'annonce était répandue partout.

Durant toute cette époque de misère, lady Ludlow conserva ses relations avec la famille du pasteur, par amour pour la pauvre Laurentia ; et quand celle-ci eut perdu son père et sa mère, ce fut milady qui soutint l'orpheline dans la détermination de ne rien demander au baronnet papiste, et de se suffire avec les deux mille cinq cents francs de rente qui lui venaient de son aïeul.

Mark Gibson avait acquis en peu de temps une certaine réputation comme avocat ; puis il était mort, du vivant même de son père, victime, disait-on, d'une intempérance habituelle, et ne s'étant pas marié. Le docteur Trévor, celui qui avait soigné Henry Gregsone et M. Gray, avait épousé la sœur de Mark ; c'est là tout ce que savait lady Ludlow sur la famille Gibson ; et rien de tout cela ne nous apprenait ce que Bessy pouvait être.

Ce mystère, néanmoins, se découvrit avec le temps. Douze ans à peu près avant mon arrivée au château de milady, miss Galindo avait fait un voyage à Warwick au sujet de diverses emplettes qu'on ne peut faire en général que dans un chef-lieu de comté. C'est dans cette ville que demeurait Mme Trévor. Je ne crois pas que la femme du docteur ait jamais su le désir que son frère avait eu d'épouser miss Galindo ; elle était enfant à l'époque où la demande avait été faite ; et, en cas de refus, il est rare que l'on parle de ce genre d'affaires dans la famille du jeune homme éconduit ; mais les Gibson et les Galindo avaient été voisins de campagne, et s'étaient connus trop longtemps pour que les membres des deux familles, qui se rencontraient loin du pays natal, ne se fissent pas un plaisir de renouer entre eux les relations qui avaient uni leurs parents. C'était donc chez le docteur Trévor que miss Galindo faisait porter ses paquets lorsqu'elle allait faire ses achats à Warwick ; et lorsque par hasard elle sortait du comté, c'était chez Mme Trévor qu'elle allait attendre l'arrivée de la diligence qui devait la prendre au passage. Elle avait son couvert mis à la table du docteur, comme si elle eût été de la famille ; et c'était la sœur de Mark Gibson qui gérait pour elle ses affaires du bazar.

Un jour, miss Galindo se trouvait chez le docteur, où elle se reposait en attendant qu'on se mît à table. M. Trévor était parti pour sa tournée du matin, avant l'arrivée du courrier. Il se fit attendre assez longtemps, et miss Galindo, Mme Trévor et ses huit enfants étaient en train de dîner lorsqu'il rentra, la figure tout émue. Il renvoya les bambins aussitôt que la chose fut possible, et fit part à sa femme de la mort de son frère. Mark Gibson avait été pris d'une indisposition subite en se rendant à son cabinet ; il s'était pressé de l'atteindre et n'y était arrivé que pour mourir.

Mme Trévor accueillit cette nouvelle avec des sanglots effrayants ; mais le docteur, ainsi qu'il le dit plus tard, n'observa pas que miss Galindo s'intéressât beaucoup à la chose. Elle prodigua ses soins à la pauvre affligée, ne la quitta pas de la soirée, au lieu de revenir à Hanbury, et resta auprès d'elle pendant plusieurs jours, tandis que le docteur allait aux funérailles. Plus tard, lorsqu'ils apprirent l'ancien amour que le défunt et miss Galindo avaient eu l'un pour l'autre, histoire que leur racontèrent des amis communs dans cette revue qu'on fait en général de la vie d'un homme qui vient de mourir, ils cherchèrent comment s'était comportée la pauvre Laurentia pendant le séjour qu'elle avait fait chez eux, à l'occasion des obsèques de Mark. Elle avait été plus pâle, plus silencieuse qu'à l'ordinaire ; on lui avait vu le nez rouge et les paupières gonflées ; mais elle était à un âge où l'on attribue de pareils symptômes à un rhume de cerveau un peu grave plutôt qu'à un motif sentimental. Le docteur et sa femme avaient pour elle l'espèce d'affection qu'on accorde à une vieille fille excentrique, obligeante et dévouée, que l'on connaît depuis longtemps ; elle n'en demandait pas davantage, et ne faisait rien pour leur rappeler que jadis elle avait pu avoir d'autres espérances, et des sentiments plus jeunes.

Lorsqu'il revint des funérailles de son beau-frère, le docteur remercia chaudement la vieille miss des bontés qu'elle avait eues pour sa femme ; et la priant de rester avec eux au moment où, par discrétion, elle se disposait à s'éloigner, il raconta les tristes particularités de son voyage.

« Mark a laissé un enfant, une petite fille, dit-il après avoir fait une assez longue pause.

— Mais il n'était pas marié ! s'écria Mme Trévor.

— Une petite fille, dont je suppose que la mère est morte, continua le docteur ; j'ai trouvé l'enfant dans la maison, avec une vieille bonne qui paraissait chargée de toutes les affaires du ménage, et qui a terriblement volé ce pauvre Mark ; la chose est facile à comprendre.

— Mais l'enfant ! interrompit Mme Trévor, qui ne revenait pas de sa surprise. Comment savez-vous que c'est la fille de mon frère ?

— La bonne me l'a dit et s'est fort indignée des doutes que j'osais manifester à cet égard. J'ai demandé à la pauvre petite comment elle se nommait : « Je m'appelle Bessy et je voudrais voir papa, » m'a-t-elle répondu en pleurant. Tout ce que j'ai pu savoir de la vieille femme, c'est qu'elle avait été gagée pour élever cette enfant que M. Gibson appelait sa fille. Plusieurs amis de votre frère, que j'ai eu l'occasion de voir, m'ont dit la même chose, et ne doutaient pas que M. Gibson ne fût le père de Bessy.

— Et qu'en ferons-nous ? demanda Mme Trévor.

— Je n'en sais rien, répondit le docteur. Mark a laissé tout au plus de quoi payer ses dettes, et votre père ne viendra certainement pas au secours de la pauvre petite. »

Quelques instants après, Mme Trévor se retira dans sa chambre, et le docteur alla dans son cabinet ; il y était depuis quelque temps, lorsque miss Galindo vint frapper à sa porte ; ils eurent ensemble une longue conversation dont le résultat fut que la vieille fille et le docteur partirent le lendemain pour Londres, qu'ils ramenèrent la petite Bessy, et la placèrent dans une ferme, aux environs de Warwick. La vieille fille s'engageait à payer la moitié de la dépense et à entretenir l'orpheline, tandis que le docteur promettait de faire payer le reste par la famille Gibson, ou de s'en charger lui-même, si les autres s'y refusaient.

Miss Galindo aimait peu les enfants, et il y avait plus d'un motif pour qu'il lui répugnât d'amener chez elle la fille de Mark Gibson. Lady Ludlow ne souffrait pas qu'on parlât en sa présence d'un enfant illégitime ; c'était l'un de ses principes, que la société ne devait pas même savoir qu'un bâtard existait ; et je crois que miss Galindo avait toujours été du même avis, jusqu'au jour où la question s'était posée dans son cœur.

La vieille fille n'avait donc pas le courage de prendre avec elle l'enfant d'une étrangère qui avait fait la honte de son sexe ; mais elle se rendait souvent à Warwick pour visiter Bessy ; elle travaillait pour l'orpheline bien longtemps après l'heure où chacun la croyait dans son lit ; et quand vint l'époque où il fallut mettre la petite fille en pension, miss Galindo travailla plus que jamais pour subvenir aux dépenses qui s'accroissaient de jour en jour. La famille Gibson avait d'abord payé sa part, bien que de fort mauvaise grâce ; puis elle avait rompu ses engagements et toute la charge retombait sur le docteur Trévor, qui la trouvait bien lourde avec ses douze enfants. Aussi la vieille fille avait-elle fini par prendre à elle seule la presque totalité du fardeau.

Il est difficile de consacrer à quelqu'un tous ses efforts, toutes ses pensées, de lui sacrifier son temps et son avoir sans finir par l'aimer. Laurentia aima donc de tout son cœur la fille de Mark, et l'enfant donna son affection à la vieille miss à qui elle devait tout, depuis la nourriture quotidienne jusqu'aux menus plaisirs et aux caresses qui la rendaient heureuse.

Je suis sûre aujourd'hui que miss Galindo avait plus d'une fois aspiré au moment où Bessy viendrait demeurer chez elle ; néanmoins tant qu'elle put suffire à payer la pension de la jeune fille, elle n'avait pas osé faire venir l'orpheline, sachant bien l'effet douloureux que produirait sur milady cette mesure audacieuse.

Mais Bessy était maintenant dans sa dix-neuvième année ; elle avait atteint l'âge où d'ordinaire on est sortie de pension ; et comme à cette époque il y avait peu de familles où l'on prît des institutrices, comme en outre Bessy n'avait aucun état qui pût lui faire gagner son pain, je ne vois pas trop ce qu'elle aurait pu devenir, si la vieille fille ne l'avait prise chez elle ; d'autant plus, qu'avec la meilleure volonté du monde, il était impossible à miss Galindo de continuer à payer la pension depuis qu'étant devenue commis de M. Horner, elle avait dû renoncer aux bénéfices qu'elle tirait de son aiguille. Peut-être n'était-elle pas fâchée d'être contrainte par la force des choses, à prendre le parti désespéré qui répondait à ses vœux. Toujours est-il que, d'une façon ou de l'autre, miss Bessy vint habiter le village peu de temps après que le capitaine James eut rendu à miss Galindo la liberté de surveiller sa maison et de s'occuper de ses propres affaires.

Quant à moi, il se passa fort longtemps avant que j'apprisse quelque chose sur la nouvelle arrivée. Lady Ludlow ne paraissait pas même se douter qu'il y eût une personne de plus dans la paroisse ; elle ne voyait et n'entendait rien à l'égard des gens qui n'avaient pas le droit légal d'exister ; et si miss Galindo avait eu l'espérance de lui voir faire une exception en faveur de sa protégée, elle avait fait une singulière méprise.

Milady écrivit un jour à la vieille fille pour la prier de venir prendre le thé au château, ainsi qu'elle avait coutume de le faire de temps à autre ; miss Galindo répondit qu'elle avait un gros rhume qui l'empêchait de sortir. La prochaine fois qu'elle fut invitée, c'était un engagement qui la retenait chez elle ; puis, enfin, elle avoua qu'une jeune amie était venue partager sa solitude, et qu'il lui était matériellement impossible de la quitter. Sa Seigneurie accepta, sans mot dire, toutes les défaites qui lui étaient données ; mais elle n'en souffrait pas moins de ne plus voir la vieille fille, qui nous manquait également. À l'époque où miss Galindo remplissait les fonctions de commis, elle trouvait toujours le moyen, quand sa besogne était faite, de venir causer un instant avec l'une ou l'autre de mes compagnes, et surtout avec moi. Or, il faut vous dire que, soit à cause de mon infirmité, soit tendance naturelle, j'avais un goût particulier pour les cancans du village. Nous n'avions plus M. Horner qui, de temps à autre, venait avec gravité nous faire part des nouvelles importantes qui circulaient dans la commune ; et je vous laisse à penser combien je regrettais la conversation de la vieille fille. Milady n'en parlait pas, mais je suis sûre qu'au fond du cœur elle éprouvait le besoin d'entendre jaser miss Galindo, qui semblait perdue pour nous depuis l'arrivée de Bessy.

Le capitaine James pouvait avoir des qualités précieuses ; il lui était cependant impossible de remplacer les vieux amis. C'était un franc marin, tel que les marins étaient à cette époque ; il mettait de la promptitude et du cœur dans les moindres choses ; mais il jurait souvent, buvait sec, bien qu'il n'y parût jamais ; et n'ayant pas l'habitude de vivre avec les femmes, ainsi que le disait lady Ludlow, il jugeait avec précipitation et n'acceptait pas les conseils qui lui étaient donnés. Sa Seigneurie avait espéré que le nouveau régisseur ne ferait rien sans avoir pris ses ordres ; ou tout au moins sans l'avoir consultée ; mais le capitaine s'était posé tout d'abord en agent responsable de l'administration de la terre qu'on l'appelait à régir, et par conséquent voulait avoir toute liberté d'action. Il avait commandé trop longtemps à des hommes, pour se laisser conduire par une femme, alors même que cette femme était lady Ludlow. Je suppose que c'était l'un des traits de ce rare bon sens dont Sa Seigneurie nous avait fait l'éloge ; toutefois quand le sens commun nous désapprouve et lutte avec succès contre notre manière de voir, je ne crois pas que nous sachions l'apprécier à sa juste valeur.

Lady Ludlow était fière de sa capacité administrative ; elle aimait à nous dire que son père avait l'habitude de l'emmener dans les courses à cheval qu'il faisait sur ses domaines ; que le vieux comte ne manquait pas d'attirer les regards de sa fille sur les divers objets dont il était frappé, et lui recommandait surtout de ne jamais permettre qu'on fît telle ou telle chose. La première fois qu'elle avait raconté cela au capitaine, celui-ci lui avait répondu à brûle-pourpoint que, d'après M. Smithsone, les fermes étaient fort mal tenues, les payements très-arriérés, et qu'il avait l'intention d'étudier l'agriculture avec zèle, afin de voir par quel moyen on pouvait remédier à tout cela. Milady fut très-surprise en écoutant un pareil langage ; mais qu'y pouvait-elle faire ? que dire à un homme qui parlait d'employer toute son énergie à triompher de son ignorance, le seul défaut qui lui eût été reproché par les personnes assez audacieuses pour en faire l'observation.

Le capitaine s'était donc mis à lire avec ardeur les promenades agricoles d'Arthur Young, et hochait la tête d'un air peu satisfait chaque fois que milady lui parlait du genre d'assolement qui de temps immémorial était suivi par ses fermiers. Lorsqu'il eut fini sa lecture, il en vint à la pratique, et se lança tout à coüp dans une foule d'expériences. Lady Ludlow le regardait faire sans rien dire ; mais tous les fermiers étaient en émoi et lui prédisaient cent échecs pour le moins ; il en eut bien cinquante ; c'était la moitié de ce que redoutait Sa Seigneurie, et dix fois plus que le nouvel agriculteur n'avait mis dans ses calculs. Celui-ci le confessa ouvertement, et regagna par sa franchise la popularité que lui avait fait perdre son désir d'innover. Les paysans, qui n'auraient pu comprendre les regrets silencieux d'un caractère plus digne, sympathisèrent avec l'homme qui s'attribuait, en jurant, le fâcheux résultat de sa méthode ; et ils lui accordèrent leur estime et leur amitié, tout en se gaudissant de sa mésaventure.

Quant à M. Brooke, il ne cessait de blâmer le capitaine, et de son ignorance en agriculture, et de ses jurons blasphématoires. « Mais que peut-on attendre d'un marin ? » demandait-il, à portée des oreilles de lady Ludlow, bien qu'il sût, comme tout le monde, que le capitaine avait été choisi par milady.

Je croirais volontiers que ce sont les paroles de l'ancien boulanger de Birmingham qui déterminèrent Sa Seigneurie à prendre le parti du capitaine, et à le pousser à faire de nouvelles expériences. Elle ne pouvait pas reconnaître qu'elle avait fait un mauvais choix, surtout lorsque cet aveu lui était dicté, pour ainsi dire, par ce boulanger dissident, l'unique individu de la paroisse qui fût sorti en habits de couleur quand tout le monde portait le deuil du fils de lady Ludlow.

Le capitaine James aurait immédiatement sollicité son renvoi, si milady n'avait pris à tâche de se justifier elle-même, en le priant instamment de conserver ses fonctions. Profondément touché de la confiance que Sa Seigneurie lui témoignait, il jura, par tout ce qu'il y a de plus saint et de plus terrible, que l'année suivante il ferait produire à la terre d'Hanbury plus qu'elle n'avait jamais rapporté dans les années exceptionnelles dont on gardait le souvenir.

Je ne sais pas s'il eut connaissance de l'opinion de M. Brooke au sujet de la capacité agricole des officiers de marine ; mais le capitaine désirait trop vivement réussir dans sa nouvelle tentative, pour trouver au-dessous de lui d'aller demander à son habile voisin des conseils relatifs à la culture des terres. Si miss Galindo était venue comme autrefois, nous aurions appris immédiatement la liaison du régisseur et de l'affreux boulanger ; mais, en l'absence de la vieille miss, il était impossible qu'on soupçonnât le capitaine, dont l'attachement à l'Église et au roi était bien connu, de s'être lié avec un anabaptiste de Birmingham, alors même que l'intérêt de milady en eût été le motif.

C'est par M. Gray que cette nouvelle incroyable nous fut annoncée, car le jeune pasteur venait souvent au château.

Soit que milady se rappelât toujours que c'était lui qui avait été chargé de lui annoncer la mort du comte, soit que les arguments qu'il avait fait valoir eussent fini par l'ébranler, Sa Seigneurie avait permis M. Gray d'établir son école. À vrai dire, elle avait soupiré plus d'une fois en y pensant, et je crois que les résultats de cette innovation lui donnaient plus d'inquiétude que d'espérance ; néanmoins elle s'était prêtée de bonne grâce au désir de M. Gray ; et l'on voyait maintenant, auprès de l'église, une maison rustique où les enfants du village étaient instruits par le pasteur. En échange de la concession qu'elle avait faite, milady avait demandé avec instance qu'on apprît seulement à lire, à écrire, et les quatre premières règles aux petits garçons, tandis que l'éducation des filles se bornerait à la lecture ; on leur enseignerait à compter de mémoire, et surtout à raccommoder leurs vêtements, à tricoter et à filer. Elle pourvut l'école d'une quantité de rouets supérieure au nombre de petites filles que renfermait la commune, et posa comme règle fondamentale que les jeunes écolières devaient avoir filé tant d'écheveaux de lin, et fait tant de paires de bas avant qu'on leur apprît l'alphabet.

Je me rappelle, encore le jour où M. Gray tira de sa poche un beau peloton de fil d'une délicatesse et d'une égalité remarquables, ainsi qu'une paire de bas d'un tricot fin et moelleux, qu'il plaça devant lady Ludlow, comme pour lui faire hommage des premiers fruits de son école. Je me souviens toujours de l'air avec lequel Sa Seigneurie mit ses lunettes et fit l'examen attentif de ces deux productions qu'elle finit par me passer, car j'étais bon juge en pareille matière.

« Je suis extrêmement satisfaite, dit alors milady. Vous avez été bien heureux dans le choix de votre maîtresse d'école, monsieur Gray ; il faut qu'elle réunisse, à une grande habitude des travaux féminins, une patience exemplaire. Est-elle de notre village ?

— Miss Bessy a la bonté de venir enseigner à mes petites filles toutes ces sortes de choses, » répondit M. Gray d'une voix tremblante, et en rougissant comme il faisait jadis.

Milady le regarda par-dessus ses lunettes. « Miss Bessy ? » reprit-elle en s'arrêtant comme pour chercher dans sa mémoire quelle était la personne qui portait ce nom dans la paroisse.

Je ne sais pas si M. Gray avait eu l'intention d'en dire davantage à l'égard de l'inconnue ; toujours est-il que, troublé par le regard et la voix de lady Ludlow, il changea de sujet et raconta qu'il avait cru de son devoir de refuser la souscription que lui avait offerte M. Brooke pour l'entretien de l'école ; néanmoins il craignait, disait-il, d'avoir blessé le capitaine James, qui avait servi d'intermédiaire au dissident, et il pensait que milady voudrait bien faire comprendre au capitaine qu'il ne pouvait pas accepter l'argent d'un homme qui professait des opinions hétérodoxes, et qu'il soupçonnait même d'être infecté de l'hérésie de Dodwell.

« Il doit y avoir une méprise de votre part, ou j'aurai mal entendu, répliqua Sa Seigneurie ; le capitaine James ne peut pas être suffisamment lié avec un schismatique pour que celui-ci l'ait chargé de ses aumônes. Je suis même fort étonnée que le capitaine connaisse un pareil individu.

— Non-seulement il le connaît, milady, mais il est son ami intime. J'ai vu souvent le capitaine et M. Brooke se promener ensemble dans les champs ; et l'on va même jusqu'à dire… »

Milady fixa sur M. Gray des yeux interrogateurs, et le jeune homme continua :

« Je désapprouve les commérages, poursuivit-il, et je ne crois pas que ce soit vrai ; mais on prétend que le capitaine est très-attentif auprès de miss Brooke.

— C'est impossible, répliqua Sa Seigneurie d'un air indigné ; le capitaine James est à la fois un homme religieux et un sujet fidèle. Vous me pardonnerez, monsieur Gray, mais c'est totalement impossible. »

CHAPITRE XIV.

Hélas ! comme, tant d'autres choses qui furent déclarées impossibles, il se trouva que le capitaine James était bien réellement des plus attentifs auprès de la fille de M. Brooke.

La seule idée que le régisseur de ses domaines avait des relations avec ce marchand hérétique, ce démocrate de Birmingham, qui était venu s'établir dans notre paroisse agricole et bien pensante, causait à milady un véritable chagrin. La haute inconvenance que miss Galindo avait commise en recevant chez elle miss Bessy, n'était plus qu'une simple erreur, en comparaison de l'intimité du capitaine James avec les habitants du Levain (c'est ainsi que les Brooke appelaient leur affreuse maison carrée). Milady en arrivait à parler avec complaisance de sa vieille amie Galindo, et je lui entendis prononcer jusqu'au nom de miss Bessy, dont enfin elle reconnaissait l'existence. C'était par une longue journée de pluie, qui nous permettait de causer sans crainte que l'on vînt nous interrompre. Lorsqu'elle renoua la conversation, après s'être reposée quelques instants, elle se demanda comment le capitaine James avait pu faire connaissance avec cet odieux Brooke. À force de chercher, elle se souvint d'avoir entendu dire au capitaine qu'il désirait adopter le système agricole du Norfolk, introduit dans les environs par un M. Dove, qui, soit dit entre nous, n'était pas plus Dove que moi, puisqu'il ne l'était qu'en ligne collatérale et féminine, et que cela n'est pas admis, comme titre, parmi les anciennes familles du comté. « Quoi qu'il en soit, continua milady, le capitaine James avait le plus vif désir d'essayer la culture des rutabagas et l'emploi des os comme engrais ; c'est vraiment un homme de si bonne volonté que j'ai cru devoir consentir à sa demande et lui donner tous les moyens de réparer l'échec dont il a tant souffert. Je vois maintenant quelle a été mon erreur : on a toujours dit que les boulangers falsifiaient leur farine avec des os qu'ils réduisaient en poudre, et le capitaine, sachant cela, aura été faire une visite à ce Brooke pour lui demander où l'on peut acheter cette matière. »

Milady avait toujours ignoré, bien qu'elle eût pu s'en apercevoir dans ses promenades en voiture, que les terres de M. Brooke étaient beaucoup mieux cultivées que les siennes. Aussi ne pouvait-elle pas comprendre qu'il y eût quelque chose à gagner dans la conversation de ce maudit schismatique.

Ce boulanger de Birmingham était bien la personne qu'elle détestait le plus au monde ; l'inimitié qu'elle ressentait pour lui entraînait avec elle ce malaise qu'éprouvent les gens consciencieux lorsqu'ils ne peuvent pas se donner à eux-mêmes une bonne raison de l'animosité que leur inspire un être inoffensif. Milady souffrit d'autant plus des rapports intimes que son régisseur avait avec le dissident, qu'ils se révélèrent bientôt sous toutes les formes. Le capitaine James n'était pas homme à rougir de ses actions ou à les dissimuler. Je ne peux pas me le figurer baissant la voix ou faisant une confidence. Lorsque ses récoltes avaient manqué, tout le monde en avait été instruit ; il s'était plaint, s'était mis en colère, s'était accusé de sottise, d'ignorance, de folie, s'était donné à tous les diables en descendant la rue du village. Il en résultait que, bien qu'il fût beaucoup plus emporté que M. Horner, les paysans et les fermiers le préféraient infiniment à celui-ci. La foule, en général, s'intéresse bien plus à celui dont les mouvements de l'esprit et du cœur lui sont découverts qu'à l'homme réservé, qui ne trahit ses sentiments que par ses actes.

Au milieu de la popularité dont jouissait le capitaine James, Henry Gregsone n'en restait pas moins fidèle à la mémoire de M. Horner, et fuyait en boitant la présence du nouveau venu, comme si l'acceptation des bonnes paroles que lui adressait l'officier de marine avaient été de sa part une trahison envers son bienfaiteur. Mais le père Gregsone et le capitaine s'accordaient tellement bien que j'appris un jour, à ma très-grande surprise, que ce braconnier, ce vagabond, ce gibier de potence venait d'être nommé garde-chasse de la terre d'Hanbury !

M. Gray s'était fait en quelque sorte le garant de sa parole, il avait affirmé qu'on pouvait se fier à lui ; je crois que c'était seulement une expérience, mais elle réussit comme tous les traits d'audace que faisait le jeune ministre…

Il était curieux de voir M. Gray devenir dans le village une espèce d'autocrate sans qu'il en eût conscience. C'était toujours le même jeune homme, aussi timide, aussi nerveux qu'autrefois ; mais dès qu'il avait la conviction qu'une chose était juste, il fermait les yeux et courait tête baissée vers le but qu'il se proposait d'atteindre, ainsi qu'eût fait un bélier, suivant l'expression du capitaine. On l'avait vu se rendre au milieu d'une troupe de braconniers, réunis pour une entreprise nocturne, et réduire leurs projets à néant par l'autorité de sa parole. J'ai entendu dire qu'il avait été plus d'une fois dans un cabaret situé précisément en dehors de la paroisse, sur cette pièce de terre abandonnée où Job Gregsone campait jadis, et qui était le rendez-vous de tous les vauriens du pays ; Dieu sait combien les prêtres et les constables y étaient mal venus, ce qui n'empêchait pas M. Gray d'y aller sans faiblir et d'y parler d'une voix ferme.

C'est à miss Galindo que j'ai dû tous ces détails, car elle avait fini par revenir nous visiter. Je ne sais pas comment la réconciliation s'était faite ; peut-être milady n'avait-elle pas eu le courage de supporter plus longtemps l'absence de la vieille fille, peut-être les beaux échantillons de tricot et de couture qu'on lui apportait de l'école l'avaient-ils mieux disposée en faveur de Bessy. Toujours est-il qu'un matin j'appris que miss Galindo et sa jeune compagne viendraient le soir même prendre le thé avec nous. Cette nouvelle m'était annoncée par mistress Medlicott, de la part de milady, afin que je pusse préparer pour la circonstance le petit salon dans lequel je passais mes journées. Lady Ludlow ne pardonnait pas à demi, comme le font certaines personnes, et il était facile de comprendre qu'elle recevrait l'orpheline et sa bienfaitrice de manière à leur prouver qu'elle était satisfaite de les voir. Quiconque venait visiter milady, pairesse du royaume ou pauvre fille sans nom, était sûr de trouver bon accueil au château et d'y être traité avec honneur. Je ne dis pas que les préparatifs eussent toujours la même importance : si par hasard il s'était agi d'une pairesse, on aurait ôté les housses des meubles du salon blanc (qui ne furent jamais découverts pendant mon séjour au château), afin de rendre la maison de Sa Seigneurie le plus agréable possible à la noble visiteuse. Par la même raison, diverses choses qui pouvaient intéresser miss Galindo furent placées sur la table : pour qu'elle pût les examiner le soir, ainsi que plusieurs volumes de gravures, qui, je n'en doutais pas, étaient destinées à sa jeune compagne.

Il est impossible de se figurer avec quelle impatience j'attendais miss Bessy ; j'en suis vraiment confuse ; mais si l'on pense à la vie monotone que je menais depuis plusieurs années, on comprendra de quel intérêt devaient être pour moi toutes les nouvelles figures, surtout quand il était question d'un être mystérieux, dépourvu de nom de famille, et qui occupait toutes mes pensées.

Nos deux hôtesses prirent le thé dans la grande salle avec les quatre jeunes filles qui étaient, comme moi, pensionnaires de milady. Pas une de ces jeunes filles ne se trouvait au château lorsque j'y étais arrivée ; toutes mes anciennes compagnes étaient parties, les unes pour se marier, les autres pour retourner dans leurs familles. J'avais moi-même un espoir analogue : mon frère Henry venait d'être nommé vicaire dans une paroisse du Westmoreland, et paraissait désirer que j'allasse vivre auprès de lui. Mais revenons à miss Galindo et surtout à miss Bessy.

Après avoir pris le thé dans la grande salle et causé pendant quelques minutes, on avait parcouru les salons en s'arrêtant devant chaque portrait de famille ; Sa Seigneurie ne manquait jamais de les montrer aux personnes qu'elle recevait pour la première fois ; c'était une manière de les mettre à l'aise en leur faisant les honneurs du château, et en les présentant aux personnages qui l'avaient habité. J'écoutais de toutes mes oreilles, espérant toujours que l'on allait arriver, et j'entendis enfin les pas de lady Ludlow qui s'approchaient du petit salon où l'on devait passer la soirée. J'étais si troublée que je me serais enfuie si j'avais pu courir ; cependant rien ne motivait cette émotion : miss Galindo n'était pas changée le moins du monde ; si elle avait le nez un peu plus rouge qu'à l'ordinaire, c'était bien certainement parce qu'elle avait pleuré de joie en songeant qu'elle allait revoir sa chère lady Ludlow. Quant à miss Bessy, je savais qu'elle avait dix-huit ans : mais elle paraissait en avoir davantage. Elle était grande, avait les cheveux bruns, les yeux noirs, la taille souple et bien prise, une bonne figure à la fois intelligente et douce. Je n'en revenais pas de sa sérénité en face de milady, qui désapprouvait si fort son existence. Elle parut nous observer avec attention, parla très-peu, et regarda les gravures d'Hogarth, que milady lui avait présentées. J'avais cru follement que, dans une circonstance aussi imposante, elle aurait besoin de mon patronage ; mais elle se tenait près de la table, afin de mieux profiter de la lumière, et semblait si peu intimidée que j'étais la plus embarrassée des deux. Sa voix était harmonieuse et vibrante, et ses moindres paroles indiquaient un grand sens ; j'aimais surtout le regard attentif qu'elle arrêtait sur miss Galindo, comme pour lui prouver qu'elle était toujours prête à la servir, ce qui, au fond, n'avait rien que de naturel.

Au bout de quelques instants, milady lui demanda si elle voulait faire une partie d'échecs ; elle y consentit de bonne grâce et vint se placer en face de moi. Nous ne causâmes pas beaucoup ensemble ; malgré cela, nous nous sentîmes attirées l'une vers l'autre.

« Vous m'avez presque battue, dit-elle, moi qui connais le jeu depuis plusieurs années ; combien y a-t-il de temps que vous avez commencé à l'apprendre ?

— Six mois environ ; c'est vers la fin de novembre, par un jour brumeux et sombre, que M. Gray m'apporta le traité de Philidor. »

Pourquoi leva-t-elle tout à coup sur moi des yeux brillants et interrogateurs. ? Pourquoi demeura-t-elle pensive pendant quelques instants ? Pourquoi eut-elle la voix tremblante quand elle reprit la parole après un long silence ?

Pendant ce temps-là, milady causait avec miss Galindo, et le nom du capitaine James revenait souvent dans la conversation. À la fin, milady posa son ouvrage et dit avec des larmes dans la voix :

« Je ne le croirai jamais ; c'est impossible : un schismatique, la fille d'un boulanger ! Lui qui est gentleman par le cœur, non moins que par la profession, bien qu'il ait quelquefois les manières un peu rudes. Ma chère miss Galindo, où ce monde arrivera-t-il ? »

Miss Galindo était bien pour quelque chose dans les allures désolantes que le monde avait prises depuis quelque temps. Le fait de l'installation de Bessy chez une fille respectable était l'un des présages qui alarmaient Sa Seigneurie sur l'avenir de la société, et miss Galindo ne l'ignorait pas ; aussi, comprenant qu'elle avait besoin d'indulgence, elle crut devoir plaider la cause de tous ceux qui révoltaient les principes de milady.

« À vous parler franchement, dit-elle, je ne cherche plus à savoir par quel motif Jack s'est amouraché de Kate, ou William de Betty ; je me repose tranquillement sur cette croyance que les mariages sont tous faits, je ne dirai pas dans le ciel, car sans doute ils seraient meilleurs, mais dans quelque boutique en dehors de ce bas monde, et je ne me fatigue pas l'esprit à chercher comment ils se fabriquent. Le capitaine est un gentleman, c'est certain ; je n'en ai jamais douté depuis que je lui ai vu ramasser la vieille Goody Blade, qui était tombée dans la rue, et souffleter en jurant un petit polisson qui s'était moqué de la pauvre femme ; mais il faut d'une manière ou de l'autre que nous ayons du pain, et je ne vois pas pourquoi on ne se ferait pas boulanger. Les machines ne se sont pas encore ingérées de faire la pâte, comme elles se mêlent de filer et de tisser, empêchant ainsi les malheureux de gagner leur vie, et les faisant mourir avant l'âge. Vous conviendrez avec moi que c'est une invention de l'ennemi du genre humain ; je n'ose pas prononcer le nom du diable.

— Assurément, répliqua milady en hochant la tête.

— Mais faire le pain est une besogne salutaire et manuelle, et non pas l'œuvre d'une mécanique, Dieu merci ; continua la vieille fille. Je ne vois rien de plus opposé à l'esprit de l'Écriture que de faire faire l'ouvrage de l'homme par des machines, dont le front ne peut pas suer. Je tiens pour illégitimes tous ces états où le fer et le cuivre déchargent l'homme du travail qui lui a été imposé après sa chute, et ce n'est pas moi qui prendrais leur défense. Mais le cas est bien différent ; ce Brooke a pétri sa pâte et l'a fait lever lui-même ; il s'est trouvé des gens qui n'avaient pas de bons fours, ou qui peut-être ne savaient pas faire le pain et qui ont été trop heureux de rencontrer sa boutique ; de sorte qu'il a pu mettre de côté un argent bien acquis, s'enrichir et acheter une bonne ferme. J'ose affirmer que s'il avait pu naître duc et pair il n'y aurait pas manqué ; mais puisqu'en venant au monde, il devait faire du pain, on doit lui savoir gré de l'avoir bien réussi. Croyez-moi, c'est un malheur, et non sa faute, s'il n'est pas noble de naissance.

— Rien n'est plus vrai ; reprit lady Ludlow après un instant de silence. Mais quoique boulanger, il pourrait être orthodoxe ; vous avez beau dire, miss Galindo, vous ne me persuaderez jamais qu'il n'y a point là de sa faute.

— Que Votre Seigneurie me pardonne, répliqua la vieille fille encouragée par le succès qu'elle venait d'obtenir ; je ne vois même pas qu'il soit coupable à cet égard. Le baptême n'existe point chez les anabaptistes ; il en résulte nécessairement que le pauvre bébé qui naît parmi ces hérétiques est privé de parrains et de marraines qui répondraient de son salut ; vous en conviendrez avec moi. »

Sa Seigneurie inclina silencieusement la tête.

« Or, vous savez, poursuivit miss Galindo, que nos parrains et marraines s'engagent pour nous, sous la foi du serment, à un âge où nous ne pouvons faire que crier et baver pour nous-mêmes. C'est un grand privilège, il faut bien le reconnaître, et il ne doit pas nous rendre trop sévères pour ceux qui n'ont pas eu la même chance. Il y a des individus qui sont nés avec une cuiller d'argent dans la bouche ; ceux-là ont un parrain qui leur apprend le catéchisme et qui veille à ce qu'ils soient confirmés dans le sein de la véritable Église. Il en est d'autres qui ne trouvent à leur naissance que des cuillers de bois, pauvres déshérités qui ne profitent pas du baptême, et qui ne peuvent être que dissidents jusqu'à leur mort. Si par-dessus le marché, ils viennent à être dans le commerce c'est encore pis, j'en conviens ; mais ayons assez d'humilité, chère milady, pour ne pas lever trop haut la tête parce que nous sommes nées orthodoxes.

— Vous allez trop vite, et je ne peux pas vous suivre répliqua Sa Seigneurie ; les dissidents, autant que je puis le croire, sont les serviteurs du démon. Pourquoi n'ont-ils pas la même croyance que nous ? C'est très-mal. Je les tiens pour schismatiques, et vous savez que la Bible assimile les hérétiques aux sorciers. »

Milady, comme on peut le voir, n'était pas convaincue. Après le départ de miss Galindo, elle envoya chercher, par mistress Medlicott, certains livres qui se trouvaient dans la grande bibliothèque, et les fit emballer sous ses yeux.

« Si le capitaine James, dit-elle, vient demain matin, je lui parlerai de ces Brooke ; je ne l'ai pas fait jusqu'à présent dans la crainte de le blesser par la simple supposition qu'il pouvait connaître ces gens-là. Mais il n'y a plus moyen de reculer ; je dois agir et faire mon devoir envers lui et ce malheureux dissident ; je ne doute pas que l'erreur de celui-ci ne vienne de son ignorance, et il est probable qu'après avoir étudié ces ouvrages de nos meilleurs théologiens, il rentrera dans le giron de la véritable Église. »

Je ne pouvais rien dire à ce sujet, car, bien que Sa Seigneurie m'eût fait part du titre des volumes en question, je n'en étais pas plus avancée relativement à leur contenu. J'étais, d'ailleurs, très-préoccupée de mon changement de résidence et j'éprouvais le besoin d'en parler à milady. Aussitôt que je lui eus montré la lettre de mon frère, elle se mit à chercher les moyens qui pouvaient me permettre d'aller vivre avec lui, ajoutant qu'il serait possible que le changement d'air rétablît ma santé. On pouvait tout lui confier sans crainte qu'elle ne donnât à vos paroles une fausse interprétation ; d'ailleurs elle s'oubliait toujours et ne songeait pas à se blesser de ce que les autres voulaient faire.

Je lui dis que j'avais été bien heureuse pendant les quelques années que j'avais passées chez elle, mais que je me demandais si je n'avais pas certains devoirs à remplir ; mon frère avait besoin d'un intérieur, et les services que je pouvais lui rendre à cet égard, si limités qu'ils fussent en raison de mon état maladif, m'empêcheraient tout au moins de me livrer à ces accès de tristesse et d'abattement où je tombais quelquefois ; sans compter le bénéfice que j'espérais tirer du climat fortifiant du Nord.

Il fut donc arrêté que je partirais avant peu. Ainsi qu'il arrive toujours lorsque nous devons changer d'existence, je me mis à regretter les instants que j'avais passés à Hanbury, où j'étais arrivée bien jeune et que je quittais vieillie par mon infirmité. Je ne devais plus revoir ni cette demeure, où j'avais été reçue comme une fille, ni celle qui m'en avait rendu le séjour si agréable. Comme un débris emporté par les flots, je me suis éloignée de ces jours paisibles dont, au moment du départ, je me rappelais les moindres incidents.

Je pensais à ce bon M. Montfort, à son chagrin de ne plus avoir de meute, à sa gaieté, à son amour de la bonne chère. Je me souvenais de l'arrivée de M. Gray, des tentatives de milady pour interrompre son sermon, lorsqu'il parlait d'instruire le peuple ; et maintenant il y avait une école dans le village ; mieux encore, le jour où miss Bessy était venue prendre le thé au château, milady était allée deux fois à la maison d'école, afin de donner ses instructions relativement à du fil qu'elle avait commandé pour en faire du linge de table.

M. Horner était mort, et c'était le capitaine James qui le remplaçait comme régisseur. Pauvre M. Horner, si calme, si réservé ! Je le vois encore avec son habit tabac d'Espagne et ses boucles d'argent à la jarretière. Je me suis souvent demandé quels étaient ceux dont l'absence nous laissait le plus grand vide : est-ce l'individu plein de vie et de passion qui va et vient continuellement, et dont le souvenir semble incompatible avec le silence du tombeau, ou la personne lente et grave dont les mouvements et les paroles avaient la régularité d'une horloge, qui, lorsqu'elle était ici-bas, nous semblait étrangère à la vie, et qui à son départ nous prouve que ses allures méthodiques formaient une partie essentielle de notre existence ? Je crois que ce sont les gens de cette dernière espèce qui manquent le plus à notre vie quotidienne, bien que nous leur préférions les autres.

Et miss Galindo ! je me rappelle encore l'époque (il me semble que c'était hier) où elle n'était pour moi qu'un nom synonyme de bizarrerie ; plus tard, une vieille fille bavarde et affairée, et maintenant je la chérissais, au point d'être jalouse de Bessy.

Je n'ai jamais voulu occuper les autres de ma chétive personne ; autrement, je vous aurais dit tout ce que M. Gray avait fait pour moi pendant ces longues années de douleur où il me fallut accepter l'existence d'un invalide ; mais il était bon pour tout le monde, riche ou pauvre, depuis Sa Seigneurie jusqu'à la naine de miss Galindo ; et ce n'était pas de l'amour que je ressentais pour lui, mais du respect, surtout de la reconnaissance.

Le village avait également bien changé ; on ne voyait plus de groupes de jeunes gens rassemblés à la croisée des routes, à l'heure du jour où l'on doit travailler. Les enfants gardaient le silence à l'école, et se conduisaient bien mieux qu'à l'époque où j'allais dans le bourg faire les commissions de milady. Je ne sais vraiment pas à propos de quoi miss Galindo pouvait gronder ; cependant elle se portait si bien, et avait l'air si heureux, qu'elle devait avoir sa ration accoutumée de ce bienfaisant exercice.

Quelques jours avant mon départ d'Hanbury, la nouvelle du mariage du capitaine James avec la fille aînée de M. Brooke, se confirma de façon à ne plus pouvoir en douter. C'est le capitaine lui-même qui en fit part à milady ; bien plus, avec un courage qu'il avait gagné, je suppose, dans sa carrière maritime, il osa demander à Sa Seigneurie, la comtesse Ludlow, la permission de lui présenter sa future, la fille de ce boulanger anabaptiste !

Je me suis toujours félicitée de ne pas m'être trouvée là quand il exposa cette requête ; j'aurais été trop confuse de tant d'audace, et trop inquiète de la réponse de milady. Elle accorda cette faveur, cela va sans dire ; mais je vois d'ici la surprise et la gravité de son visage quand elle entendit une pareille demande. Je voudrais bien savoir si le capitaine l'a remarqué.

Je n'eus pas assez de hardiesse pour demander à milady ce qu'elle pensait de la jeune personne, quand après l'entrevue elle revint dans le petit salon où j'étais ; mais, comprenant ma curiosité, elle me dit que si la fille de

M. Brooke s'était adressée à mistress Medlicott pour être cuisinière au château, et que celle-ci l'eût acceptée, elle aurait trouvé cela fort convenable. C'était assez dire combien elle pensait qu'un pareil mariage était au-dessous d'un capitaine de la marine royale.

Je quittai Hanbury peu de temps après, et l'année suivante je reçus de miss Galindo une lettre que voici, et dont je vais vous faire la lecture :

« Hanbury, 4 mai 1811.

« Chère Marguerite,

« Vous me demandez les nouvelles du pays ; ne savez-vous pas qu'il n'y en a jamais eu dans notre paroisse ? Y avez-vous quelquefois entendu parler d'un événement quelconque ? Jamais, dites-vous ? Eh bien ! vous vous trompez ; vous êtes tombée dans mon piège. Hanbury est plein de nouvelles, et nous avons des événements à ne plus savoir qu'en faire. Je vais vous les raconter dans l'ordre qui est suivi par les gazettes. En fait de naissance, Jenny Lucas est accouchée de deux jumeaux la semaine dernière ; trop d'une bonne chose, direz-vous. C'est très-vrai ; mais comme les deux poupons sont morts, leur naissance est assez insignifiante.

« Ma chatte a également fait ses petits ; elle m'a donné trois chatons, et vous pourriez dire à ce propos comme à celui de Jenny Lucas, sans les nouvelles qu'il me reste à vous conter. Le capitaine James et sa femme ont pris la vieille maison qui est à côté de celle de Parsone ; or, il se trouve que ladite masure est encombrée de souris, ce qui est fort heureux pour moi. Cela m'a décidée à faire une visite à la jeune épouse, dans l'espoir qu'elle aurait besoin d'un chat, besoin qu'elle éprouvait en femme sensée, car elle ne manque pas de jugement, en dépit de la farine et du four de son père, de l'hérésie de Birmingham, et de l'éducation de la boulangère, dont je vous parlerai tout à l'heure. Comme j'avais mis le plus élégant de mes chapeaux (celui que m'apporta M. le comte la dernière fois qu'il vint à Hanbury, en 99), je pensais, me rappelant toujours l'époque où les Galindo furent promus au titre de baronnet, je pensais, dis-je, que c'était de ma part une grande condescendance que d'aller faire une visite à cette fille de boulanger. Vous savez toutefois que je n'ai pas si haute opinion de moi-même lorsque j'ai mes habits de tous les jours. Mais qui ai-je trouvé chez la jeune femme, si ce n'est lady Ludlow ? Cette chère milady ! elle est plus délicate, plus frêle que jamais ; cependant, je la vois beaucoup plus tranquille depuis que ce vieux marchand de la Cité, qui s'appelait par hasard Hanbury, s'est fourré dans la tête qu'il était un cadet de la famille de ce nom, et laissa par testament une fort jolie somme à milady, sa prétendue cousine. Je vous assure que l'hypothèque a été prestement remboursée, et que l'héritage de M. Horner est aussitôt passé au nom d'Henry Gregsone, avec toutes les formalités d'usage pour en assurer la possession à ce gamin. On parle des succès qu'il a dans ses études ; on dit qu'il apprend le grec, etc., et qu'on va le mettre à Oxford. Henry Gregsone, le fils d'un braconnier ! Il est certain que nous vivons dans un temps bien extraordinaire.

« Mais je n'ai pas fini de vous raconter les mariages ; celui du capitaine James est à présent de l'histoire ancienne, et l'on n'en parle plus ; on est tellement absorbé par celui de M. Gray ! Mon Dieu, oui ! notre pasteur va se marier, et c'est ma petite Bessy qu'il épouse. J'ai fait remarquer à cette chère enfant qu'elle serait garde-malade au moins deux jours sur trois ; le pauvre garçon est d'une si mauvaise santé ! Mais elle répond à cela : « Pourvu que son corps retienne son âme, je n'en demande pas davantage. » Notez bien qu'elle n'aura pas besoin de démarquer ses effets ; lorsqu'elle a tricoté sa dernière douzaine de paires de bas, je lui ai dit de mettre un G pour Galindo, à moins qu'elle ne préférât le mettre pour Gibson ; car elle aurait pu être ma fille, si elle n'avait été celle d'un autre. Et cela sert tout aussi bien pour Gray, ce qui est fort avantageux. Voilà donc deux mariages depuis que vous êtes partie ; que voulez-vous savoir de plus ? J'oubliais de vous dire qu'une fois mariée, Bessy prendra l'un de mes chatons.

« Maintenant, parlons des morts : le fermier Hale est décédé ; le pauvre homme ! Ce doit être pour sa femme un bien grand débarras ; il la battait chaque fois qu'il était ivre, et il l'était toujours, en dépit de M. Gray. Dieu connaît pourtant les efforts de celui-ci pour amener ce malheureux à plus de sobriété. Vous connaissez notre ministre ; il avait pris tellement à cœur les péchés du vieux Haie qu'il n'aurait jamais eu le courage de parler à Bessy, tant que le bonhomme eût vécu ; on aurait dit que c'était de sa faute si cet ivrogne n'était pas un saint, Le taureau du village aussi est mort ; je n'ai jamais été plus contente de ma vie. On dit pourtant qu'il va être remplacé ; mais jusque-là je traverse les communaux sans inquiétude ; ce qui est fort heureux, car j'ai sans cesse à courir chez M. Gray pour l'arrangement du presbytère.

« Vous croyez savoir toutes les nouvelles d'Hanbury ? Vous vous trompez ; j'ai encore à vous dire la plus ébouriffante. Il est inutile de vous faire chercher ; vous ne devineriez jamais. Sa Seigneurie a donné une soirée, tout comme une plébéienne. Nous avons eu du thé et des tartines dans le salon bleu, avec le vieux John pour nous servir, ayant à sa suite Tommy Dig, le bambin qui autrefois chassait les corneilles dans les champs de maître Hale, et qui porte maintenant la livrée de milady, avec les cheveux poudrés, la culotte courte, etc. Lady Ludlow, vêtue de sa robe de velours noir, et parée du vieux point qu'on ne lui avait pas vu depuis la mort du comte, avait l'air d'une reine de légende.

« Et les invités ? demandez-vous. Nous avions le ministre de Clover, celui d'Headleigh, celui de Merribank et leurs épouses, le fermier Donkin et ses deux filles, M. Gray, Bessy et moi, le capitaine et sa femme ; je ne parle pas de mistress Medlicott, qui a fait le thé dans la chambre de milady ; enfin M. et Mme Brooke. L'auriez-vous jamais cru ? Je ne suis pas bien sûre que nos trois pasteurs en fussent très-satisfaits ; mais ils n'y étaient pas moins, et vous allez le comprendre : c'est M. Brooke, un très-brave homme au fond, qui a aidé le capitaine à remettre les terres de milady en bon état ; sa fille a épousé le régisseur, et M. Gray, qui doit le savoir, dit qu'après tout les anabaptistes ne sont pas de mauvaises gens. Vous vous rappelez néanmoins qu'à une certaine époque il s'emportait contre eux ; mais c'est le tout de se connaître. Quant à mistress Brooke, c'est un vrai diamant brut ; on a dit cela de moi, je le sais bien ; toutefois étant une Galindo, j'ai eu de bonnes manières dans ma jeunesse, et je puis les reprendre quand cela me plaît. Mais mistress Brooke n'a jamais connu le monde ; en voici bien la preuve : lorsque le vieux John lui présenta le plateau chargé de tasses, elle le regarda d'un air fort intrigué, ne sachant pas ce qu'elle devait faire. J'étais assise auprès d'elle, et, ne faisant pas semblant de m'apercevoir de sa perplexité, je mis de la crème et du sucre dans une tasse, et j'allais la lui offrir, quand cet impudent bambin de Tom Dig (je l'appelle bambin malgré ses cheveux poudrés, car il ne les a pas gris naturellement) arrive à son tour avec un plateau chargé de toutes sortes de friandises. Toutes ces dames regardaient mistress Brooke et paraissaient disposées à rire de ses manières. Que fait la pauvre femme ? elle tire de sa poche un foulard jaune et rouge qui lui servait de mouchoir, et l'étend sur sa robe, une robe de soie toute neuve, achetée pour cette occasion ; j'en suis sûre, car je tiens de Sally, qui le tenait de sa cousine, fille de basse-cour chez l'ancien boulanger, que ces Brooke furent tout en l'air quand ils se virent invités chez milady.

Tom Dig était donc en face de nous, présentant son plateau en faisant la grimace (il n'y a pas si longtemps qu'il servait d'épouvantail aux corneilles, mais alors il était moins décemment vêtu) ; la femme du pasteur d'Headleigh (j'ai oublié son nom, peu importe, c'est une créature mal élevée) allait éclater de rire, lorsque Sa Seigneurie, que Dieu la bénisse, cette chère lady Ludlow, tire de sa poche un mouchoir de batiste, blanc comme la neige, qu'elle étale soigneusement sur ses genoux, comme si elle n'avait jamais fait autre chose de sa vie. Quand mistress Brooke se leva pour aller jeter ses miettes dans les cendres, milady quitta sa place et fit absolument comme la femme du boulanger ; mais quel grand air et quelle grâce ! Et quel regard elle promena sur nous tous ! L'impudent Tom devint cramoisi, et la vicairesse d'Headleigh n'osa plus ouvrir la bouche du reste de la soirée. Quant à moi, les pleurs m'en vinrent aux yeux, et M. Gray, qui jusqu'alors avait gardé le silence, et montré un embarras dont j'ai dit à Bessy qu'il faudra qu'elle le corrige, M. Gray fut si heureux de cette bonne action de milady qu'il en retrouva la parole et devint l'âme de la société.

« Oh ! Marguerite Dawson, je me demande quelquefois si vous n'avez pas eu tort de partir. Il est certain que vous êtes avec votre frère, et je connais la force des liens du sang ; mais quand je regarde milady et M. Gray, bien qu'ils soient si différents l'un de l'autre, je me dis que je ne changerais pas de résidence avec qui que ce soit en Angleterre. »

Hélas ! je n'ai jamais revu lady Ludlow ; elle mourut en 1814, et M. Gray ne lui survécut pas longtemps. J'ai su qu'Henry Gregsone était maintenant curé de la paroisse d'Hanbury, et qu'il a épousé la fille de miss Bessy et de M. Gray.

Il avait fallu, comme vous le supposez bien, plusieurs soirées à mistress Dawson pour nous raconter cette histoire de sa jeunesse. Ma gouvernante pensa que ce serait pour moi un bon exercice que d'écrire tous les mardis matin ce que j'avais entendu la veille, et c'est ainsi que je me suis trouvée possesseur de l'histoire de lady Ludlow.

Nous avions si bien pris l'habitude d'écouter miss Marguerite, que le lundi suivant personne ne trouvait rien à dire.

« Oh ! que je serais contente ! m'écriai-je, si quelqu'un nous racontait une histoire. »

Aussitôt le bon docteur, qui par hasard se trouvait là, répondit qu'il avait préparé une notice pour la Société de philosophie, et qu'il ne demandait pas mieux que de nous lire ces quelques pages avant de les envoyer à leur adresse. C'était en grande partie dans un livre français, publié par un académicien, qu'il avait puisé ses matériaux. Le résumé qu'il en avait fait pouvait, disait-il, être un peu aride ; mais néanmoins, il traitait d'une chose intéressante. L'idée lui en était venue pendant un voyage en Bretagne, où des portes murées, pratiquées autrefois dans certaines parties insolites de quelques vieilles églises, avaient attiré ses regards. Aux questions qu'il avait faites à ce propos, on lui avait répondu que jadis ces portes servaient à une caste méprisée, qui avait alors, dans la plupart des contrées de l'Europe occidentale, une position analogue à celle des parias dans l'Inde. Cette réponse avait éveillé l'intérêt du docteur, il avait fait des recherches à l'égard de ces réprouvés, et c'était l'ensemble de ses notes qu'il se proposait de nous lire.

Je crus tout d'abord que cette lecture m'ennuierait ; mais il fallait bien se résigner à l'entendre, et je fus toute surprise de la trouver beaucoup plus intéressante que je ne l'avais espéré.

---

1. ↑ Portion du parlement qui conserva le pouvoir et s'en servit pour déposer Charles Ier.
2. ↑ Anniversaire de la découverte de la conspiration des poudres.
3. ↑ Tansy-Pudding, ancienne friandise anglaise où il entre du blé en herbe, du jus de tanaisie, des œufs, du sucre, de la muscade et du vin d'Espagne
   (*Note du traducteur*.)
4. ↑ Jean Wesley fondateur d'une secte religieuse qui s'occupe principalement de l'étude de la Bible, de prédication, de prière et de bonnes œuvres, sans jamais perdre une heure, d'où les sectaires, dont l'emploi du temps était si bien réglé, ont reçu le nom de *Méthodistes*.
   (*Note du traducteur*.)

5. ↑ Anniversaire de la découverte de la conspiration des poudres, arrivée le 5 novembre 1605.
6. ↑ Anniversaire de la mort du roi Charles Ier, décapité le 30 janvier 1649.
(*Note du traducteur.*)
7. ↑ Soixante-quinze mille francs.
8. ↑ Cinq mille francs.
9. ↑ Douze cent cinquante francs.

UNE RACE MAUDITE

En Angleterre nous avons eu nos préjugés ; on pourrait dire que nous en avons encore, mais je craindrais, en l'affirmant, d'offenser mes lecteurs. Je puis néanmoins l'avouer sans crainte, en parlant d'autrefois : nous avons torturé les juifs, brûlé les catholiques et les protestants, sans préjudice des sorciers et des sorcières. Nous avons gardé jusqu'à présent nos satires contre les puritains, et la mascarade du 5 novembre[1]. Cependant je ne crois pas que nous ayons poussé le préjugé aussi loin que nos amis du continent. Il est vrai que notre position d'insulaires nous a, pour ainsi dire, préservés de l'invasion de certaines races, qui, chassées de l'endroit où elles avaient fixé leur demeure, ont, à diverses époques, afflué dans un pays mécontent de les recevoir, et dont les indigènes ne se donnaient pas la peine de dissimuler la répugnance qu'ils éprouvaient à leur égard.

Il existe encore actuellement dans les Pyrénées et dans les Landes quelques débris de cette race malheureuse, dont les membres, connus sous le nom de *cagots*, avaient remonté la côte, et s'introduisirent dans la basse Bretagne, où ils devinrent même plus nombreux que dans le Midi. Objets d'une répulsion qui ne saurait s'expliquer, non-seulement ils vécurent pendant des siècles dans un isolement complet, mais ils furent opprimés par des édits cruels ; et bien que leur race maudite, ainsi qu'on l'appelait vulgairement, se soit vu confirmer à la fin du siècle dernier tous les droits que le législateur reconnaît aux autres citoyens, ils n'en gardent pas moins, pour ceux qui les entourent, la tache originelle que leur ont léguée leurs aïeux.

On ignore le pays d'où ils viennent ; même à la fin du moyen âge il n'était personne qui pût l'établir d'une manière satisfaisante, et la trace de leur origine, déjà si incertaine à cette époque, s'étant effacée complètement, c'est aujourd'hui un problème que nul ne peut résoudre. On ne sait pas davantage pourquoi ils furent maudits tout d'abord, et par quel motif on les séquestra de leurs semblables ; mais il résulte des plus anciens documents qui nous soient restés à leur égard, que les populations dont ils habitaient le pays, ne savaient même pas comment ils s'appelaient entre eux, et ne les désignaient que par un nom générique, ainsi que nous le faisons pour les animaux sauvages. Leurs cabanes étaient toujours placées à une certaine distance des bourgades et des villes, dont les habitants les employaient à regret en qualité de charpentiers ou de couvreurs, industrie que les cagots s'étaient appropriée par la force des choses, car il leur était défendu de porter les armes ou de cultiver la terre. On leur accordait bien quelques droits de pâturage dans les forêts, et sur les terrains vagues de la commune ; mais ils ne pouvaient avoir, par famille, que vingt moutons ou brebis, un bélier, un porc et six oies. Le cochon, devenu gras, était tué pour alimenter la marmite pendant l'hiver, la laine du troupeau servait à faire les vêtements ; mais il était défendu au propriétaire de manger ou de conserver les agneaux de ses brebis ; le seul bénéfice qu'il pût tirer de cet accroissement de richesse était de remplacer les bêtes malades, ou trop vieilles, en choisissant les plus fortes parmi les nouveau-nées. À la Saint-Martin, les autorités communales venaient faire l'inspection du bétail des cagots ; si l'un de ces malheureux possédait seulement une bête de plus que le nombre autorisé, on faisait main basse sur la totalité du troupeau, dont la moitié allait à la commune et l'autre au bailli, qui en était le premier magistrat.

Il fallait encore, pour les pauvres bêtes, ne point dépasser les bornes qui leur étaient assignées. Tandis que les vaches des habitants de la paroisse pouvaient aller et venir en quête de l'herbe la plus tendre, de l'ombre la plus épaisse ou des sources les plus limpides, tandis que pendant les chaleurs étouffantes de l'été elles se rendaient aux étangs les plus frais pour y séjourner en s'émouchant avec paresse, le cochon et la brebis du cagot devaient apprendre à reconnaître certaine ligne imaginaire qu'ils ne pouvaient franchir, sous peine d'être saisis et tués par le premier venu ; celui-ci prenait alors, pour sa part, la meilleure portion de l'animal, et restituait gracieusement les bas morceaux au légitime possesseur ; ce qui n'empêchait pas les dommages causés par le bétail du cagot, lorsque le malheureux en avait, d'être bien et dûment estimés, et de donner lieu à une amende que payait le réprouvé, ni plus ni moins que s'il avait profité du bénéfice des lois.

Un cagot venait-il à sortir de chez lui pour aller dans une ville, où même ses services avaient été demandés, il y était sans cesse averti de la réprobation dont sa race était l'objet ; défense lui était faite de vendre ou d'acheter aucun aliment, et de marcher au milieu de la rue, que l'on regardait alors comme plus honorable que les bas côtés ; il ne pouvait pénétrer dans la ville qu'après le lever du soleil, et il devait en sortir avant la chute du jour.

Comme en dépit des traits caractéristiques de leur race abhorrée, les cagots n'en étaient pas moins de beaux hommes, et que les étrangers auraient pu les confondre avec les gens ordinaires, chacun de ces malheureux devait avoir sur lui quelque marque distinctive qui pût frapper les regards ; c'était le plus souvent une pièce de drap rouge que l'ordonnance municipale le contraignait à porter sur la poitrine. Ailleurs, le signe de la cagoterie consistait dans une patte d'oie ou de canard, attachée à l'épaule gauche ; cette patte fut ensuite remplacée par un morceau de drap jaune, qui affectait la forme du pied palmé de ces volatiles ; et si, par hasard, le cagot était rencontré sans la marque infamante qui devait le faire reconnaître, il était condamné à cinq sous d'amende et ses vêtements étaient confisqués.

L'usage le forçait à s'éloigner des passants, dans la crainte que ses habits ne vinssent à effleurer ceux des autres ; et lorsque la foule ne lui permettait pas de s'écarter suffisamment, il devait rester immobile dans un coin ou prendre une voie détournée, si par hasard il s'en trouvait sur sa route.

Non-seulement l'entrée des auberges et des cabarets lui était défendue, mais encore l'eau des fontaines et des rivières ; et il ne pouvait se désaltérer qu'à la mare bourbeuse de son village, souvent fort éloignée de l'endroit où l'appelait son travail.

Les femmes, sous peine d'être fouettées en place publique, n'avaient la possibilité de faire leurs emplettes que le lundi ; ce jour-là, tous les habitants de la ville restaient chez eux, de peur de se trouver en contact avec les réprouvés.

Chez les Basques on était encore plus sévère à l'égard de ces malheureux parias : il ne leur était pas permis d'avoir de bétail, si ce n'est un âne et un cochon ; ni l'un ni l'autre n'avait le droit de pâture, et si l'on octroyait au réprouvé la permission de couper l'herbe pour son baudet, c'est que l'oppresseur, qui avait sans cesse recours au travail du maudit, trouvait un bénéfice réel à ce que celui-ci pût se transporter aisément d'une place à l'autre avec son outillage.

Il va sans dire que les cagots ne pouvaient occuper aucun poste officiel, puisque l'État les frappait également d'anathème. C'est tout au plus si le clergé les acceptait pour ses ouailles, bien qu'ils fussent bons catholiques et remplissent avec zèle leurs devoirs religieux. Ils ne pouvaient entrer dans l'église que par une porte bâtarde, ouverte dans un endroit à part, et qui n'a jamais été franchie par un homme de race pure. Cette porte était basse, afin de les obliger à se courber en signe d'obéissance ; parfois elle était entourée de sculptures qui représentaient invariablement une branche de chêne, surmontée d'une colombe. Arrivés dans le temple du Seigneur, les cagots n'avaient pas la permission de tremper leurs doigts au bénitier commun, ni de prendre un morceau du pain bénit qu'on présentait à l'assistance. Ils avaient, très-loin des autres fidèles et près de la porte, une place réservée dont ils ne pouvaient dépasser les limites invisibles. Dans certains villages des Pyrénées, où l'on poussait la tolérance jusqu'à les faire participer au pain bénit, le bedeau restait en dehors de cette ligne imaginaire et leur présentait successivement les petits morceaux de pain consacré, au moyen d'une longue fourche de bois.

À sa mort, le cagot était enterré dans un coin situé à l'extrémité septentrionale du cimetière ; et son héritage, lorsque par hasard il possédait quelque chose, était pris par la commune, à l'exception toutefois de ses meubles et de ses vêtements, que personne n'aurait voulu toucher, et qui, portant la marque d'une souillure indélébile, ne pouvaient appartenir qu'à des cagots.

Lorsqu'on pense à la réprobation qui, pendant plus de trois siècles, pesa sur ces maudits, quand on songe aux lois et aux coutumes qui secondèrent la haine dont ces parias étaient l'objet, en ne doit pas être surpris des actes de férocité que, dans leur désespoir et leur vengeance, ces malheureux commirent à l'égard de leurs oppresseurs. Il y a cent ans environ, par exemple, que les cagots de Rehouilles (Basses-Pyrénées) se levèrent en masse contre les habitants de Lourdes, les battirent à plate couture, en vertu de leur pouvoir magique, dit l'historien du temps, et que, non satisfaits de la victoire, ils égorgèrent les vaincus et se servirent, en guise de boules, de leurs têtes sanglantes pour jouer aux quilles.

À cette époque, la haute magistrature commençait à s'apercevoir de la dureté de l'opinion à l'égard des cagots, et il lui répugnait de la sanctionner par des arrêts sévères ; en conséquence, le parlement de Toulouse décréta que les chefs de l'entreprise dont il s'agit subiraient seuls la peine de mort ; qu'à l'avenir les cagots ne pourraient entrer dans la cité de Lourdes que par la porte Capdet, qu'ils seraient contraints de marcher sous les gouttières, et qu'on ne leur permettrait, sous aucun prétexte, de boire, de manger ou de se reposer dans ladite ville. Si l'un d'eux venait à enfreindre l'une ou l'autre de ces injonctions, le parlement ordonnait qu'à l'instar de Shylock, on enlevât de chaque côté de l'échine du délinquant une tranche de chair dont le poids ne devrait en aucune circonstance, excéder deux onces.

Jusqu'à la fin du XVIe siècle, on ne considéra pas qu'il fût plus coupable de tuer un cagot que de détruire un animal nuisible. Un nid de ces réprouvés, suivant l'expression de la chronique, s'était formé vers l'an 1600, dans le château désert de Mauvezin, où, se plaisant à confirmer leur réputation de sorciers, les cagots s'étaient rendus, en effet, peu agréables aux gens des alentours. Par des moyens d'acoustique dont ils étaient possesseurs, la forêt voisine se remplissait de cris et de gémissements qui répandaient l'alarme chez les habitants de race pure ; il devenait impossible de couper une branche morte sans que des bruits surhumains ne se fissent entendre, ou d'avoir de l'eau potable, puisque les cagots avaient empoisonné les sources en y puisant eux-mêmes. Ajoutez à ces griefs les menus vols qui se faisaient perpétuellement dans les environs, et il n'en fallut pas davantage pour que les gens du pays tinssent pour légitime le désir qu'ils avaient d'égorger les cagots de Mauvezin. Par malheur, on ne pouvait pénétrer dans leur repaire qu'au moyen d'un pont-levis, et les cagots étaient à la fois déterminés et vigilants ; mais il restait la ruse, et quelqu'un proposa de gagner la confiance de l'ennemi. L'auteur de cette proposition fit donc semblant d'être malade, et se coucha sur le bord de la route qui conduisait à Mauvezin ; les cagots, l'ayant aperçu, l'emmenèrent chez eux, le rendirent à la santé, et crurent follement à ses paroles affectueuses. Un jour que toute la bande était dehors et jouait aux quilles dans la forêt, le traître quitta ses compagnons, disant qu'il avait soif. Lorsqu'il fut dans le château, il remonta le pont-levis, et de cette façon coupa tout moyen de retraite à ceux qui étaient dans les bois ; puis il monta sur la plate-forme qui dominait la campagne, et se mit à sonner du cor. Les gens de race pure, qui se trouvaient aux aguets, tombèrent sur les cagots, tranquilles à leur jeu de quilles, et les égorgèrent tous. Je ne vois nulle part qu'un décret du parlement de Toulouse ou d'ailleurs, ait été rendu contre les auteurs de ce massacre.

On tenait soigneusement écriture des noms et de la résidence de tous ceux qui avaient la réputation d'être cagots ; et comme les mariages entre les maudits et les gens de race pure étaient sévèrement prohibés, ces malheureux n'avaient aucun espoir de rentrer dans le droit commun. Toutes les fois qu'il se mariait un de ces parias, le jeune couple avait à subir des chants satiriques, inspirés par la circonstance. Il y avait aussi des ménestrels chez les cagots ; et l'on chante encore en Bretagne beaucoup de leurs productions ; mais ils n'ont point usé de représailles à l'égard de leurs persécuteurs, et l'on ne trouve pas dans leurs poèmes les insultes qui furent prodiguées à leur caste. Ils étaient d'un esprit aimable, d'une intelligence peu commune ; et certes il ne leur fallait pas moins qu'un heureux caractère et l'amour du travail pour supporter la vie.

Ils finirent cependant par réclamer la protection des lois, et vers la fin du XVIIe siècle, la magistrature se prononça en leur faveur ; mais le bénéfice qu'ils en retirèrent se réduisit à fort peu de chose ; la loi ne prévalut pas contre la coutume, et quinze ou vingt ans avant la révolution française, la haine que l'on portait à ces infortunés était encore dans toute sa virulence.

Au commencement du xvie siècle les cagots de Navarre s'étaient plaints au pape d'être exclus de la société de leurs semblables, et maudits par l'Église, sous prétexte que leurs ancêtres avaient prêté leur concours à un certain Raymond, comte de Toulouse, qui s'était révolté contre le saint-siège, et ils suppliaient le souverain pontife de ne pas les châtier d'une faute qu'avaient commise leurs aïeux. Le pape répondit à leur demande par une bulle du 13 mai 1515, où il ordonnait que les cagots fussent bien traités et partageassent les privilèges de leurs concitoyens. Le saint-père chargeait en outre don Juan de Santa Maria de Pampelune de veiller à l'exécution de ses ordres ; mais don Juan mit tant de lenteur à s'acquitter de cette mission, que les pauvres cagots résolurent d'adresser leur requête au pouvoir séculier. Ils pétitionnèrent donc auprès des cortès de Navarre, qui, opposant à leur supplique diverses fins de non-recevoir, répondirent que les ancêtres des demandeurs n'avaient jamais eu rien de commun avec Raymond, comte de Toulouse, ni avec personne d'une aussi haute noblesse ; qu'ils descendaient tout simplement de Giézi, serviteur d'Élisée, qui avait encouru la malédiction du prophète et avait été condamné à être lépreux, ainsi que tous les gens de sa race, jusqu'à la fin des siècles, pour avoir trompé Naaman, comme il est dit au ive livre des Rois, chap. iv, 2e paragraphe. Le nom de cagots ne dérivait-il pas évidemment de Gahets, et celui-ci de Giézites ? « Si par hasard on ne trouvait pas cette raison suffisante, ajoutaient les membres des cortès, et qu'on nous fît observer qu'aujourd'hui les cagots ne sont pas lépreux, nous répondrions qu'il y a deux sortes de lèpre : l'une qui est visible à tous, l'autre qui est imperceptible, même pour les individus qui en sont affectés. D'ailleurs il est notoire que, dans tous les endroits où un cagot vient à passer, l'herbe s'incline et se flétrit immédiatement, ce qui prouve une chaleur surnaturelle du corps chez celui qui en est la cause. Une foule de témoins dignes de foi vous diront de même que si l'un des membres de cette race cueille une pomme et la conserve dans sa main, elle est plus ridée au bout d'une heure qu'elle ne l'aurait été après l'hiver si on l'eût placée dans une chambre saine.

« Les cagots, disait-on encore, viennent tous au monde avec une queue ; mais leurs parents ont trop d'astuce pour ne pas la faire disparaître dès leur naissance. Comment pourrait-on le mettre en doute, quand on voit les enfants de race pure coudre des queues de mouton aux habits d'un cagot, sans que celui-ci, absorbé par son travail, s'en aperçoive aucunement.

« Enfin, ajoutait la réponse des cortès, tous les cagots répandent une odeur tellement abominable qu'il n'en faut pas davantage pour montrer que ce sont des hérétiques de la plus vile espèce, car l'écriture parle de l'encens qu'exhalent les serviteurs de Dieu, et du parfum qui émane de la sainteté. »

C'est avec de semblables arguments, dont je vous donne la traduction littérale, que les cagots se virent non-seulement déboutés de leurs plaintes, mais rejetés dans une position plus triste encore, si la chose était possible. Le pape insista pour qu'on leur reconnût les mêmes privilèges qu'à ses autres enfants ; les prêtres espagnols ne firent aucune opposition à la volonté du saint pontife, mais ils n'en permirent pas davantage aux cagots de se mêler aux fidèles, soit pendant leur vie, soit même après leur mort.

À peu près à la même époque, les maudits obtinrent de Charles-Quint des lois en leur faveur ; pas une de ces lois ne reçut d'exécution, et, pour punir les cagots de leur esprit de révolte et de l'impertinence qu'ils avaient eue de se plaindre, les autorités locales leur confisquèrent leurs instruments de travail. On vit alors un vieillard, n'ayant d'autre moyen d'existence que la pêche, mourir de faim lui et toute sa famille, parce qu'on lui avait enlevé les moyens d'exercer son industrie.

Ces malheureux n'avaient pas même le pouvoir d'émigrer ; il suffisait que l'un de ces parias voulût transporter sa masure d'un endroit à un autre, pour exciter la colère et les soupçons des habitants de la commune. En 1695, il est vrai, le gouvernement espagnol ordonna aux alcades de rechercher tous les membres de la caste maudite, et de les expulser du royaume avant que deux mois fussent écoulés, sous peine d'une amende de cinquante ducats par tête de cagot que l'on trouverait en Espagne, à l'expiration du terme fixé. À peine cet édit fut-il rendu que les paysans se levèrent en masse et chassèrent à coups de fouet les réprouvés qui habitaient leur voisinage. Mais les Français, de leur côté, s'étaient mis en mesure de repousser l'invasion, et refoulèrent à leur tour les cagots dans les Pyrénées, où la plupart des proscrits moururent de faim et de misère, ou devinrent la proie des bêtes féroces.

Ceux qu'on pourchassait ainsi étaient contraints de porter des gants et des souliers pour ne pas salir de leur contact les lieux qu'ils devaient traverser, les garde-fous, les balustrades sur lesquels ils auraient pu s'appuyer, et qui, d'après la croyance populaire, auraient transmis à d'autres le poison que les fugitifs y auraient déposé.

Il ne faut pas croire cependant qu'il y eût chez ces malheureux aucun signe extérieur qui pût inspirer le dégoût. Rien dans l'aspect des cagots ne pouvait faire imaginer qu'ils fussent atteints de la lèpre, ce qui était le moyen le plus naturel d'expliquer l'exécration dont ils étaient l'objet. Ils furent examinés plusieurs fois par de savants docteurs en médecine dont les expériences paraissent avoir été faites dans un esprit d'humanité. En l'an 1600, par exemple, les chirurgiens du roi de Navarre saignèrent vingt-deux cagots des deux sexes, jeunes et vigoureux, afin d'analyser leur sang, et d'en extraire le sel particulier qui donnait à leur corps cette chaleur miraculeuse ; mais il se trouva que le sang des cagots était absolument pareil à celui des autres hommes. Quelques-uns de ces docteurs nous ont laissé le portrait de cette race infortunée, portrait qui ressemble encore aux individus d'origine cagote que l'on retrouve dans l'ouest et dans le midi de la France. Ces derniers, ainsi que l'étaient leurs aïeux, sont grands, bien découplés et d'une organisation puissante ; ils ont la peau blanche, le teint coloré, les lèvres épaisses, mais nettement dessinées, les yeux d'un bleu grisâtre, et, suivant quelques observateurs, le regard profond et pensif. D'anciens rapports mentionnent avec surprise la tristesse de leur physionomie, et vont jusqu'à leur reprocher de n'avoir pas la gaieté des autres hommes ; c'est le contraire qui aurait été surprenant.

Le docteur Guyon, qui vivait dans le siècle dernier et qui, de tous les hommes de l'art, est celui qui nous a laissé les documents les plus nets sur la santé des cagots, nous parle de la vigueur que ces derniers conservaient jusque dans leur vieillesse. Il trouva, dans une seule famille, un homme et une femme de soixante-quatorze ans qui cueillaient des cerises, tandis qu'une autre femme, âgée de quatre-vingt-trois ans, était assise sur l'herbe et se faisait peigner par son arrière-petite-fille.

Ainsi que plusieurs autres médecins, le docteur Guyon étudia les cagots relativement à l'horrible odeur que ces réprouvés, disait-on, répandaient sur leurs pas, et dont ils infectaient tout ce qu'ils avaient touché ; mais il lui fut impossible, non plus qu'à ses confrères, de rien découvrir à cet égard. On s'occupa également des oreilles de ces réprouvés, qui, d'après l'opinion générale, opinion qui subsiste encore de nos jours, différait de celle du commun des mortels, en ce qu'elles étaient rondes, cartilagineuses et privées du lobe charnu qui supporte la boucle d'oreille. Les médecins déclarèrent que la plupart des cagots qu'ils avaient examinés avaient en effet l'oreille ronde ; mais ils ne voyaient pas dans ce fait, ajoutaient-ils gravement, que ce fût une raison suffisante pour les exclure du commerce des hommes, et pour leur interdire les fonctions ecclésiastiques et civiles.

Néanmoins, continuent les rapporteurs, dans les villes où les cagots viennent acheter les objets qui leur sont indispensables, les enfants ont le droit de les poursuivre et de leur adresser des railleries insultantes au sujet de la forme particulière de leurs oreilles, qui offrent quelque ressemblance avec la manière dont les bergers du pays taillent celles de leurs moutons.

Une jeune fille cagote, d'une beauté remarquable et qui avait une voix ravissante, nous dit encore le docteur Guyon, sollicita un jour la faveur de chanter des cantiques dans la tribune de l'orgue. Plus musicien que dévot, l'organiste, à qui cette demande avait été faite, consentit à recevoir la jeune fille ; mais l'assistance indignée, découvrant à qui appartenait cette voix fraîche et mélodieuse, se précipita vers la tribune, d'où elle chassa la maudite, lui intima de se ressouvenir de ses oreilles et de ne plus commettre un sacrilège en chantant les louanges du Seigneur de concert avec les purs.

Toutefois ce rapport, où le docteur s'appuyait sur des faits incontestables pour affirmer qu'il n'y avait aucune raison physique de repousser les cagots de la société, ne servit pas mieux les intérêts de ses clients que ne l'avaient fait les édits promulgués depuis deux siècles. Il n'est pire sourd que celui qui ne veut pas être convaincu, et le docteur, en prouvant aux hommes de race pure qu'ils devaient regarder les cagots comme leurs semblables, ne fit qu'augmenter la rage de ceux qu'il avait cru persuader, et qui jurèrent de s'éloigner plus que jamais des maudits.

Un M. d'Abedos, curé de Lourbes en 1780 et frère du seigneur de la paroisse, un homme instruit, qui était plein de sens et de modération pour tout le reste, poussait la haine qu'il portait aux cagots jusqu'à les injurier de l'autel où il officiait. L'un de ces affreux damnés, suivant l'expression qu'il employait à leur égard, étant presque aveugle, avait trébuché dans la nef et touché malgré lui l'encensoir que portait M. le curé ; on le chassa immédiatement, et l'entrée de l'église lui fut à jamais interdite.

Personne ne pourrait dire comment le frère de cet abbé fanatique, le seigneur du village, s'éprit justement d'une cagote et finit par l'épouser ; mais, pour être inexplicable, le fait n'en est pas moins réel. M. le curé plaida aussitôt contre son frère, et acquit, en vertu d'un jugement en bonne forme, la possession de tous les biens du nouveau paria, car le seigneur de Lourbes s'était réduit par son mariage à la condition de cagot, et la loi qui bornait l'avoir de celui-ci à un porc et à vingt moutons était toujours en vigueur. Les neveux du curé d'Abedos sont encore aujourd'hui simples paysans, et cultivent pour les autres le domaine qui appartenait à leur grand-père.

Le préjugé contre ces mariages, entre cagots et gens de race pure, a survécu longtemps aux lois qui opprimaient les maudits, surtout en Bretagne, où il paraît avoir été plus prononcé qu'ailleurs. Une jeune Bretonne, il y a quelques années, avait pour amoureux deux jeunes gens réputés d'origine cagote ; elle fit examiner leur généalogie par un notaire, et accorda sa main à celui des deux qui avait le moins de sang cagot dans les veines.

En 1835, raconte Émile Souvestre, un boulanger d'Hennebont, ayant épousé une jeune fille dont les ancêtres avaient été cagots, perdit toutes ses pratiques.

Suivant la coutume de Bretagne, les parrains et marraines d'un enfant de cagots devenaient cagots eux-mêmes, à moins que leur filleul ne mourût en bas âge.

D'après la même coutume, les cagots ne pouvaient acheter, en fait de viande de boucherie, que les morceaux réputés malsains ; mais, pour un motif inconnu, ils avaient droit à chaque pain entamé qui se trouvait placé à l'envers, et dont la brèche était tournée du côté de la porte ; quel que fût l'endroit où ils vissent un pain dans cette position, ils pouvaient le prendre et l'emporter sans qu'on eût rien à dire.

Il y a trente ans à peine, on voyait encore dans une église de Quimperlé, une main que l'on y avait déposée au commencement du règne de Louis XVI ; c'était celle d'un riche cagot qui avait eu l'audace de tremper ses doigts dans le bénitier des fidèles ; témoin de ce sacrilège, un vieux soldat se plaça aux aguets, et la première fois que le maudit approcha la main pour prendre de l'eau bénite, le fervent militaire la lui abattit d'un coup de sabre et l'offrit, toute sanglante, au saint patron de l'église.

Les cagots de Bretagne pétitionnèrent auprès de l'autorité pour avoir le droit de changer leur appellation infamante en celle de malandrins ; tous ceux de France cherchèrent, pendant la révolution, à détruire les preuves qui constataient leur origine ; mais si les écrits ont disparu, la tradition est restée jusqu'à nos jours, et désigne encore telle ou telle famille comme issue des cagots, des oiseliers, ou des malandrins, suivant les noms qu'on appliquait jadis à la caste abhorrée.

Les érudits ont cherché à expliquer de différentes manières la répulsion générale qu'inspirait cette race, si puissamment et si bien organisée. Quelques-uns font remonter cette antipathie à l'époque où la lèpre était un sujet d'épouvante, et ils ajoutent que les cagots, sans être précisément lépreux, étaient sujets à une affection qui présentait les caractères de cette effroyable maladie tels que la blancheur morte de la peau, et le gonflement de la face et des extrémités. Il y avait aussi quelque ressemblance entre l'ancienne coutume des juifs, relativement aux lépreux, et l'habitude où l'on était alors de s'écrier : Cagot ! cagot ! lorsqu'on croyait apercevoir l'un de ces infortunés ; ce à quoi celui-ci était obligé de répondre : Perlute ! perlute !

Si la lèpre n'est pas contagieuse, elle est héréditaire, disent les savants qui ont pris la peine de justifier la haine inspirée par les cagots ; et, d'après eux, il était juste et raisonnable d'interdire aux gens de race pure des mariages qui ne pouvaient que propager cette horrible maladie.

Il en est d'autres qui, tout en reconnaissant que les cagots sont de beaux hommes, ardents au travail et fort habiles dans leurs métiers, n'en trouvent pas moins très-naturel qu'on ait pour eux une aversion profonde. À les entendre, les cagots sont doués du mauvais œil, et leur caractère est vindicatif, cruel et déloyal, triste héritage qu'ils tiennent de leur ancêtre Giézi, en même temps que leur prédisposition à la lèpre.

Une autre version les fait descendre des Goths, de la secte des ariens, qui, après avoir été défaits par Clovis, obtinrent de s'établir dans le Languedoc et la Guyenne, à condition qu'ils renonceraient à l'hérésie d'Arius, et qu'ils vivraient en dehors de la société des hommes. Le principal argument dont on appuie cette origine, est l'étymologie du nom de la secte maudite, évidemment tiré de *canes gots*, d'où l'on a fait cagots.

On a dit aussi qu'ils étaient Sarrasins, et qu'ils venaient de l'Orient ; l'horrible odeur qui s'échappait de leur corps empêchait d'en douter. Les Lombards, qui se vantaient d'être orientaux, n'étaient-ils pas d'une race puante et malsaine, témoin la lettre que le pape Étienne III écrivit à Charlemagne pour le détourner d'épouser Berthe, fille de Didier, roi de Lombardie. Les cagots étaient puants et malsains comme les Lombards : donc ils étaient venus d'Orient, et devaient être infidèles ; la chose était fort claire. Ajoutez à cela que ce nom de cagots, dérivé de *canes gots*, c'est-à-dire *chiens* ou *chasseurs de Gots*, leur avait été donné parce que les Sarrasins chassèrent les Goths d'Espagne. En outre, à l'époque de leur vie sarrasine, ces hérétiques avaient dû être mahométans et obligés, comme tels, à se baigner sept fois par jour ; d'où la patte de canard était devenue l'un des insignes de la cagoterie. Le canard est un oiseau d'eau, les mahométans se baignent sans cesse… preuves sur preuves !

En Bretagne, on pensait généralement qu'ils étaient de souche israélite, et leur mauvaise odeur était citée à l'appui ; les juifs, personne ne devait l'ignorer, avaient toujours eu cette infirmité physique, dont ils ne pouvaient se guérir qu'en se plongeant dans une fontaine d'Égypte (ce qui était fort loin de la Bretagne), ou en se lavant le corps avec le sang d'un petit enfant chrétien. Il était donc naturel que le sang ruisselât du corps des cagots le jour du vendredi saint, puisqu'ils descendaient des juifs. C'était la seule manière d'expliquer un fait aussi épouvantable. Remarquez bien, d'ailleurs, que les cagots étaient des charpentiers d'une habileté hors ligne, ce qui donnait à penser qu'ils avaient eu pour ancêtres parmi les juifs ceux qui avaient fait la croix de Jésus.

Lorsque l'émigration prit son cours vers l'Amérique, les cagots affluèrent dans les ports de la Bretagne, afin d'aller se réfugier sur une terre vierge, où cesserait la malédiction qui pesait sur leur caste ; nouvelle preuve qu'ils descendaient d'Abraham, puisqu'ils partageaient les goûts nomades de son peuple. Les quarante années de courses dans le désert, et jusqu'au Juif errant, servirent à démontrer que les cagots devaient leur agitation, et leur besoin de changer de place, à leur origine hébraïque. Les juifs, d'ailleurs, pratiquaient la magie ; les cagots vendaient aux marins bretons des outres pleines de vent, et de jeunes filles qui les aimaient en raison des philtres qu'on leur avait donnés ; ils faisaient sortir du creux des rochers et des arbres des bruits étranges, qui n'avaient rien de terrestre, et trafiquaient d'une herbe magique dont le nom était *bon-succès*.

Au commencement du XIVe siècle, on appliquait les mêmes lois aux cagots et aux juifs, et on les confondait sous la même appellation ; mais la peau blanche des cagots et leur exactitude rigoureuse à pratiquer tous les devoirs qu'impose l'Église catholique, jointes à d'autres circonstances, ne permettent pas qu'on puisse admettre leur origine israélite.

On a également supposé qu'ils avaient eu pour ancêtres d'infortunés goitreux, dont l'espèce existe encore dans les vallons des Pyrénées. Suivant les partisans de cette opinion, le mot goitre serait dérivé de Goth ; celui de crestia, dont on se servait aussi pour désigner la race maudite, aurait donné lieu au nom de crétin, d'autant plus qu'il n'était pas rare de trouver chez les cagots des gens privés de raison. Mais s'il faut en croire les souvenirs traditionnels, le désordre mental auquel ces malheureux étaient sujets, loin de ressembler au crétinisme, prenait la forme d'un violent délire qui les attaquait à la nouvelle et à la pleine lune. À cette époque les ouvriers déposaient leurs outils et quittaient leur travail pour courir le pays comme des fous ; un mouvement perpétuel semblait être le seul moyen d'apaiser leur fureur douloureuse, ainsi qu'il arrive aux Napolitains piqués de la tarentule.

C'est en Béarn, surtout, que les individus atteints de cette folie étaient redoutés par les habitants ; les sabotiers béarnais, qui allaient couper leur bois dans les forêts situées à la base des Pyrénées, craignaient par-dessus tout de s'en approcher à l'époque où la cagoutelle s'emparait de la gent maudite. Les vieillards du pays gardent encore le souvenir d'un homme qui, ayant épousé une cagote, avait l'habitude de battre vigoureusement sa femme dès qu'il voyait apparaître chez elle les premiers signes de frénésie ; et quand, à force de coups, il l'avait réduite à un état salutaire d'épuisement et d'insensibilité, il l'enfermait jusqu'au jour où la lune entrait dans son déclin. S'il ne s'était pas servi de moyens aussi énergiques, disent les narrateurs du fait, personne ne peut savoir ce qui serait arrivé.

Depuis le XIIIe siècle jusqu'à la fin du XVIIIe, les faits abondent qui prouvent l'exécration dont ces malheureux étaient l'objet, soit qu'on les appelât cagots ou cahets dans les Pyrénées, caqueaux en Bretagne, ou vaquéros dans les Asturies. À diverses reprises, les plus intelligents de ces parias avaient essayé de combattre l'odieux préjugé dont ils étaient victimes ; mais il ne fallut rien moins que la révolution française pour les faire rentrer dans le droit commun. Le procès fameux qui fut jugé dans le Béarn en 1718, en est la preuve. Un riche meunier, qui s'appelait Étienne Arnaud, et qui, suivant les pièces du procès, était de la race des Gotz, Quagotz, Bizigoths, Astragoths ou Gahetz, avait épousé une cagote de Biarritz ; Étienne, dont la fortune s'était augmentée par ce mariage, ne voyait pas pour quel motif il continuerait d'entendre l'office près de la porte de l'église, et ne remplirait pas des fonctions publiques dans la commune, dont il était le principal habitant. Il adressa donc une requête à la justice, par laquelle il demandait à être relevé de son incapacité civile, et, pour sa femme et pour lui, la permission de s'asseoir dans la tribune de l'église. Cette demande ayant d'abord été refusée, Étienne Arnaud soutint ses droits avec vigueur contre le bailli de Labourd, magistral du canton. Sur ces entrefaites, les habitants de Biarritz se réunirent le 8 mai, au nombre de cent cinquante, pour approuver la conduite du bailli, terminèrent la séance par une souscription destinée à couvrir les frais de justice, et donnèrent pleins pouvoirs à leurs procureurs pour défendre la cause des gens de race pure contre Étienne Arnaud, cet étranger qui, en raison de son mariage avec une fille cagote, devait être, comme elle, expulsé du sanctuaire. Ce procès fut porté successivement devant toutes les cours de la province, et finit par un arrêt du parlement de Paris, qui donna tort aux superstitions basques, et autorisa Étienne Arnaud et sa femme à se placer désormais dans la tribune de l'église.

Cette décision ne fit qu'augmenter la colère des habitants de Biarritz, et en 1722, un charpentier appelé Miguel Legaret, soupçonné d'avoir du sang cagot dans les veines, s'étant placé dans la nef, parmi la foule des assistants, fut traîné hors de l'église par le prêtre et deux jurats de la paroisse. Legaret se défendit contre cet acte de violence au moyen de son couteau, et fut pour cette cause appelé devant le tribunal du ressort ; mais le prêtre et ses deux complices furent condamnés à faire amende honorable publiquement et à genoux à la porte de l'église, à la sortie de la grand'messe. Ils en appelèrent au parlement de Bordeaux, qui confirma la sentence, et Legaret put à l'avenir prendre à l'église la place qui lui convenait.

Après ces deux affaires, il parut accepté à Biarritz que tous les cagots jouissaient, leur vie durant, des mêmes droits que les autres gens du pays ; mais à leur mort, cette égalité cessait, et les habitants de race pure luttèrent avec acharnement pour conserver le privilège d'être enterrés à part de la caste exécrée. Les cagots ne mirent pas moins de persévérance à réclamer une place au milieu du cimetière, et les textes de l'Ancien Testament furent compulsés de nouveau. Les purs citèrent d'une voix triomphante le cas d'Ozias, le lépreux, qui fut enterré dans le champ où étaient les tombeaux des rois, et non dans les tombeaux mêmes (livre II des Paralipomènes, chapitre XXVI). Les cagots répondirent à cela qu'ils étaient sains de corps, et n'offraient pas le moindre signe de lèpre ; mais on leur opposa l'argument que j'ai cité plus haut, et qu'il est très-difficile de rétorquer, à savoir : que cette maladie est de deux sortes, visible et invisible, et que les cagots étant affectés de cette dernière espèce de lèpre, le fait devait être laissé à la décision des autres, car il leur était impossible d'en juger par eux-mêmes.

Une famille de cagots opiniâtres, appelés Belone, plaida pendant quarante ans pour obtenir le privilège de sépulture commune. Cette demande lui avait été accordée tout d'abord ; le curé de Biarritz n'en avait pas moins continué à suivre l'ancien usage, bien qu'il fût condamné à payer cent livres toutes les fois qu'un cagot n'était pas enterré à la place voulue ; et les habitants de la paroisse se cotisaient pour fournir le montant de ces amendes.

M. de Romagne, évêque de Tarbes, qui mourut en 1768, fut le premier qui permit à un cagot de remplir une charge ecclésiastique.

Il est certain que parmi les cagots, il s'est trouvé des individus assez faibles pour refuser les fonctions qui leur étaient offertes, parce qu'en acceptant ainsi le bénéfice de l'égalité civile, ils avaient à payer les taxes publiques, au lieu du droit de capitation prélevé sur les membres de leur race. Disons, par parenthèse, que le collecteur de cet impôt de capitation pouvait, dans chaque maison de cagot, réclamer, en même temps, un morceau de pain d'une grosseur déterminée pour la nourriture de son chien.

Dans le siècle où nous sommes, il a fallu, en certains endroits, que l'archidiacre du diocèse, suivi de tout son clergé, passât par la petite porte réservée autrefois à la caste maudite, pour atténuer le préjugé qui, même à cette époque, empêchait le commun des fidèles de se mêler aux cagots dans la maison du Seigneur. L'un de ces réprouvés, qui habitait Larroque, joua aux habitants de cette commune un tour que lui avait suggéré cette action des archidiacres : il ferma sans bruit la grande porte de l'église, pendant que les paroissiens assistaient à la messe, et mit du sable dans la serrure pour empêcher qu'on ne pût l'ouvrir au moyen d'une seconde clef ; il s'ensuivit que notre homme eut le plaisir de voir tous les gens de race pure défiler, en courbant la tête, par la porte basse qui servait aux cagots.

Nous sommes à la fois surpris et indignés en découvrant les preuves de cette haine qui, récemment encore, persécutait sans motifs une race industrieuse et innocente.

L'épitaphe de mistress Mary Hand, gravée dans l'église de Stratford-sur-Avon, pourrait peut-être servir de morale à cette histoire de la caste maudite :

« Si vous voyez mes défauts, tâchez de les éviter ; et regardez en vous-même, il y a bien certainement quelque chose à y reprendre. »

J'avais remarqué depuis plusieurs jours que miss Duncan noircissait beaucoup de papier, et paraissait vouloir que je n'y fisse pas attention ; ma curiosité en fut d'autant plus vive, et je bâtis en silence une foule de conjectures, dont quelques-unes approchèrent tellement de la vérité, que je ne fus pas du tout surprise lorsque mon institutrice, ayant toussé plusieurs fois, nous dit, avec certaines précautions oratoires, qu'elle avait consigné dans quelques pages un ancien récit qui lui avait été fait jadis, à une époque où elle habitait près de l'endroit où ces événements s'étaient passés. Chacun la pressa de nous lire ces quelques pages, qu'elle tira de son réticule. Au moment d'en commencer la lecture, elle se trouva si émue, et réclama si longuement notre indulgence pour ce premier essai, que je me demandai si nous aurions notre histoire. À la fin cependant, elle en prononça le titre d'une voix aiguë et mal assurée.

---

1. ↑ Anniversaire de la découverte de la conspiration des poudres, où l'on promène dans les rues des mannequins représentant les conjurés, et notamment Guy Fawks.

(*Note du traducteur.*)

LA DESTINÉE DES GRIFFITH.

CHAPITRE I.

J'ai toujours écouté avec un vif intérêt les traditions répandues dans tout le nord du pays de Galles sur Owen Glendower, et je comprends à merveille que le paysan gallois ait conservé pour ce héros une admiration profonde. On ne se figure pas combien les habitants de la principauté furent joyeux lorsque, il y a quinze ou seize ans, l'université d'Oxford proposa l'histoire d'Owen Glendower pour sujet de poésie galloise ; il était impossible, en effet, de choisir un thème qui flattât davantage la fierté nationale.

Peut-être ne savez-vous pas que, même à notre époque de lumières, ce grand capitaine est tout aussi révéré par les Gallois pour la puissance qu'il avait comme magicien, que pour son courage et son patriotisme.

Owen a dit en parlant de sa personne, ou Shakspeare a dit pour lui, ce qui est à peu près la même chose :

« À ma naissance, la voûte du ciel était remplie de corps flamboyants.

« Je peux faire surgir les esprits du sein de la mer profonde. »

Et parmi les Gallois d'un rang inférieur, il en est bien peu qui songeraient à lui poser la question irrévérente que lui adresse Hotspur.

Au nombre des souvenirs qu'a laissés la puissance magique de notre héros, est l'ancienne prophétie qui fait le sujet de notre histoire. Lorsque David Gam tenta d'assassiner Owen à Machynleth, il était accompagné du dernier des hommes que Glendower eût jamais soupçonné d'être avec ses ennemis : Rhys ap Gryfydd, son parent, son vieil ami, plus que son frère, consentait à devenir son meurtrier ! Owen pouvait pardonner à David Gam, non pas au traître maudit qui avait eu son affection. Toutefois il connaissait trop le cœur humain pour désirer la mort de Gryfydd ; avant de le quitter, il se rendit au cachot où ce misérable était déjà en proie aux remords les plus amers, et prononça les paroles suivantes :

« Je te condamne à vivre, car je sais que tu ne demandes qu'à mourir ; tu dépasseras les limites ordinaires de la vie humaine, afin de rester plus longtemps un objet d'horreur et de mépris. Tu seras montré au doigt par les enfants eux-mêmes, qui, en te voyant, s'écrieront d'une voix sifflante : « Voilà celui qui a voulu tuer son frère. » Car je t'aimais plus qu'un ami, Rhys ap Gryfydd ! Tu vivras pour voir ta famille décimée par les armes. Tous les tiens seront maudits, ils verront leurs domaines fondre et disparaître comme la neige au printemps ; leur fortune s'évanouira, quels que soient les tas d'or qu'ils aient pu amasser, et quand la neuvième génération aura quitté ce monde, ton sang ne coulera plus dans les veines d'aucun homme. À cette époque, le dernier mâle de ta race m'aura vengé : le fils aura tué son père. »

Telles furent les paroles qu'adressa Owen à son perfide ami, et, suivant la tradition qui les rapporte, la destinée qu'elles prédisaient fut accomplie dans ses moindres détails. Quelle que fût leur manière de vivre, leur âpreté au gain ou bien leur avarice, les Griffith ne parvenaient pas à s'enrichir, ou voyaient leurs trésors disparaître sans la moindre cause apparente.

À la fin, cependant, les années parurent avoir affaibli la puissance de la malédiction d'Owen ; il fallait, pour qu'elle revînt à la mémoire, qu'un événement fâcheux arrivât aux Griffith ; et la foi qu'elle avait inspirée dans l'origine s'éteignit presque entièrement dès la huitième génération, lorsqu'on vit l'aîné de la famille épouser une miss Owen, qui, par la mort de son frère, se trouva tout à coup en possession d'une fortune, si non considérable, au moins suffisante pour démentir l'ancienne prophétie.

Par suite de cet héritage, les deux nouveaux mariés quittèrent le mince domaine patrimonial que les Griffith possédaient dans le Mérionethshire, pour aller habiter celui des Owen, situé dans le comté de Caernarvone, où ils oublièrent la malédiction qui pesait sur leur famille.

Si vous allez à Criccaeth, en venant de Trémadoc, vous passez auprès de l'église paroissiale d'Inysynanharn, bâtie dans une vallée marécageuse qui descend des montagnes jusqu'à la baie de Cardigan. Ce bassin, dont la mer paraît s'être retirée à une époque assez moderne, présentait alors à son origine la triste fécondité qui caractérise souvent les marais de cette espèce. Un peu plus loin, tout en conservant le même caractère, il paraissait encore plus désolé : une épaisse forêt de sapins rabougris et maladifs couvrait le haut des montagnes ; beaucoup d'entre eux étaient morts, leur écorce gisait sur la terre brune, et les troncs blanchis, vus à la clarté douteuse qui s'efforçait de traverser la feuillée, ressemblaient à des spectres et vous glaçaient d'effroi. En se rapprochant de la mer, la vallée s'élargissait, mais sans devenir plus riante ; un épais brouillard lui dérobait le ciel la plus grande partie de l'année ; et les travaux d'une ferme, qui partout animent le paysage, ne donnaient à celui-ci ni mouvement ni gaieté. Cette vallée formait la plus grande partie de la fortune dont venait d'hériter la femme de sir Griffith, et renfermait dans sa région supérieure, Bodowen, l'ancienne résidence de la famille, un édifice carré, aux proportions massives et qui avait bien juste les ornements nécessaires pour se distinguer de la maison de ferme.

C'est à Bodowen que nos jeunes mariés étaient venus fixer leur demeure, et c'est là que mistress Griffith donna le jour à deux enfants : Lléwellyn, futur héritier des domaines et du titre de la famille, et Robert, qui, dès l'âge le plus tendre, fut destiné à l'église. La seule différence qu'il y eût dans la position des deux frères, jusqu'au moment où le cadet fut placé au collège, c'est que Lléwellyn était invariablement gâté par tous ceux qui l'entouraient, tandis que Robert était gâté et châtié tour à tour. On trouvait à merveille que le futur squire ne profitât nullement des leçons du prêtre gallois qui lui servait de précepteur ; mais il arrivait de temps en temps que sir Griffith gourmandait Robert de sa paresse, en lui disant que plus tard il aurait à gagner son pain, et qu'en sa qualité de cadet il devait faire de bonnes études.

Je ne sais pas où l'aurait conduit cette alternative de sévérité et d'indulgence, et comment il se serait tiré de ses examens, si, avant d'arriver là, notre cadet n'avait appris la mort de son frère, qui venait d'être emporté en quelques jours à la suite d'une orgie.

Robert fut naturellement rappelé dans la maison paternelle, et comme la science ne lui était plus indispensable, on décida, non moins naturellement, qu'il ne retournerait pas à Oxford ; c'est ainsi que notre cadet, à demi instruit, mais non pas inintelligent, se trouva réinstallé à Bodowen, où il perdit ton père quelques années après.

Il n'est pas très-rare de rencontrer des gens de la nature du nouvel héritier ; Robert, en général, était doux, indolent, et se laissait facilement conduire ; mais une fois qu'elle était éveillée, sa fureur devenait tellement vive, qu'il en redoutait la violence, et il lui arrivait parfois d'étouffer la colère la plus motivée, dans la crainte d'arriver à perdre tout empire sur lui-même. S'il avait fait de bonnes études, il est probable qu'il se serait distingué dans les branches de la littérature qui demandent plus d'imagination que de jugement. Tel qu'il était, et dans le milieu où il se trouvait placé, le jeune Griffith révéla son goût littéraire et artistique en réunissant une collection d'antiquités et de manuscrits gallois qui auraient excité l'envie du docteur Pugh lui-même, si le docteur eût vécu à cette époque.

Un trait caractéristique de celui-ci, que j'ai oublié de mentionner, et qui surtout le distinguait des hommes de son rang, c'est qu'il ne buvait pas. Était-ce par répugnance ou par crainte de lui-même qu'il évitait de s'enivrer ? c'est ce que je ne saurais dire ; mais à l'âge de vingt-cinq ans, il était généralement sobre, chose tellement rare dans son pays, qu'on l'y prenait pour un être incivil ou insociable, et que, mal accueilli des autres, il passait dans la solitude la plus grande partie de son temps.

Vers cette époque, il fut appelé comme témoin aux assises de Caernanone, et descendit chez son procureur, un Gallois plein de finesse et de ruse, dont la fille unique eut assez de charmes pour captiver son hôte. Robert resta quelques jours seulement chez le légiste ; mais cela suffit pour que deux mois après, s'étant marié, il installât sa jeune femme à Bodowen. La nouvelle épouse était soumise, pleine de douceur ; elle adorait son mari, qui pourtant lui inspirait une certaine crainte, en raison des études sérieuses dont la plupart des journées de Robert étaient remplies, et auxquelles la jeune femme ne comprenait pas un mot.

Elle lui donna bientôt une jolie petite fille, blanche et rose, qu'on appela Augharad, comme sa mère ; puis le temps s'écoula sans que rien de nouveau se produisît au manoir, et les vieilles femmes avaient déclaré qu'on n'y bercerait plus d'enfant, lorsque mistress Griffith mit au monde un fils, héritier de Bodowen. Non-seulement elle avait beaucoup souffert durant tout le temps de sa grossesse, mais elle resta languissante pendant quelques mois, et succomba sans avoir eu la force de réagir contre le mal.

Robert aimait d'autant plus sa femme qu'il avait peu d'amis ; sa douleur fut excessive, et, dans son désespoir, il ne trouva d'autre consolation que de s'attacher à son fils. La sensibilité féminine dont il était doué naturellement, fut évoquée tout à coup par le pauvre orphelin qui lui tendait les bras avec cette ardeur suppliante qu'en général les enfants n'éprouvent que pour leur mère.

Augharad fut presque négligée ; le petit Owen devint le maître absolu du manoir ; sa sœur, elle-même, ne tarda pas à l'aimer d'une tendresse toute maternelle. Jamais il ne quittait son père, et le temps ne fit qu'augmenter cette habitude : singulier genre de vie, aussi peu naturel que fâcheux ! Il faut aux enfants de brillantes petites figures qui les regardent en souriant, des éclats de rire sonores, des voix claires et joyeuses ; tandis qu'Owen, dont la sœur, pauvre orpheline, était souvent bien triste, partageait la solitude de son père, que celui-ci restât dans la sombre pièce qui renfermait ses antiquités, ou qu'il s'enfonçât dans les montagnes pour chasser, ou se promener à l'aventure.

Lorsqu'ils arrivaient au bord de quelque ruisseau écumant, trop difficile à franchir pour Owen, Robert prenait l'enfant, qu'il déposait avec précaution sur l'autre rive ; quand celui-ci était fatigué, il le couchait dans ses bras, ou le rapportait doucement au vieux manoir ; puis ils mangeaient ensemble, et veillaient l'un près de l'autre, jusqu'à une heure parfois très-avancée. Tout cela n'avait pas détruit chez Owen les bonnes qualités qu'il avait reçues de la nature ; mais il était sombre et malheureux ; sa physionomie avait quelque chose de pensif qui n'était pas de son âge ; et l'intérêt qu'il prenait aux études de son père avait développé son intelligence d'une façon maladive.

Sir Griffith n'ignorait pas la prophétie d'Owen Glendower, et savait bien qu'il représentait la génération en qui elle devait s'accomplir. Il en riait quelquefois, lorsque par hasard il était avec ses connaissances, mais au fond du cœur il en était plus vivement ému qu'il ne se plaisait à le reconnaître. D'une imagination exaltée qui le prédisposait à croire au merveilleux, Robert n'avait pas assez de force morale pour réagir contre cette tendance naturelle, et pour écarter le sujet pénible qui le préoccupait de plus en plus ; il attachait sur la figure de son fils des yeux remplis d'amour, qui semblaient vouloir interroger l'enfant, et il le regardait ainsi jusqu'à ce que la légende, finissant par le dominer, lui causât une souffrance trop vive pour qu'il pût la concentrer en lui-même. D'ailleurs l'amour passionné qu'il ressentait pour Owen avait plus besoin d'épanchement que de tendresse, et lui faisait trouver un plaisir mêlé de crainte à reprocher à son fils la douleur que lui causait cette prédiction fatale. Sir Griffith raconta donc la légende au petit Owen tandis qu'ils erraient dans les bruyères, par un de ces jours d'automne qui sont les plus tristes de l'année ; puis il la répéta un soir d&ns la grande pièce lambrissée de chêne, où les antiquités mystérieuses qui s'y trouvaient réunies prenaient des formes étranges à la lueur inconstante du foyer.

Owen écoutait en tremblant les paroles de son père, et, voulant jouir encore de l'émotion qu'elles lui avaient causée, redemandait cette légende, que Griffith lui redisait en y mêlant ses caresses, et en s'arrêtant pour l'interroger sur son amour. L'enfant répondait avec effusion ; mais parfois sir Griffith repoussait les baisers d'Owen, et lui criait d'une voix amère : « Va-t'en ! Va-t'en : ne sais-tu pas comment tout cela doit finir ? »

Owen allait avoir douze ans, et sa sœur Augharad dix-sept ou dix-huit, lorsque le recteur de la paroisse vint trouver sir Robert, et le pressa vivement d'envoyer son fils en pension. Cet ecclésiastique était le seul ami intime du squire, dont il partageait les goûts ; à force de répéter à celui-ci combien sa manière de vivre était fâcheuse pour un enfant de l'âge d'Owen, il finit par l'en convaincre. Bref, malgré la répugnance qu'il avait à se séparer de son fils, Robert plaça Owen à l'école grammaticale de Bangor, que dirigeait à cette époque un humaniste éminent. Une fois sorti de la maison paternelle, le jeune Griffith prouva que le recteur s'était trompé en disant que la vie de Bodowen lui avait atrophié l'intelligence ; il étonna ses professeurs par la rapidité de ses progrès, et se distingua surtout dans l'étude des langues anciennes, qui faisait, à vrai dire, la réputation du collège de Bangor. Mais il avait peu de succès parmi ses camarades ; son désintéressement, sa générosité même ne rachetaient pas auprès d'eux son caractère chagrin et fantasque ; et la violence qui le dominait parfois, violence dont il avait hérité de son père, lui faisait perdre le bénéfice de sa douceur habituelle.

Au bout d'un an, lorsqu'il vint en vacances, notre écolier fut tout surpris d'entendre dire que sa sœur Augharad, jusqu'ici restée dans l'ombre, allait épouser un gentilhomme gallois qui demeurait dans le midi de la principauté, aux environs d'Aberystwith. Il est rare que les frères sachent apprécier leurs sœurs ; mais, dans cette circonstance, Owen se rappela combien il avait été peu reconnaissant des bontés d'Augharad, et donna cours à ses regrets, que, par un besoin de contradiction égoïste, il exprima devant son père ; au point que celui-ci finit par être douloureusement blessé de l'entendre s'écrier sans cesse : « Que deviendrons-nous quand Augharad sera partie ! Comme on va s'ennuyer quand Augharad n'y sera plus ! »

Il est certain qu'après la noce et le départ des jeunes mariés, Owen et son père sentirent combien l'affectueuse Augharad leur manquait à tous les deux. Elle était si attentive et si douce ; elle remplissait, avec dévouement et sans bruit, tant de menues fonctions d'où dépendait leur bien-être quotidien, qu'ils ne savaient plus comment vivre. La maison avait perdu l'esprit vigilant qui faisait régner l'ordre et la paix dans ses murs ; les domestiques allaient et venaient, cherchant en vain qui pût les diriger. Plus de fleurs dans les vastes pièces du manoir, plus de goût dans l'arrangement des meubles ; le feu brûlait tristement dans les grandes cheminées, et s'éteignait au milieu d'un amas de cendres grises. Il en résulta qu'Owen retourna sans regret à Bangor, que sir Griffith s'en aperçut, et que, dans son égoïsme, il en ressentit une déception profonde.

Les lettres, à l'époque dont il s'agit ici, étaient une chose assez rare. Owen en recevait une habituellement pendant le semestre qui suivait les vacances, et, quelques mois après, il avait la visite de son père ; mais cette année s'écoula sans qu'il reçût ni lettre, ni visite, jusqu'au moment où, sur le point de retourner à Bodowen, un mot écrit à la hâte vint lui apprendre que son père était remarié.

La lecture de ce billet fit tomber le jeune Griffith dans un de ces accès de rage dont nous avons parlé, et qui, cette fois, était d'autant plus violent, qu'on ne pouvait réagir contre le fait qui l'avait provoqué. Indépendamment de l'affront que recevait la mémoire de sa mère (c'est ainsi que les enfants ne manquent pas d'envisager le second mariage de leurs parents), Owen s'était considéré jusqu'alors, et il avait eu raison, comme occupant la première place dans le cœur et dans l'esprit de sir Griffith. Maintenant il se trouvait quelqu'un entre lui et son père ; on ne l'avait pas même consulté au sujet de ce mariage ; on lui avait dit la chose alors qu'elle était faite, on avait eu pour lui moins d'égards que pour un étranger.

Certes, on aurait dû l'instruire plus tôt d'un événement qui avait pour lui une si grave importance. Sir Griffith le comprenait bien, et c'est à l'embarras que lui causait cette faute, qu'il fallait attribuer la froideur apparente qui régnait dans sa lettre, froideur qui augmentait encore l'amertume des sentiments de son fils.

Owen, malgré toute sa fureur, ne put s'empêcher, en voyant sa belle-mère, de la trouver charmante, bien qu'elle eût déjà perdu la première fleur de la jeunesse ; car elle était veuve lorsqu'elle avait épousé Robert Griffith. Jamais le pauvre garçon n'avait rencontré de femme aussi séduisante dans les familles des quelques amateurs d'antiquités où son père l'avait conduit quelquefois. Tant de grâce dans les mouvements et de douceur dans la parole firent tomber l'irritation qu'il avait éprouvée d'abord ; mais, plus que jamais, il sentait qu'un nuage le séparait de sir Griffith ; il comprenait que celui-ci n'avait pas oublié la réponse qu'il avait faite au billet qui lui avait appris ce mariage, et que désormais il ne serait plus ni le confident, ni le compagnon de son père ; que le squire vivait maintenant pour sa nouvelle épouse, et que le fils qu'il avait tant aimé n'était plus rien pour lui.

Quant à sa belle-mère, elle était à son égard d'une prévenance qui allait jusqu'à l'importunité ; néanmoins, pensait-il, le cœur n'avait aucune part dans ces attentions qui voulaient être séduisantes. Deux ou trois fois Owen avait surpris, dans les yeux de la dame, un regard qui lui faisait mettre en doute la sincérité des soins flatteurs dont il était l'objet.

Mistress Griffith avait amené avec elle un petit garçon de trois ans, qu'elle avait eu de son premier mari. C'était l'un de ces enfants malins et railleurs dont la conduite échappe à tout contrôle ; ses niches malicieuses, accomplies d'abord dans l'ignorance du mal qu'elles pouvaient faire, tiraient ensuite pour lui leur principal attrait de la souffrance qui en était le résultat ; c'était en un mot l'un de ces lutins que le bas peuple croit être fils de quelque mauvais génie, et qui semblent justifier cette superstition galloise.

Les années s'écoulèrent ; Owen, en grandissant, devenu plus fin observateur, remarqua dans les courtes visites qu'il faisait au manoir, combien son père avait changé. L'influence de mistress Griffith, irrésistible dans ses effets, avait opéré chez son mari une transformation complète : le squlre n'avait plus d'autre opinion que celle de sa femme, et cependant celle-ci n'exprimait pas sa manière de voir. Il en était de même de tous les désirs qu'elle pouvait éprouver ; leur accomplissement se faisait si peu attendre qu'ils paraissaient toujours avoir été prévenus, tant elle possédait l'art de les faire naître dans l'esprit de son mari, qui croyait agir de son propre mouvement.

Mistress Griffith abdiquait l'autorité pour en avoir la puissance. Owen, s'en étant donc aperçu, attribua dorénavant à sa belle-mère tous les actes de tyrannie dont les domestiques, et souvent lui-même, étaient victimes de la part de son père. Celui-ci, en outre, avait perdu ses habitudes de tempérance, et l'ivresse produisit bientôt son effet accoutumé sur le caractère de sir Griffith ; mais dans ses accès de fureur même, il s'inclinait devant sa femme, et savait se contenir en sa présence ; l'astucieuse créature n'en connaissait pas moins l'irritabilité du squire, et la dirigeait à son gré avec un air de profonde ignorance à l'égard du mal qui pouvait en résulter.

On se figure aisément combien Owen devait souffrir de la situation qui lui était faite, surtout quand il la comparait avec celle qu'il avait autrefois chez son père. On lui avait obéi aveuglément dans son enfance, avant qu'il pût trouver en lui-même un frein à l'égoïsme qu'une pareille conduite engendre presque toujours ; il se rappelait l'époque où ses moindres volontés étaient des lois pour les serviteurs et les tenanciers de Bodowen, et où son affection était indispensable à son père, qui maintenant paraissait l'éviter, ou n'écoutait ses désirs les plus légitimes qu'avec indifférence.

Peut-être Owen ne voyait-il pas les choses sous leur véritable jour ; il est rare que dans un drame de famille les acteurs conservent assez d'empire sur eux-mêmes pour ne pas s'égarer dans leurs jugements. Quoi qu'il en soit, le jeune Griffith, dont le caractère avait toujours été enclin à la tristesse, devint de plus en plus sombre ; il ne fit que penser avec amertume à son existence déshéritée d'affections, et brûla du désir de rencontrer quelqu'un dont il pût être aimé.

Ce besoin impérieux s'empara surtout de son esprit et de son cœur lorsque, après avoir quitté le collège, il se retrouva chez son père, où il menait une vie entièrement désœuvrée. L'héritage qui devait lui revenir un jour le dispensait d'un travail obligatoire, et la nécessité morale de se rendre utile aux autres n'était jamais apparue à sir Robert, qui avait trop du gentilhomme gallois pour soupçonner pareille chose. Il est possible que le jeune Griffith en eût l'idée, mais il était trop faible pour se résoudre à quitter un séjour où cependant il était abreuvé d'humiliations ; il y pensait néanmoins, lorsque différentes circonstances le retinrent à Bodowen.

On ne pouvait pas s'attendre à ce que la bonne harmonie se conservât longtemps, même en apparence, entre un jeune homme imprudent et une femme astucieuse, lorsqu'il s'agissait, non plus de se supporter pendant une courte visite, mais de vivre ensemble un temps indéfini. La paix fut bientôt rompue et les hostilités commencèrent ; elles ne se trahirent point par des altercations bruyantes, mais par un silence hautain du côté d'Owen, et de celui de sa belle-mère, par la poursuite dédaigneuse et non déguisée des projets qui avaient amené la rupture. Le fils était devenu complètement étranger dans la maison paternelle ; personne ne guettait son départ et n'attendait son retour, personne ne pensait à lui ; et cependant tous ses vœux, toutes ses actions étaient contrecarrés par son père, ayant à côté de lui sa femme, dont les lèvres silencieuses avaient un sourire de triomphe.

Il en résultait qu'Owen passait le moins de temps possible au manoir, et partait dès le point du jour. Quelquefois il pêchait au bord de la mer, ou chassait dans la montagne, mais le plus souvent il se couchait sur l'herbe et s'abandonnait à une rêverie maladive. Il s'imaginait que sa triste vie était un songe dont il se réveillerait avant peu, et qu'il se retrouverait, comme autrefois, l'unique objet de la tendresse de son père. Il se levait alors pour échapper au présent, qui lui semblait un affreux cauchemar. C'était bien le même coucher du soleil qu'il voyait dans son enfance, la même lumière qui colorait les nuages de pourpre, et qui s'évanouissait pour faire place aux pâles rayons de la lune, tandis que, çà et là, flottait une légère vapeur qui traversait l'Occident.

La terre avait conservé le même aspect ; c'étaient bien les mêmes bruits du soir, le même vent qui rasait la bruyère, et les mêmes parfums qui s'élevaient de la prairie.

Pourquoi son père avait-il changé depuis l'époque où ils s'arrêtaient tous les deux pour écouter cette harmonie sublime ?

D'autres fois il allait s'asseoir dans un creux des rochers de Moël Gêst, où, abrité par un bouquet de sorbiers aux feuilles légères, les pieds sur un coussin d'herbe aux perles, il regardait la baie se déployer au-dessous de lui, et suivait d'un œil pensif les bateaux pêcheurs, dont le soleil faisait briller les voiles ; puis il tirait un vieux livre, son ancien compagnon d'étude, et, sous l'inspiration de la terrible légende qui était restée comme une ombre dans un coin de sa mémoire, il cherchait la tragédie qu'il avait lue tant de fois ; le volume s'ouvrait de lui-même à la page usée où commençait l'Œdipe ; et Owen s'arrêtait palpitant sur l'antique prophétie qui offrait une si grande ressemblance avec celle de Glendower.

Pensant alors au mépris dont il était l'objet, il éprouvait une sorte d'orgueil en songeant au rôle que la légende lui avait accordé, et il se demandait par quelle fatalité imprudente on osait ainsi provoquer le vengeur.

Parfois, effrayé de lui-même, il se livrait avec frénésie à un exercice violent qui l'empêchait de sentir et de penser ; ou bien il se rendait à une petite auberge, située au bord d'une route peu suivie, où le bon accueil des maîtres de la maison, bien qu'intéressé, contrastait d'une manière frappante avec la froideur qu'il trouvait dans sa famille.

Un soir, Owen (il avait alors vingt-quatre ou vingt-cinq ans), fatigué d'avoir chassé depuis le matin dans les marécages de Clenneny, passa auprès de la petite auberge, dont la porte était ouverte. La lumière et la gaieté qui régnaient dans cette maison l'attirèrent, pauvre homme accablé de lassitude ; et, comme tant d'autres, malheureux du présent et inquiets du lendemain, il entra au cabaret pour souper dans un endroit où du moins on serait content de le voir. C'était jour de gala dans la petite hôtellerie. Quelques centaines de moutons destinés à l'Angleterre couvraient la route de chaque côté de la porte ; à l'intérieur, l'habile et joyeuse hôtesse, tout en allant et venant, prodiguait les saluts aux conducteurs de troupeaux qui venaient passer la nuit chez elle, donnait des ordres pour que leurs bêtes fussent parquées dans un champ voisin ; et dans l'intervalle, servait un repas de noce qui avait lieu dans la chambre du fond. C'était, comme on le voit, beaucoup de besogne pour la pauvre Martha ; mais son sourire n'en était ni moins gracieux, ni moins constant.

Lorsque le jeune squire eut fini de souper, « J'espère, lui dit-elle, que vous avez trouvé bon tout ce qu'on vous a servi, et que de manger vous a fait du bien. »

Puis elle lui annonça qu'on allait danser dans l'autre chambre, et que la harpe serait tenue par le fameux Édouard de Corwen.

Moitié pour complaire au désir que son hôtesse lui exprimait par cette annonce, moitié par désœuvrement, Owen Griffith suivit le passage qui conduisait à la salle en question, et s'appuya contre le mur, en dehors de la porte, dont les montants servaient de cadre à la scène animée qui se passait dans la pièce. La flamme rouge du foyer, ravivée de temps à autre par une nouvelle motte de tourbe, éclairait en plein quatre jeunes gens qui dansaient une espèce de branle, analogue à celui d'Écosse, et qui, dans leurs mouvements rapides, conservaient à merveille la mesure de l'air que jouait le fameux harpiste. Ils avaient leur chapeau sur la tête ; mais, s'étant animés peu à peu, ils jetèrent leur coiffure au loin et se débarrassèrent de leurs souliers, qu'ils lancèrent également avec force, sans s'inquiéter de l'endroit où ils pourraient tomber. Des applaudissements frénétiques saluèrent cette preuve d'adresse, dans laquelle chacun des danseurs paraissait avoir pris à tâche de surpasser les autres ; à la fin n'en pouvant plus, ils allèrent se rasseoir, et le musicien passa graduellement à l'une de ces mélodies nationales, pleines de verve et d'inspiration, auxquelles il devait sa célébrité. Les auditeurs, groupés autour de lui, l'écoutèrent bouche béante, et sans oser reprendre haleine. Quand il eut fini d'exécuter la marche des hommes d'Harlech, il joua l'air des trois cents livres, et aussitôt l'un des jeunes gens qui se trouvaient là chanta un récitatif, divisé par strophes nombreuses ; un autre reprit ensuite ce chant monotone, qui paraissait interminable. Owen, fatigué, allait partir, lorsqu'un certain tumulte fut occasionné à l'autre bout de la salle par l'entrée d'un homme d'environ cinquante ans, et d'une jeune fille, dont ce dernier paraissait être le père. Le nouveau venu se dirigea vers le banc des vieillards, où il fut accueilli par les paroles touchantes du salut gallois. « Pa sut mae dy galon ? (Comment ton cœur est-il ?) » et chacun, après avoir bu à sa santé, lui passa le gobelet rempli d'excellent courou. Sa fille, évidemment la belle du village, n'était pas moins bien reçue par les danseurs, tandis que la partie féminine de l'assemblée lui jetait des regards peu bienveillants, qu'Owen Griffith mit sur le compte de l'envie. Elle était de taille moyenne, comme la plupart des femmes galloises, mais admirablement faite, et d'un léger embonpoint qui donnait de la rondeur à ses membres délicats ; son petit bonnet, ajusté avec soin, allait à merveille à sa figure excessivement jolie, sans que les traits en fussent réguliers le moins du monde ; son charmant visage était rond, presque ovale, d'une extrême fraîcheur, bien que la peau en fût très-brune ; le menton et les joues étaient troués de fossettes, et les lèvres, trop courtes pour se rejoindre et cacher de petites dents perlées, étaient les plus rouges qu'Owen eût jamais vues. Le nez pouvait être critiqué, mais les yeux étaient splendides : si bien fendus, si brillants et pourtant si doux parfois, sous leur frange épaisse de cils noirs ! Les cheveux châtains, soigneusement nattés, se relevaient sous le bord de la coiffe de dentelle. Assurément la jeune fille savait faire valoir ses charmes, car les couleurs de son fichu s'harmoniaient à merveille avec la nuance de son teint.

L'évidente coquetterie avec laquelle cette jeune beauté répondait à la foule d'admirateurs qui l'entouraient, amusa le gentilhomme ; et bientôt le fils du seigneur de Bodowen fut lui-même à côté de la charmante paysanne, dont il captiva si bien les regards que les pauvres négligés s'éloignèrent pour aller s'asseoir auprès d'une belle qui fût plus attentive.

Le jeune squire était subjugué ; la jolie fille avait plus d'esprit et d'instruction qu'il ne l'aurait cru possible ; elle joignait à cela un abandon plein de charme ; et sa voix pure était si douce, son attitude si gracieuse, qu'entièrement fasciné sans le savoir, Owen s'oubliait à contempler cette figure rougissante, dont les yeux s'étaient baissés vivement sous son regard.

Tandis qu'ils étaient silencieux, elle, toute confuse de l'admiration qu'elle inspirait, lui s'étonnant de la voir devenir plus belle encore, le père s'approcha, dit quelques mots à sa fille, puis, ayant adressé la parole à Owen, finit par l'entretenir d'un endroit de la presqu'île de Penthryn où il y avait beaucoup de sarcelles. Bref, il termina en demandant au jeune gentleman la permission de le conduire à ce marécage, si jamais il avait envie d'y aller ; Sir Griffith n'aurait pour cela qu'à venir le voir et à lui faire l'honneur d'accepter une place dans son bateau. Owen, tout en écoutant cette proposition avec plaisir, n'était pas tellement absorbé par les paroles du père, qu'il ne s'aperçût de la conduite de la fille ; celle-ci refusait toutes les invitations qui lui étaient faites de prendre part à la danse ; et notre jeune homme, flatté de ces refus qu'il interprétait en sa faveur, redoubla d'attentions pour la jeune paysanne, jusqu'au moment où le père vint annoncer qu'il était temps de partir.

« Peut-être, dit celui-ci à Owen, après lui avoir rappelé sa promesse, peut-être ne me connaissez-vous pas ; mon nom est Ellis Pritchard, et je demeure à Ty-Glas, de ce côté-ci de Moël Gêst ; il n'est personne qui ne puisse vous en indiquer le chemin. »

Owen, de son côté, se disposait à retourner au manoir, lorsque, rencontrant Martha, il ne put résister au désir de la questionner sur Ellis Pritchard, et surtout sur la fille de celui-ci. L'hôtesse fit une réponse un peu brève, quoique respectueuse, et ajouta en hésitant :

« Vous connaissiez les trois choses qui se ressemblent, Maître Griffith : Une belle grange sans blé, une belle coupe sans breuvage, une belle fille sans réputation. »

Puis elle s'éloigna précipitamment, et Owen, reprit avec lenteur le chemin qui conduisait chez son père.

Ellis Pritchard, mi-pêcheur, mi-fermier, assez généreux et brave homme pour être aimé de ses égaux, n'en était pas moins rempli d'astuce et d'ambition. Il avait été frappé de l'effet produit par sa fille sur le jeune Griffith, et n'était pas insensible aux avantages qui pourraient en résulter. Ce ne serait pas la première paysanne qu'on aurait vue transplantée dans un château du pays de Galles ; et c'était sous l'influence de cette idée que le fin matois avait donné au jeune admirateur un prétexte qui lui fournit l'occasion de revoir celle qu'il aimait déjà.

De son côté, la jolie Nest avait bien un peu de l'esprit positif de son père ; flattée de la position qu'occupait dans le monde son nouvel adorateur, elle n'hésita pas à lui sacrifier tous ceux dont elle avait jusqu'alors accepté les hommages ; mais il y avait dans son désir de conserver les bonnes grâces d'Owen, et de gagner son amour, plus de sentiment que d'intérêt. Nest avait été profondément touchée de l'admiration que lui avait témoignée le gentilhomme ; elle était fière d'avoir attiré ses regards, dès qu'il l'avait aperçue, et ne restait pas insensible à la figure expressive, à la belle taille et aux manières élégantes du jeune seigneur.

Quant aux paroles de Martha au sujet de la réputation de Nest, elles étaient bien un peu dures ; le fait est que la charmante fille avait besoin d'admiration, ou plutôt qu'elle aimait à plaire ; elle trouvait un bonheur infini à charmer tout le monde de sa voix et de son sourire, depuis les vieillards, hommes ou femmes, jusqu'aux plus petits enfants. Comme elle avait perdu sa mère en bas âge, il faut bien dire qu'elle était allée jusqu'aux dernières limites de la coquetterie ; on ne pouvait pas lui reprocher autre chose ; mais les anciens du village avaient secoué la tête, et défendu à leurs filles d'aller trop souvent avec elle.

Même à l'instant où il les avait écoutées, l'amoureux Owen avait attaché peu d'importance aux paroles de Martha, et leur souvenir était complètement effacé, lorsqu'au bout de quelques jours il profita d'un beau soleil pour aller voir Ellis Pritchard. À mesure qu'il approchait de la ferme, son cœur battait plus vite ; c'était à vrai dire la première fois qu'il aimait ; on ne peut pas qualifier du nom d'amour les divers caprices qui l'avaient occupé d'une manière peu sérieuse lorsqu'il était à Oxford, et ses pensées avaient pris une direction bien différente depuis qu'il habitait le manoir.

Ty-Glas était adossé aux rochers de Moel-Gêst, dont la muraille formait l'une des parois de la maison.

Peu élevée et très-longue, en raison de sa largeur, cette habitation rustique était bâtie d'énormes galets détachés de la falaise, grossièrement réunis par du mortier, et laissant entre eux, de loin en loin, de profondes ouvertures qui renfermaient d'étroites fenêtres. L'extérieur en était plus primitif qu'Owen ne l'avait supposé ; mais intérieurement elle ne semblait pas dénuée de confort.

On y trouvait deux pièces avec leurs dépendances : l'une très-spacieuse et un peu sombre, où entra immédiatement le jeune Griffith, et qu'il put examiner en détail, avant que la jolie Nest fût revenue de sa chambre, où elle était allée faire quelque changement dans sa toilette. Sous la fenêtre se trouvait une armoire en chêne, d'un bois magnifique et d'un poli brillant. À l'autre bout de la salle étaient deux lits, également en chêne, et complètement fermés suivant la coutume galloise ; c'était là que dormaient Ellis Pritchard et l'individu qui le secondait dans ses travaux agricoles et maritimes ; un rouet à filer la laine, placé au milieu de la salle, paraissait avoir servi quelques minutes auparavant ; des jambons, des quartiers de chevreau, du poisson de différente nature étaient suspendus autour de la cheminée, où ils séchaient pour l'hiver.

Pritchard raccommodait ses filets sur la grève, au moment où le jeune squire se rendait à la ferme ; l'ayant aperçu, il avait quitté sa besogne pour le recevoir, et venait d'entrer dans la salle lorsque la jolie Nest parut à son tour, les yeux baissés, le front couvert de rougeur, et sembla plus charmante que jamais à l'amoureux jeune homme.

Il faisait trop chaud, trop de soleil, trop de vent, trop de ce que vous voudrez, pour qu'on pût aller maintenant à la recherche des sarcelles, et Owen Griffith accepta avec joie l'offre timide qui lui était faite de partager le dîner du pêcheur et de sa fille. Du fromage de brebis sec et dur, quelques tranches de chevreau fumé et grillé, après avoir été trempé dans l'eau fraîche pendant quelques minutes, des tourteaux d'avoine, d'excellent beurre, de très-bon lait, et pour breuvage de la boisson faite avec des sorbes, composaient tout le menu ; mais la table était si proprement servie, l'accueil si franc et si cordial, que maître Owen avait rarement fait de repas qu'il eût trouvé meilleur. À dire vrai, l'ordinaire des gentilshommes gallois, à l'époque dont nous parlons, ne différait guère de celui de leurs tenanciers que par l'abondance et non par la qualité des mets.

Aujourd'hui, les gens riches du pays de Galles sont complètement au niveau de ceux d'Angleterre, quant au luxe et à toutes les recherches de la vie élégante ; mais dans ce temps-là, où vous n'auriez trouvé qu'un seul service d'étain dans le comté de Northumberland, rien dans la manière de vivre d'Ellis Pritchard ne blessait les habitudes d'Owen Griffith.

Les jeunes amants dirent peu de chose pendant toute la durée du repas ; ce fut Pritchard qui fit tous les frais de l'entretien, sans remarquer, du moins en apparence, le peu d'attention que lui accordait son hôte, et les regards pleins d'ardeur que celui-ci attachait sur sa fille.

Plus son amour devenait sérieux, plus Owen éprouvait d'embarras à le témoigner, et le soir, quand il revint de la chasse avec le pêcheur et qu'il s'approcha de Nest pour prendre congé d'elle, le salut qu'il lui adressa fut offert non moins timidement qu'il était accepté.

Cette première visite inaugura pour Owen une série de beaux jours consacrés, en réalité, à la jolie fermière de Ty-

Glas, bien qu'il crût devoir, en commençant, déguiser le motif qui l'attirait chez Pritchard.

Tout ce que la coquetterie et l'amour peuvent inspirer à la femme, tout ce que l'ambition et l'intérêt peuvent suggérer à un homme, fut mis en pratique par Ellis Pritchard et sa fille pour rendre leur maison agréable au jeune squire et pour l'y attirer. Il suffisait d'ailleurs de le bien recevoir, pour qu'Owen trouvât du plaisir à multiplier ses visites. Chez son père, le peu de bienveillance que rencontraient ses paroles l'empêchait d'exprimer sa pensée ; ce n'était jamais à lui qu'étaient adressées les expressions affectueuses qui frappaient son oreille ; personne ne s'inquiétait de son absence, et n'attendait son retour. Quand il arrivait à Ty-Glas, su contraire, chacun se réjouissait de le voir ; le chien lui-même s'efforçait, par ses aboiements joyeux, d'attirer son attention et d'avoir une caresse ; on lui demandait ce qu'il avait fait, ce qu'il était devenu depuis sa dernière visite ; ses moindres mots rencontraient chez Ellis un auditeur attentif ; et quand il s'approchait de Nest, qui était occupée soit à son rouet, soit à faire le beurre, la coloration plus vive de la jeune fille, le regard qui répondait au sien, l'abandon avec lequel cette petite main lui était donnée, le transportaient dans un monde rempli de délices.

Pritchard, en sa qualité de tenancier de Bodowen, avait plus d'une raison pour désirer qu'on ignorât les visites du jeune squire. Owen, de son côté, ne voulant pas troubler ces jours paisibles par un orage domestique, employait tous les moyens que lui suggérait Ellis pour dissimuler ses relations avec Ty-Glas ; il y mettait d'autant plus d'empressement, qu'il espérait bientôt arriver au comble de tous ses vœux. Pritchard n'avait pas d'autre désir que de voir sa fille épouser l'héritier de Bodowen ; et quand la jolie Nest eut caché sa figure sur la poitrine de son amant, après lui avoir fait bien bas l'aveu de son amour, Owen ne songea plus qu'à légitimer son bonheur. Sans avoir des principes bien rigoureux, il avait tant besoin d'une affection durable, qu'il voulait s'assurer le cœur de Nest en se l'attachant par les liens du mariage.

À cette époque il n'était pas difficile, dans la principauté de Galles, de s'unir secrètement. Un jour de la fin d'automne, où le vent soufflait avec violence, Pritchard fit descendre les deux jeunes gens dans son bateau, les conduisit Llandutrouyn, et eut la satisfaction de voir sa petite Nest devenir lady de Bodowen.

Qui n'a pas vu de jeunes filles légères et coquettes se transformer, par le mariage, en femmes sérieuses et pénétrées de leurs devoirs ! Leur vie est désormais fixée ; pourquoi, lorsqu'on a fini par l'atteindre, s'éloignerait-on du but que l'on cherchait avec ardeur ! Elles semblent réaliser la fable d'Ondine ; leur avenir est à la fois paisible et radieux ; une tendresse, une quiétude indicibles remplacent ce besoin de plaire qui les poussait à rechercher l'admiration ; leur existence est pleine du rayonnement de l'être aimé ; c'est un souffle nouveau qui les anime et les transfigure.

Si, dès leur première rencontre, Nest Pritchard avait recherché les hommages du jeune squire de Bodowen, ce sentiment avait bientôt disparu devant un amour sincère ; et maintenant qu'elle était sa femme, elle employait toutes ses facultés à le dédommager des ennuis qu'il éprouvait ailleurs. Elle trouvait chaque jour de nouvelles paroles pour lui exprimer sa tendresse ; elle n'avait d'autre étude que de se conformer à ses goûts, et le lui prouvait par l'emploi de son temps, par sa toilette et par le tour de ses pensées.

Il n'est donc pas surprenant qu'Owen songeât avec plus de bonheur et de gratitude au jour de son mariage qu'il n'arrive d'ordinaire lorsqu'on a fait une mésalliance ; il n'est pas étonnant qu'il fût aussi ému qu'autrefois, quand il approchait de Ty-Glas, et qu'au détour du sentier, malgré l'âpreté de la bise d'hiver, il apercevait Nest guettant son arrivée dans l'ombre.

Il oubliait alors les paroles irritées, les actes malveillants qui l'avaient blessé au manoir, pour ne songer qu'à l'amour dont il était l'objet ; et il aurait défié ses ennemis de troubler son repos et son bonheur, s'il s'était rappelé leurs efforts impuissants.

Dix mois passèrent, et l'automne allait finir, quand un matin, accourant à Ty-Glas où l'avait appelé un message mystérieux d'Ellis, Owen, salué en entrant par un faible cri, s'approcha de Nest, qui, pâle et souriante, lui présenta son fils, et lui parut plus belle que le jour où elle avait gagné son cœur à l'auberge de Penmorfa.

Mais la malédiction faisait son œuvre, et la prophétie devait bientôt s'accomplir.

CHAPITRE II.

Un an s'était écoulé depuis la naissance de leur fils ; jamais on n'avait eu dans le pays un plus bel été que celui qui venait de finir : du soleil, de la chaleur, un ciel pur et lumineux ; puis le temps avait changé, sans être moins beau pour la saison. Les matinées avaient, il est vrai, des brumes transparentes, les nuits étaient claires et glacées, et les fleurs avaient disparu ; mais les feuilles des arbres, les lichens, les mousses et les fougères, prenaient sous l'éclat du jour des teintes d'une richesse que n'avaient pas les roses. C'est, dit-on, l'époque où la nature se flétrit, où sa beauté va disparaître ; mais quelle splendeur dans son déclin, quel charme profond dans ses adieux !

Nest, dans son empressement à rendre sa demeure plus agréable à son mari, était devenue jardinière ; et la petite cour, située devant la maison, était garnie de fleurs qu'elle avait été chercher dans la montagne, moins parce qu'elles étaient rares que parce qu'elles étaient charmantes. Un buisson d'églantier odorant s'élevait sous la fenêtre de la petite chambre de Nest, et répandait son parfum balsamique jusque dans la grande salle où travaillait la jeune femme. L'enfant d'Owen, le plus adorable de tous les bébés qui aient jamais fait l'orgueil des parents les plus tendres, cria de joie, et frappa dans ses petites mains, lorsque sa mère le prit dans ses bras pour aller, sur le seuil de la porte, guetter l'arrivée du jeune homme qui se dirigeait vers Ty-Glas ; et quand tous les trois rentrèrent dans la maison, il était difficile de dire quel était le plus heureux de la famille.

Owen prit l'enfant et se mit à jouer avec lui, pendant que la jeune femme, assise au pied du dressoir, travaillait à l'aiguille, et racontait à son mari tout ce qui s'était passé depuis la dernière fois qu'il était venu : les gentillesses et les malices du bébé ; le résultat merveilleux de la pêche de la veille, et les quelques nouvelles de Penmorfa qui étaient parvenues jusqu'à Ty-Glas. Elle avait observé que la figure de son mari s'attristait toutes les fois qu'il était question de Bodowen, et c'est pour cela qu'elle se gardait bien d'en parler. Jamais cette réserve n'avait été plus opportune ; car depuis quelque temps, surtout, le jeune Griffith avait eu beaucoup à souffrir de l'humeur de son père, qui devenait de plus en plus irascible.

Comme ils causaient avec abandon, caressant l'enfant tour à tour, la chambre s'assombrit tout à coup, l'ombre passa rapidement, et avant qu'ils eussent pu en rechercher la cause, ils se trouvèrent en face du squire de Bodowen. Celui-ci arrêta d'abord sur son fils un regard étonné, en voyant l'expression qui couvrait les traits de l'heureux père, si différent, dans sa joie de ce qu'il était au manoir ; puis il se tourna du côté de Nest, qui, tremblante, avait laissé tomber son ouvrage, et qui, n'osant pas bouger, attachait ses yeux sur son mari, comme pour lui demander protection.

Le squire de Bodowen, l'œil en feu, la figure pâle, tant sa colère était grande, la contempla en silence pendant un moment, et, s'adressant ensuite à son fils : « Quelle est cette femme ? » demanda-t-il avec effort.

Owen hésita un instant, puis d'une voix ferme et douce :

« Mon père, dit-il, cette femme est la mienne. »

Il tenta de s'excuser d'avoir été si longtemps sans parler de son mariage, et demandait à son père de lui pardonner cette faute ; mais le squire ne voulut rien entendre.

« Vous l'avez épousée, s'écria-t-il écumant de fureur, épousé Nest Pritchard ! Ils me l'avaient bien dit ! Et vous osez rester devant moi, comme si vous n'étiez pas à jamais déshonoré par cette union ! L'infâme prostituée, dans sa feinte modestie, prend déjà l'air de grandeur qui convient à la future maîtresse de Bodowen ; mais je remuerai ciel et terre avant que cette femme indigne ternisse de son ombre le seuil de ma maison.

— Sir Griffith, s'écria Owen à son tour, quiconque vous a dit que Nest Pritchard était une prostituée, vous a fait un mensonge, un mensonge aussi noir que l'enfer, ajouta-t-il d'une voix tonnante, en faisant un pas vers le squire. Elle est aussi pure que celle que vous aimez, reprit-il ; j'en prends Dieu à témoin ; aussi pure que la mère qui m'a donné le jour, et qui est partie de ce monde, où je suis resté seul pour lutter contre les maux de la vie. Croyez-moi, je vous le répète, elle est pure comme la sainte que vous avez tant pleurée.

— Pauvre fou ! » répliqua sir Griffith.

Au même instant, le petit Owen, qui regardait son père, ne pouvant comprendre ce qui avait pu enflammer ce regard où il n'avait jamais vu que douceur et tendresse attira l'attention du squire dont il augmenta la fureur.

— Oui, pauvre fou ! continua le gentilhomme, pauvre sot, qui presse sur sa poitrine l'enfant d'un autre, comme si c'était son fils.

Owen embrassa le pauvre ange effrayé » et ne put s'empêcher de sourire des paroles de son père. Sir Griffith s'en aperçut.

« Je vous ordonne, reprît-il avec rage, de vous dessaisir à l'instant du rejeton de cette misérable créature. »

Dans sa fureur, qui croissait de plus en plus, voyant que son fils était loin de lui obéir, il arracha le pauvre enfant des bras qui l'enlaçaient avec amour, et, le jetant à sa mère, quitta la maison sans ajouter une parole.

Nest, qui pendant toute la durée de cette horrible scène, avait conservé la pâleur et l'immobilité du marbre, tendit les bras pour recueillir son enfant ; le cher ange ne devait pas atteindre le refuge que lui ouvrait sa mère ; lancé avec force par Sir Griffith, qui dans sa violence n'avait pas bien visé, il alla frapper contre l'angle du dressoir, et tomba sur la pierre dont la salle était carrelée.

Owen se précipita vers lui ; mais au moment où il se baissait pour ramasser son fils, les yeux vitrés du pauvre petit eurent un mouvement convulsif, et ses lèvres, encore chaudes des baisers paternels, laissèrent échapper son dernier souffle.

Nest glissa immédiatement de sa chaise et resta inanimée auprès du corps de son enfant, insensible comme lui au désespoir d'Owen et à ses instances passionnées. Pauvre père, pauvre amant ! Il était si heureux dans la plénitude de son amour ! À peine un quart d'heure s'était-il écoulé, depuis l'instant où lui souriait son fils ; il croyait voir sur cette figure enfantine les promesses brillantes d'un long avenir, et maintenant ces yeux, où il regardait s'éveiller l'intelligence, étaient fermés pour toujours ; ce visage pâle ne sourirait plus en le voyant, et les petits bras qui se tendaient à son approche, étaient roidis par la mort. Ces cris si doux que lui adressait l'enfant adoré viendraient troubler ses rêves, mais il ne les entendrait plus à son réveil. Et près du petit cadavre gisait la pauvre mère, dont le cœur brisé avait perdu jusqu'au sentiment de la douleur. Owen s'efforça de lutter contre le vertige qui s'emparait de lui, et chercha, mais en vain, à rappeler Nest à elle-même.

Midi allait sonner, Ellis Pritchard revint à la maison. Il était bien loin de s'attendre au spectacle qui frappa ses yeux lorsqu'il entra dans la salle ; toutefois, quel que fût l'horrible coup dont il se sentit frappé, il sut prendre, pour faire revenir sa fille, de meilleurs moyens qu'Owen.

La pauvre Nest donna enfin quelques signes de vie ; on la porta dans sa chambre où elle s'endormit bientôt, sans avoir entièrement recouvré sa connaissance. Owen Griffith, oppressé par le poids de sa douleur, dégagea sa main qu'elle retenait dans la sienne, et, posant un long et doux baiser sur le front pâle de la malheureuse mère, sortit précipitamment et quitta la maison.

Près de la base de Moel-Gêst, à un quart de mille de Ty-Glas, était alors un petit bois solitaire et sauvage, que l'églantier, les ronces et la bryone rendaient presque impénétrable ; vers le milieu du fourré se trouvait une pièce d'eau transparente, où se mirait l'azur du ciel ; de larges feuilles de nénufar flottaient sur les bords, et quand le soleil y répandait à midi sa lumière étincelante, les fleurs montaient, du sein des eaux, pour saluer l'astre glorieux. Des sons variés vous charmaient de toute part dans ce petit bois plein de fraîcheur ; les oiseaux y gazouillaient dans l'ombre ; des milliers d'insectes bourdonnaient sans cesse, en voltigeant au-dessus du bassin limpide, une cascade mêlait son murmure au souffle du vent dans les branches, et le bêlement lointain des moutons, qui paissaient au sommet de la montagne, s'ajoutait parfois à cette harmonie de la nature.

Ce lieu solitaire avait été l'une des retraites favorites d'Owen, à l'époque où, seul au monde, il souffrait de n'avoir personne qui répondît à son amour, et c'est là qu'il vint se réfugier après son départ de Ty-Glas, étouffant le cri de son désespoir jusqu'au moment où il eut pénétré dans l'endroit qu'il cherchait.

C'était l'heure du jour où il arrive souvent que le temps change tout à coup. Au lieu de refléter le ciel pur qui s'y mirait dans la matinée, la pièce d'eau reproduisait les nuages d'un bleu d'ardoise qui passaient au-dessus d'elle ; les arbres, secoués avec violence, abandonnaient leurs feuilles mortes qui tourbillonnaient dans l'air, et les sanglots du vent, qui balayait les marécages et sifflait au milieu des rochers, étaient la seule musique de cette solitude parfois si harmonieuse.

Les nuages crevèrent, la pluie tomba par torrents ; Owen ne s'en aperçut même pas. Assis sur la terre inondée, la figure dans ses mains, il employait toutes ses forces à retenir son sang qui se précipitait avec furie, et bouillonnait dans son cerveau de manière à le rendre fou.

Le spectre de son enfant se dressait devant lui et semblait crier vengeance ; puis apparaissait la victime désignée à sa fureur, et le malheureux frissonnait en reconnaissant son père.

Il essayait de ne plus penser, il cherchait à s'étourdir par l'excès de la douleur ; mais le flot sanglant tourbillonnait dans sa tête, et la double image se dessinait, d'autant plus nette à ses yeux qu'il s'efforçait de l'écarter.

À la fin cependant, parvenu à se maîtriser, il obligea son esprit à chercher ce qui lui restait à faire. Il n'avait pas vu que le squire était sorti de la maison avant de pouvoir connaître la mort du pauvre enfant, et dans la persuasion où il était que sir Griffith n'ignorait pas ce malheur, il voulait aller le trouver, lui montrer son désespoir et lui imposer par la puissance et la dignité de son chagrin ; mais il n'osait pas revoir son père, il se défiait de lui-même, l'ancienne prophétie lui revenait dans toute son horreur : il craignait sa destinée.

Mieux valait, pensait Owen, quitter le pays pour toujours, aller habiter quelque ville où sa femme oublierait leur premier-né, et qui lui fournirait à lui-même les ressources nécessaires pour qu'il pût gagner leur vie.

Mais quand il voulut songer aux moyens d'exécuter ce projet, il se rappela que tout son argent, — et à cet égard il n'avait pas à se plaindre de sir Griffith, qui avait toujours été généreux, — il se rappela, dis-je, que tout son argent était enfermé dans l'un des meubles qu'il avait au manoir. En vain essaya-t-il de tourner la difficulté : la somme qu'il possédait lui était indispensable. Il fallait absolument qu'il allât à Bodowen ; il s'y résigna donc, espérant éviter la présence de son père.

Le malheureux se leva et prit un chemin détourné pour se rendre au manoir ; la maison paraissait plus sombre, plus désolée qu'à l'ordinaire sous la pluie torrentielle, et cependant il regrettait de la quitter pour toujours. Il entra par une porte dérobée, ouvrant dans un passage qui conduisait à la pièce où il avait ses livres, ses instruments de chasse et de pêche, ses papiers, en un mot, tout ce qui lui appartenait. Arrivé dans cette chambre, il chercha en toute hâte les objets qu'il voulait emporter, car non-seulement il avait peur qu'on ne vînt l'interrompre, mais il éprouvait un désir fébrile de partir le soir même, en supposant que sa femme eût la force de voyager.

Tout en choisissant les quelques articles dont il croyait avoir besoin, il se demandait quels seraient les sentiments de son père lorsque celui-ci apprendrait que le fils qu'il avait adoré autrefois l'abandonnait pour toujours. Ce départ lui ferait-il regretter sa conduite ? Penserait-il avec émotion à l'enfant plein de tendresse, qui jadis accompagnait ses pas ? Ou bien, hélas ! se réjouirait-il avec sa femme de ne plus avoir entre eux l'héritier dont la présence était un obstacle à leur repos ?

Puis il songeait à la pauvre Nest, dont l'enfant n'était plus, et qui ne connaissait pas encore toute l'étendue de son malheur. Pauvre mère, si aimante et si dévouée ! Il se la figurait dans un autre pays, regrettant ses montagnes, et ne voulant pas être consolée, parce qu'elle avait perdu son enfant.

La nostalgie qui pouvait s'emparer de celle qu'il aimait, n'ébranla même pas la résolution qu'Owen avait prise, tant il avait à cœur de s'éloigner de son père, afin d'échapper à la destinée qui lui était prédite, et qu'il accomplirait fatalement, s'il restait dans le voisinage du meurtrier de son fils.

Il venait de terminer ses préparatifs, et ne songeait plus qu'à rejoindre la pauvre Nest, quand la porte s'ouvrit doucement et laissa passer la tête malicieuse du petit Robert, qui venait dans cette chambre avec l'intention d'y prendre quelque chose. Il hésita d'abord en apercevant Owen ; puis, retrouvant toute son audace, il vint poser la main sur le bras du jeune homme, et lui dit avec une figure narquoise :

— Comment va ta bonne amie, Nest Pritchard ? »

Le bambin se préparait à jouir de la confusion d'Owen ; mais il fut terrifié par l'éclair qui traversa les yeux du jeune homme, et, courut vers la porte où, se croyant en sûreté, il continua ses railleries de plus en plus insultantes.

« Ce n'est qu'un enfant ; il ne comprend pas la portée de ses paroles, » se disait Owen en serrant son fusil d'une main convulsive, et en cherchant à dominer l'orage qui s'élevait dans son cœur. Toutefois lorsque Robert, encouragé par l'impunité, dirigea ses injures contre l'innocent qui venait de mourir, Owen ne se contint plus, et, saisissant le railleur impitoyable, il le souffleta d'une main vigoureuse.

Aussitôt revenu à lui-même, il lâcha l'enfant, et vit avec horreur le petit Robert glisser sur le carreau. Le fait est, qu'étourdi par le coup qu'il venait de recevoir, et, surtout effrayé, le gamin avait jugé plus sage de paraître évanoui.

Plein de remords, et se reprochant amèrement sa violence, Owen avait ramassé Robert, et le traînait vers un lit placé dans un coin de la chambre, lorsqu'entra sir Griffith.

Le matin de ce jour fatal, le squire était la seule personne du manoir pour qui le mariage de l'héritier de Bodowen avec Nest Pritchard fût encore une chose secrète. On avait remarqué les visites fréquentes du jeune homme au pêcheur de Ty-Glas, le changement qui s'était opéré dans la conduite et dans les manières de Nest, et l'on avait fini par découvrir la vérité. Mais l'influence de mistress Griffith était si grande, que personne n'avait osé dire un mot de cette affaire à sir Griffith, avant qu'elle eût jugé convenable de lui en parler elle-même.

Or, il se trouva que, d'après elle, le temps était venu de faire connaître à son mari la mésalliance dont Owen s'était rendu coupable. Elle arriva tout en pleurs, se fit arracher la triste nouvelle, s'étendit avec complaisance sur la réputation de légèreté qu'avait autrefois la jolie Nest, et ne manqua pas d'insinuer que, même aujourd'hui, c'était une coureuse de bocages et de bruyères, suivant l'expression consacrée dans le pays de Galles pour désigner une femme perdue.

Sir Griffith s'était dirigé immédiatement vers Ty-Glass, sans avoir d'autre but que d'épancher sa colère. Nous avons assisté à la déplorable scène qui était résultée de cette démarche. Il était sorti du cottage plus irrité que jamais, et venait de rentrer chez lui, où les insinuations perfides de sa femme avaient aigri son ressentiment. C'est alors qu'il distingua la voix de Robert, probablement en dispute avec quelqu'un ; il accourut vers l'endroit où le bruit se faisait entendre, et vit le corps de son favori traîné par le coupable

Owen, dont le visage contracté annonçait une colère récente. Quelques mots poignants dits à voix basse exprimèrent l'indignation du squire ; et tandis qu'Owen, silencieux et fier, dédaignait de se justifier auprès de celui dont il avait bien autrement à se plaindre, mistress Griffith parut à son tour dans la chambre. Le squire, en voyant l'émotion toute naturelle de sa femme, sentit redoubler sa fureur, et dans son aveuglement, il se persuada que la violence dont Owen avait fait preuve, à l'égard du petit Robert, était préméditée. Il appela ses domestiques à son aide, afin, disait-il, de préserver sa vie et celle de sa femme des attaques de son fils. Les regards des valets étonnés allaient de mistress Griffith, qui sanglotait en serrant le bambin sur son cœur, au visage furieux du squire, pour s'arrêter sur le malheureux Owen, qui n'avait pas même entendu les paroles de son père ; car devant ses yeux gisait le cadavre d'un petit enfant ; et dans les cris de mistress Griffith il entendait les gémissements d'une pauvre mère dont la douleur était sans espoir.

Si Owen avait été livré à sa propre nature, il aurait cherché, à force de soins et de tendresse pour Robert, à expier la faute qu'il avait commise dans un moment de violence ; mais, irrité par l'injustice, endurci par sa propre douleur, il ne chercha pas même à s'excuser, et ne fit aucun effort pour échapper à l'emprisonnement auquel sir Griffith le condamna, jusqu'à ce qu'un chirurgien eût examiné la contusion de Robert.

Ce n'est qu'en entendant fermer et barrer la porte sur lui, comme on eût fait pour s'assurer d'une bête féroce, que l'abandon où se trouvait la pauvre Nest revint à la mémoire du prisonnier. Comme elle devait souffrir de ne pas l'avoir près d'elle ! Comme elle devait l'appeler au milieu de ses larmes ! Et que pensait-elle de son absence ? Ne supposait-elle pas qu'il avait obéi à son père, et qu'il lui reprenait son amour au moment où elle en avait le plus besoin ? Cette pensée le rendait fou, et il chercha autour de lui un moyen d'évasion quelconque.

On l'avait enfermé au premier étage, dans une petite chambre, dépourvue de meubles, et dont la porte massive aurait défié les efforts de dix hommes vigoureux ; mais la fenêtre, comme dans la plupart des maisons galloises, était placée au-dessus du foyer ; le corps de cheminée, qui se séparait en deux branches, faisait saillie à l'extérieur, et de ce côté la fuite était possible, même pour un homme moins alerte et moins désespéré que notre captif.

La pluie avait cessé et de pâles rayons de soleil traversaient l'air humide, pendant qu'Owen, échappé de sa prison par la voie que nous avons décrite, gagnait à la dérobée un endroit du parc donnant sur des rochers, d'où il était souvent descendu, au moyen d'une corde bien assujettie, dans un petit bateau à voile que son père lui avait donné jadis, et qui était amarré au pied de la falaise. Il avait choisi cet endroit pour y mettre son canot, parce que c'était le point d'abordage le plus rapproché du manoir ; mais pour y arriver, sans traverser une grande pelouse qui se déployait devant la maison, il fallait faire un long détour, en se glissant au milieu d'un taillis dont les cépées avaient à peine la hauteur d'un arbrisseau. Courbé vers la terre, le fugitif avançait peu à peu, l'oreille au guet, et cherchant l'endroit le plus épais du fourré. Tout à coup il découvrit, à travers les feuilles son père et sa belle-mère qui se promenaient dans une allée voisine ; le squire, évidemment, s'efforçait de calmer sa femme, qui parlait avec animation, et le pressait avec instance de lui accorder ce qu'elle demandait. Ils s'éloignèrent ; Owen respira, fit quelques pas, et fut obligé de s'arrêter de nouveau pour ne pas être aperçu de la cuisinière qui revenait de cueillir quelque chose au potager.

C'est ainsi que l'hériter de Bodowen, espérant fuir la malédiction qui pesait sur sa famille, s'éloignait pour toujours de la demeure de ses ancêtres. Il finit par atteindre le plateau qui couronnait la falaise, reprit haleine pendant quelques minutes, et se baissa pour trouver la corde qui devait lui sertir d'échelle ; cette corde, roulée avec soin, était placée dans un trou assez large et recouvert d'une énorme dalle, composée d'un fragment de roche. Ainsi penché vers le sol, et faisant un violent effort pour soulever la lourde pierre, Owen n'aperçut pas sir Griffith qui s'était approché ; le squire le saisit brusquement par le bras, avant qu'il pût savoir quel était celui qui s'emparait de sa personne. La lutte s'engagea ; Owen chercha naturellement à se défendre, et déployant toute sa vigueur, il poussa son père sur la dalle qu'il venait de déplacer, et qui se trouvait en équilibre au bord de la falaise.

Sir Griffith disparut dans les flots ; Owen, perdant le point d'appui que lui fournissait le squire, le suivit dans l'abîme, n'ayant toutefois d'autre pensée que de venir au secours de son père ; mais celui-ci, en tombant, s'était frappé la tête contre l'angle du bateau, et s'était tué sur le coup. Owen, qui ne s'en doutait pas, n'avait qu'un but : empêcher l'accomplissement de la prophétie. Il plongea, revint à la surface de l'eau, plongea encore, et vit son père étendu au fond de la baie ; il le saisit, le ramena près de la barque, l'y jeta par un effort désespéré, et ne se hissa lui-même dans le canot que par l'instinct qui veille le dernier à la conservation de l'individu. Bientôt, prenant ses sens, il regarda sir Griffith dont le crâne était ouvert et la figure livide ; il mit la main sur la poitrine du blessé, le cœur ne battait plus.

« Mon père ! mon père ! s'écria-t-il, revenez à la vie ; jamais vous n'avez su combien je vous ai aimé, combien je vous aimerais encore… »

Le souvenir de son enfant arrêta les paroles sur ses lèvres.

« Vous ignoriez comment il a cessé de vivre, reprit-il après un instant d'angoisse. Oh ! mon Dieu ! si j'avais eu la patience de vous le dire ; si vous aviez eu celle de m'entendre… et maintenant tout est fini ! »

Fut-elle attirée par cette voix plaintive, ou s'étant aperçue de l'évasion du prisonnier, cherchait-elle son mari pour l'informer du fait, c'est ce que je ne saurais dire ; mais au sommet des rochers, précisément au-dessus de lui, Owen entendit sa belle-mère appeler sir Griffith à plusieurs reprises.

Il garda le silence, et poussa le canot tout près de la côte, à un endroit ou des broussailles qui s'avançaient au-dessus de la baie, ne permettaient pas qu'on pût le découvrir du rivage. Pour mieux se cacher, il s'étendit à côté du cadavre de sir Griffith, et se rappela l'époque, où dans son enfance, il partageait le lit de son père, qu'il éveillait au point du jour pour lui entendre raconter d'anciennes légendes. Combien resta-t-il ainsi, le corps glacé, la tête en feu, se débattant contre l'horreur d'un fait qui réalisait l'affreux cauchemar d'autrefois ? Il n'en sut rien lui-même.

À la fin, cependant, le souvenir de la pauvre Nest fit diversion à cette horrible pensée, et le tira de sa léthargie douloureuse ; il déplia une voile qu'il étendit sur le corps de son père ; et de ses mains roidies prenant les rames, il longea la côte, en se dirigeant vers Criccaeth. Lorsqu'il fut arrivé près d'un endroit où les rochers, en s'ouvrant, formaient une espèce de gorge étroite, il y poussa l'esquif, jeta l'ancre tout auprès du rivage, et gravit la côte escarpée. Il se disait en lui-même qu'il serait bien heureux de tomber à la mer, où il trouverait le repos et l'oubli ; et cependant il cherchait par instinct les endroits les plus sûrs pour y poser les mains et les pieds, jusqu'à ce qu'il fût arrivé sain et sauf au terme de l'escalade. Owen se mit alors à courir comme un fou dans la direction de Ty-Glas ; puis il s'arrêta, revint sur ses pas avec la même vitesse, se jeta sur l'herbe, et, rampant jusqu'au bord du précipice, attacha un regard avide sur le bateau, afin de voir s'il n'y découvrirait pas un signe, un mouvement qui annonçât la vie. Tout restait immobile. Cependant la lumière qui se jouait dans les plis du linceul, lui fit croire qu'il avait vu remuer quelque chose ; il glissa le long du rocher, plongea dans la mer et gagna le bateau, à la nage. Pendant une minute ou deux il regarda la toile sans oser la soulever ; puis saisi de terreur en pensant qu'il pouvait laisser éteindre le dernier souffle qui restât chez son père, il écarta tout à coup le voile funèbre : les yeux du cadavre le contemplèrent avec la fixité de la mort ; tout était bien fini.

Owen ferma les paupières, rapprocha les lèvres l'une de l'autre, et baisa respectueusement le front pâle de sir Griffith.

« C'était ma destinée, dit-il ; mieux aurait valu, mon père, que je fusse mort en naissant. »

Le jour s'éteignait peu à peu ; qui saura dire combien sa lumière est précieuse ! Owen gravit de nouveau la falaise et reprit le chemin de Ty-Glas.

« Enfin ! vous voilà donc ! lui dit Ellis comme il entrait dans le cottage. Ce n'est pas un homme de ma condition qui laisserait sa femme pleurer seule auprès du corps de son enfant ; ce n'est pas nous qui laisserions notre père tuer sous nos yeux notre propre fils. Oh ! j'ai bien envié de vous reprendre ma fille.

— Ce n'est pas moi qui le lui ai dit, cria Nest en implorant son mari du regard ; il a tout deviné, c'est tout au plus si j'ai répondu à ses questions. »

Elle berçait l'enfant sur ses genoux, comme s'il n'eût été qu'endormi.

« Peu importe, répliqua Owen avec douceur ; il ne se fait que les actes et ne se dit que les paroles qui ont été prévus et décrétés. Il y a bientôt deux cents ans que j'étais destiné à l'œuvre que je viens d'accomplir ; les années m'attendaient ; lui-même n'ignorait pas le sort qui lui était réservé. »

Pritchard connaissait la légende, et croyait à la prophétie de Glendower ; mais il ne se figurait pas qu'elle dût se réaliser maintenant. Il comprit néanmoins aussitôt les paroles de son gendre, et bien qu'il supposât que le jeune squire, en tuant son père, avait agi de propos délibéré, il ne songeait pas à blâmer Owen d'avoir tiré vengeance de la mort de son fils, et puni le meurtrier du désespoir où cette mort avait plongé la pauvre Nest ; mais il savait qu'aux yeux de la loi, cette action, qui lui paraissait naturelle, passerait pour un bel et bon parricide et que les magistrats du pays, quelle que fût leur négligence à l'égard des crimes ordinaires, ne manquaient pas d'informer quand il s'agissait de la mort d'un homme aussi important que sir Griffith. Il fallait donc, pensait le pêcheur, leur dérober le coupable, au moins pendant quelque temps.

« Allons, ne prenez pas cet air désespéré, dit-il en frappant sur l'épaule de son gendre ; ce n'est pas votre faute, puisque c'est le sort qui l'a voulu. Mais comment se fait-il que vous êtes tout mouillé ? Ton mari est trempé, Nest, voilà pourquoi il est si tremblant et si pâle. »

La jeune femme posa dans son berceau l'enfant qu'elle tenait toujours, et s'approcha d'Owen. Plongée dans une sorte de stupeur, à force d'avoir pleuré, c'est à peine si elle avait entendu les paroles de son mari, et certes elle ne les avait pas comprises. Son attouchement fondit la glace qui entourait le cœur d'Owen.

« Nest, dit-il, en la prenant dans ses bras, peux-tu m'aimer encore ?

— Pourquoi cesserais-je de vous, aimer ? lui demanda-t-elle, et ses yeux s'emplirent de larmes. N'est-ce pas vous qui étiez le père de mon enfant ?

— Oui ; mais si tu savais... Oh ! dites-le-lui ; Pritchard.

— À quoi bon ? c'est inutile, répondit Ellis ; elle a déjà trop de chagrin dans l'âme. Dépêche-toi, ma fille, et va chercher les habits que je mets les jours de fête.

— Je ne comprends pas, dit Nest, en portant la main à son front. Que doit me dire mon père ? Et pourquoi êtes-vous si mouillé ? Il faut que j'aie perdu la raison ; je ne devine pas le sens de vos paroles, et je suis toute surprise de l'expression de votre figure. Je ne sais qu'une chose, c'est que mon petit enfant est mort, ajouta-t-elle en fondant en larmes.

— Allons, Nest, allons ! occupe-toi des habits, lui dit son père. » Tandis qu'elle obéissait avec douceur, ne cherchant pas à comprendre où son mari avait pu se mouiller de la sorte, Ellis dit rapidement à Owen :

« Ainsi donc le squire est mort ? Parlez bas de peur qu'elle ne vous entende. Bien, bien, il est inutile d'entrer dans les détails ; je comprends comment cela s'est passé. Nous devons tous mourir, un jour ou l'autre. Mais il faut qu'on l'enterre ; par bonheur il fait nuit. Je me demande si un petit voyage ne vous conviendrait pas ? Cela ferait beaucoup de bien à votre femme ; ensuite…, il en est d'autres qui sont sortis de chez eux pour n'y jamais rentrer. Le squire n'est pas au manoir, je suppose ? Très-bien ; cela fera du bruit, on cherchera, on s'étonnera, on jasera, puis on finira par se taire, et un beau jour le fils prendra possession de son héritage comme si de rien n'était. Soyez tranquille, vous reviendrez pour conduire Nest à Bodowen. Allons donc, enfant, ces bas-là ne valent rien ; cherche la paire que j'ai achetée dernièrement à la foire de Llanroust. Ne vous désolez pas, sir Owen, la chose est faite, on ne peut pas l'empêcher. C'est une besogne qui vous était commandée, à ce que l'on prétend, depuis l'époque des Tudors. Il le méritait bien d'ailleurs ; regardez l'enfant qui est dans ce berceau. Dites-moi seulement où il est, afin que je m'occupe de la seule chose qu'on puisse faire actuellement pour lui. »

Owen regardait fixement la flamme rutilante qui s'élevait du feu de tourbe, et n'écoutait pas ce que lui disait

Pritchard.

« Il faut cependant en finir, » reprit Ellis avec impatience, au moment où la pauvre Nest apportait les habits qui lui avaient été demandés.

Owen resta immobile et silencieux.

« Qu'est-il arrivé, mon père ? s'écria la jeune femme avec effroi.

— Demande-lui toi-même, Nest, répliqua le pêcheur.

— Qu'est-ce que c'est ? dit-elle en s'agenouillant pour regarder son mari.

— Tu ne m'aimeras plus quand tu le sauras, Nest, répondit-il d'une voix sourde ; et cependant ce n'est pas ma faute.

— Je ne sais pas ce que vous voulez dire, mais je vous aimerai quoi qu'il arrive ; ne me cachez rien, je peux tout savoir.

— Mon père est mort, dit Owen après un instant de silence.

— Que Dieu lui pardonne ! s'écria Nest, en pensant à son fils.

— Qu'il ait pitié de moi ! dit Owen d'un air abattu.

— Est-ce que vous l'auriez... elle n'acheva pas sa phrase.

— Oui, c'était ma destinée ; comment aurais-je pu m'y soustraire ? Tu sais tout maintenant ; hélas ! c'est le démon qui a été cause de sa chute ; moi, j'ai plongé pour le secourir, j'ai tout fait pour le sauver, Nest ; je me suis presque noyé ; mais il était mort, il s'était tué en tombant.

— Il est au fond de la mer ? demanda Pritchard avec vivacité.

— Non, il est dans mon canot, répondit Owen qui tressaillit au souvenir de l'impression qu'il avait eue en soulevant le linceul.

— Je vous en prie, changez de vêtements, » lui dit sa femme, à qui la mort de sir Griffith paraissait indifférente.

Pendant qu'elle aidait Owen à défaire ses habits, et à revêtir ceux qu'elle lui avait apportés, Pritchard mêlait, dans un gobelet énorme, une liqueur spiritueuse avec de l'eau chaude et s'occupait du souper. À force d'instances, il parvint à faire boire un peu de son breuvage fortifiant à son gendre, et à lui faire manger quelque chose, ainsi qu'à sa fille, qui, pour lui plaire, avala quelques bouchées de gâteau d'avoine. Tout en faisant les préparatifs du départ, et en pensant aux moyens à prendre pour cacher la manière dont le squire était mort, le pêcheur songeait avec orgueil que sa fille, malgré ses habits de paysanne et sa coiffure en désordre, n'en était pas moins en réalité maîtresse de Bodowen, la plus grande de toutes les maisons qu'il eût jamais vues depuis qu'il était au monde.

Il fit avec adresse plusieurs questions à son gendre, relativement à la mort de sir Griffith. De son côté, Owen éprouvait un certain soulagement à parler de cet horrible malheur, dont il avait besoin de rejeter la cause sur le hasard ou la fatalité ; et quand Ellis eut terminé son repas, si toutefois on peut appeler ainsi la collation qu'il venait de faire, il avait appris tout ce qu'il voulait savoir.

« Maintenant, dit-il à sa fille, couvre-toi bien ; fais un paquet de tes hardes les plus indispensables, et dépêchons-nous, car il faut que vous soyez au point du jour à moitié chemin de Liverpool. Je vais vous conduire au delà des sables de Rhyl, mon bateau aura le vôtre à sa remorque ; et je reviendrai ensuite avec le produit de ma pêche, afin d'apprendre comment les choses se seront passées à Bodowen. Une fois à Liverpool, vous n'aurez rien à craindre, personne ne vous connaît ; vous pourrez y attendre en toute sûreté qu'il vous soit permis de revenir au manoir.

— Je n'y rentrerai jamais, dit Owen d'un air sombre, c'est un endroit maudit.

— Bah ! laissez-moi vous guider, jeune homme, reprit le pêcheur ; nous allons d'abord toucher à la pointe de Llyn, dont l'ecclésiastique est un de mes petits cousins, — les Pritchard ont connu de meilleurs jours, — et nous le ferons enterrer là. Ce n'est qu'un simple accident ; vous pouvez relever la tête. Croyez-moi, vous reviendrez au manoir ; vous le remplirez d'enfants, et vous vivrez pour les bénir.

— C'est impossible, dit Owen ; je suis le dernier de ma race, et le fils a tué son père. »

Nest arriva au même instant, couverte de son manteau et toute prête à partir ; Pritchard éteignit le feu avec soin et ferma la porte du cottage.

« Par ici, mignonne, dit-il à sa fille, donne-moi tout cela qui te gêne, et suis-moi bien en descendant. »

Owen, la tête baissée, marchait derrière eux sans rien dire. Nest donna le ballot de hardes à son père et serra plus étroitement ce qu'elle tenait sous sa mante.

« Personne que moi ne le portera, » murmura-t-elle à voix basse.

Le pêcheur ne fit pas attention à ses paroles et passa devant pour lui montrer le chemin ; son mari, qui l'avait comprise, vint auprès d'elle pour la soutenir, et la bénit dans son cœur.

« Nous partons ensemble, lui dit-il ; mais qui sait où nous allons ! » En disant ces mots, il regarda les nuages que le vent chassait avec violence.

« Une mauvaise nuit, dit Pritchard en tournant la tête du côté des jeunes gens ; mais n'ayez pas peur ; nous dominerons la tempête. »

Comme il approchait du rivage, il s'arrêta tout à coup :

« Restez ici, dit-il ; je peux rencontrer quelqu'un, il est possible que l'on me reconnaisse et que je sois obligé de parler. Attendez-moi là, je reviendrai vous chercher. »

Les deux jeunes gens s'assirent au bord du chemin :

« Laisse-le moi voir, Nest, » dit Owen à la jeune femme.

Elle sortit de sous sa mante le corps de son enfant ; tous les deux regardèrent avec tendresse la figure du pauvre ange qui leur parut endormi ; puis ils l'embrassèrent et le recouvrirent avec respect.

« J'ai cru, dit Owen, lorsque le précieux fardeau eut été replacé sous la mante, j'ai cru sentir que l'ombre de mon père s'est approchée de nous, et qu'elle s'est inclinée sur la chère petite créature ; un souffle étrange a frappé mon visage lorsque je me suis baissé vers l'enfant, et il m'a semblé voir l'âme innocente de notre fils guider celle de mon père, et la conduire aux portes du ciel, malgré ces chiens maudits qui s'élancent du nord à la poursuite des âmes.

— Ne parle pas ainsi, Owen, lui dit Nest en s'attachant à lui ; qui peut dire si personne ne nous écoute ? »

Ils gardèrent le silence et restèrent plongés dans une terreur indicible, jusqu'au moment où ils entendirent Ellis Pritchard qui les cherchait en disant à voix basse :

« Où êtes-vous ? suivez-moi, et surtout ne faites pas de bruit ; on cherche le squire, madame est folle d'inquiétude, il y a du monde dans tous les environs. »

Quelques instants après, les trois fugitifs s'embarquaient dans le bateau d'Ellis. La mer était houleuse et battait la falaise, même en cet endroit protégé contre le vent ; et les nuages, déchirés et tordus par la tempête, couraient avec force au-dessus des flots tumultueux.

Le bateau pêcheur sortit du havre où il était abrité, conduit par Pritchard, qui seul proférait de temps en temps quelques paroles brèves pour indiquer la manœuvre ; il se dirigea vers les rochers où le jeune squire avait amarré son canot ; mais lorsqu'il y arriva, l'esquif n'y était plus ; sa chaîne avait été brisée, et nul ne pouvait dire où l'avait jeté l'orage.

Owen alla s'asseoir et se couvrit la figure de ses mains. Cet événement, si naturel et si simple en lui-même, frappait d'une manière étrange son esprit superstitieux. Il avait eu l'espérance de se réconcilier avec son père, en déposant le corps du squire et de son enfant dans la même tombe ; il lui semblait maintenant que sir Griffith se révoltait contre cette union peut-être sacrilège, et qu'il n'avait plus de pardon à espérer.

Pritchard envisageait le fait à un point de vue plus réel et plus grave. Si le cadavre du squire de Bodowen était trouvé dans un bateau, que chacun savait appartenir à son fils, de terribles soupçons naîtraient de cette preuve accablante. Plus d'une fois dans la soirée, Pritchard s'était dit qu'il serait plus sage de donner à sir Griffith la sépulture des marins, c'est-à-dire de coudre le mort dans un lambeau de voile, d'y attacher un poids considérable pour qu'il ne pût surnager, et de le jeter à la mer où il disparaîtrait sans retour. Nos fugitifs pourraient, alors revenir à Ty-Glas, où ils attendraient que le jeune squire pût prendre possession de l'héritage du défunt ; à moins que trop bouleversé par les derniers événements, Owen ne préférât s'éloigner du pays, jusqu'au jour où l'émotion causée par la mort de sir Griffith serait complètement apaisée.

Mais à présent, le retour immédiat n'était plus possible quelque déchaînée que fût la tempête, il fallait partir à l'instant même, et se cacher à une certaine distance, au moins pour quelque temps. La nuit précédente, Ellis n'aurait pas craint l'orage, secondé par Owen, tel qu'il était alors ; mais que devenir sans autre assistance que celle d'un homme égaré par le désespoir, et qui acceptait la fatalité dont il se croyait poursuivi ?

Cependant les fugitifs s'éloignèrent du rivage, assaillis au milieu des ténèbres, par les vents et les flots, et jamais ils ne reparurent aux regards des hommes.

Aujourd'hui le manoir de Bodowen n'offre plus qu'un amas de décombres noircis et humides, et c'est un Saxon qui possède le patrimoine des Griffith.

C'était maintenant à M. Preston de nous raconter quelque chose : un fait curieux, une légende ou une histoire, et chacun se tourna vers lui, mais sans oser lui dire ce qu'on attendait de son obligeance, car il était grave, silencieux par nature et d'une réserve qui éloignait toute familiarité.

Néanmoins il comprit notre désir, et, prenant la parole : « Je sais, nous dit-il, ce que vous attendez de moi, et je vais vous raconter un épisode de ma propre existence. J'avoue qu'il m'est pénible d'entretenir les autres d'un sujet qui m'est tout personnel ; mais ces tristes souvenirs sont les seuls qui se présentent à mon esprit. On pourra, je crois, tirer de cette histoire un utile enseignement ; c'est à vous d'en juger ; mon intention n'est pas de vous faire de la morale ; et si les faits que je vais vous rapporter ne suffisent pas par eux-mêmes à vous impressionner, toutes mes paroles seraient impuissantes à vous faire comprendre ce que vous n'auriez pas senti d'abord.

LES DEUX FRÈRES.

Ma mère avait tout au plus dix-sept ans lorsqu'elle épousa M. Smith, qui en avait à peine vingt et un. Celui-ci cultivait dans le Cumberland, à peu de distance de la côte, un petit domaine qu'il avait affermé. Soit qu'il fût trop jeune et qu'il n'eût pas assez d'expérience en agriculture, soit tout autre motif que je ne saurais vous dire, il fit de mauvaises affaires, tomba malade, et mourut de la poitrine au bout de trois ans de mariage, laissant à sa veuve une petite fille qui marchait à peine, et la ferme sur les bras, avec un bail de quatre ans, un attirail en désarroi, pas d'argent pour remplacer les bestiaux qui étaient morts, ou qui avaient été vendus pour acquitter les dettes les plus pressantes ; enfin pas même de quoi acheter les provisions quotidiennes. Ajoutez à cela que ma mère était enceinte, et vous comprendrez combien elle avait sujet de se trouver malheureuse. Quel affreux hiver elle eût passé dans la ferme, sans voisinage à plusieurs milles à la ronde, si ma tante n'était pas venue partager sa solitude et se concerter avec elle pour faire durer, autant que possible, le peu d'argent qu'elles parvenaient à gagner.

Mais la jeune veuve n'avait pas encore épuisé la coupe d'amertume ; elle était sur le point d'accoucher, lorsque la fièvre scarlatine attaqua sa petite fille, qui mourut en quelques jours. Ce fut un coup de foudre pour ma mère. Tante Fanny m'a souvent raconté qu'elle ne versa pas une larme ; elle prit la main du pauvre ange dans la sienne, et regarda le petit visage pâle de la morte jusqu'au moment où il fallut faire les préparatifs des funérailles ; puis elle embrassa l'enfant une dernière fois, toujours sans pleurer, alla s'asseoir auprès de la fenêtre, et suivit du regard les quelques personnes vêtues de noir qui, marchant dans la neige, conduisaient la pauvre petite à sa dernière demeure.

Lorsque ma tante fut revenue de l'enterrement, elle trouva ma mère toujours à la même place et dans la même attitude. Cette espèce de torpeur dura jusqu'à la naissance de Grégoire, qui arriva quinze jours après. Aux premiers cris de son fils, les larmes jaillirent des yeux de la pauvre mère ; elle pleura nuit et jour et pendant si longtemps, qu'on se regardait autour d'elle avec inquiétude, et que ma tante, qui avait si vivement désiré ses pleurs, faisait maintenant tous ses efforts pour en arrêter le cours. Ma mère demanda qu'on la laissât tranquille, disant qu'elle était soulagée par ses larmes ; puis elle ne pensa plus qu'à Grégoire, et parut avoir oublié son mari et sa fille qui reposaient dans le cimetière de Brigham. C'était du moins l'opinion de ma tante ; mais comme elle parlait toujours, et que ma mère était silencieuse par nature, il est possible qu'elle se soit méprise sur les sentiments de sa sœur.

Tante Fanny, qui était l'aînée, traitait ma mère comme un enfant ; cela n'empêchait pas qu'elle ne fût sensible et généreuse, et beaucoup plus occupée des autres et de leur bien-être que de ses propres intérêts. Elle travaillait avec ma mère pour des lingers de Glasgow ; et la petite famille n'aurait pas eu de quoi vivre, si ma tante n'avait ajouté aux profits de son aiguille le peu d'argent qu'elle avait épargné.

Bientôt ma mère sentit que ses yeux s'affaiblissaient ; elle voyait assez pour aller et venir dans la maison et pour faire de gros ouvrages, mais non plus de manière à coudre assez finement pour gagner quelque chose. Elle avait trop pleuré la mort de sa fille ; car ce n'étaient pas les années qui lui faisaient perdre la vue ; elle était jeune à cette époque, et l'on m'a dit souvent qu'elle était la plus jolie femme de tout le pays. Ce fut pour elle un vif chagrin de ne plus pouvoir concourir aux dépenses du ménage. Ma tante essayait bien de lui persuader qu'elle avait assez à faire de tenir la maison et d'élever son enfant ; mais elle n'en savait pas moins que leurs ressources étaient insuffisantes, que sa sœur ne mangeait pas assez pour satisfaire son appétit, et que Grégoire, dont la part était toujours complète, quelque minime que fût celle de sa mère, avait besoin d'une meilleure nourriture.

Un jour, les deux sœurs étaient l'une auprès de l'autre ; ma tante travaillait de toutes ses forces, et ma mère endormait Grégoire sur ses genoux, lorsqu'elles reçurent la visite de William Preston. William avait passé la quarantaine depuis longtemps ; c'était l'un des plus riches cultivateurs des environs ; il avait connu ma mère et ma tante à une époque où elles étaient plus heureuses : autant de motifs pour qu'on lui fît bon accueil. Il tourna son chapeau dans ses mains pour se donner meilleure contenance, écouta ma tante Fanny qui s'était emparée de la conversation, et regarda ma mère, à peu près sans rien dire. À compter de ce jour-là, il revint fréquemment visiter les deux sœurs ; toutefois sans causer davantage, et sans parler du motif qui l'amenait auprès d'elles. Un dimanche, tante Fanny resta pour garder le petit Grégoire, et ma mère alla seule à l'église ; lorsque celle-ci rentra, au lieu de se diriger vers la cuisine où étaient sa sœur et son fils, elle courut s'enfermer dans sa chambre, et se mit à sangloter comme si sa poitrine allait se rompre. Ma tante, qui l'entendit, monta aussitôt et la gronda vivement à travers la porte, qu'elle finit par se faire ouvrir. À peine fut-elle entrée que ma mère se jeta dans ses bras, et lui dit, toujours en pleurant, que William Preston l'avait demandée en mariage, qu'il lui avait promis de se charger du petit Grégoire, comme s'il était son propre fils, et qu'elle avait accepté la proposition de William.

Cette nouvelle choqua d'abord ma tante ; elle avait toujours pensé que ma mère avait gardé bien peu de temps le souvenir de son premier mari, et voyait confirmer cette supposition par l'empressement de la veuve à contracter un nouveau mariage. Tante Fanny trouvait d'ailleurs que, pour un homme de l'âge de William Preston, elle eût fait un parti infiniment plus convenable que sa sœur Hélène, qui n'avait pas accompli sa vingt-et-unième année. Cependant comme on ne lui demandait pas son avis, elle crut plus sage de ne pas dire ce qu'elle en pensait, et d'examiner la chose à un point de vue complètement désintéressé. Après tout, la proposition ne manquait pas d'être avantageuse ; Hélène, dont la vue était trop fatiguée pour qu'elle pût continuer à faire de la couture, pourrait se passer de travailler lorsqu'elle serait la femme de Preston. Qui l'empêcherait alors d'avoir les bras croisés tout le long du jour si elle en avait envie ? En outre, un fils est une grande charge pour une veuve, et il était bien heureux pour Grégoire de trouver un protecteur aussi riche que William.

Tante Fanny en vint donc à envisager cette union sous un jour même plus brillant que ma mère, qui n'eut pas un sourire à dater du moment où elle avait promis à William de l'épouser. Quel que fût l'amour que cette dernière éprouvât pour Grégoire avant cette époque, elle parut l'aimer davantage, et ne cessait de lui parler quand elle était seule avec lui, bien qu'il fût trop jeune pour la comprendre et pour la consoler, si ce n'est par ses caresses.

Enfin, le jour du mariage arriva, et ma mère fut installée dans une maison bien meublée, bien fournie de linge, et qui n'était qu'à une demi-heure de marche de l'endroit où demeurait ma tante. Je crois qu'elle fit tout son possible pour se rendre agréable à son mari ; jamais on n'a vu de femme plus soumise, ai-je souvent entendu dire à mon père ; mais elle ne l'aimait pas, et il s'en aperçut bientôt. Peut-être l'aurait-elle aimé plus tard, s'il avait eu la patience d'attendre ; mais il s'irrita en voyant s'animer la figure de sa femme dès qu'arrivait Grégoire, à qui elle prodiguait les caresses, tandis qu'elle ne trouvait pour lui que des regards et des paroles d'une froideur désespérante. Il finit par le lui reprocher avec amertume, comme si c'était le moyen de lui inspirer de l'amour, et par détester le petit Grégoire, tant il était jaloux de cette tendresse qui débordait du cœur de la pauvre mère à la vue de son enfant. Il aurait voulu que sa femme l'aimât davantage ; personne ne pouvait l'en blâmer ; mais il désirait qu'elle eût moins d'affection pour son fils, et voilà qui était coupable.

Un jour, il s'emporta contre Grégoire, à propos de l'une de ces peccadilles que font tous les enfants ; ma mère crut devoir excuser son fils ; et mon père lui répondit qu'il était déjà bien assez dur d'avoir à élever l'enfant d'un autre, sans encore être obligé de souffrir qu'on encourageât celui-ci à persévérer dans ses défauts ; d'ailleurs il avait, disait-il, le droit d'exiger que sa femme fût toujours de l'opinion qu'il avait émise.

Vous voyez où les choses en étaient arrivées. La fin de tout cela fut que ma mère, qui était enceinte, ressentit de vives douleurs avant l'époque voulue ; et je vins au monde le jour même de la querelle que je viens de vous raconter.

Mon père fut heureux et triste à la fois ; heureux d'avoir un garçon, et triste de l'état où il avait mis sa femme. Mais c'était l'un de ces individus qui préfèrent la colère au chagrin, parce qu'elle les soulage en leur permettant de se fâcher contre les autres ; il découvrit donc bientôt que c'était la faute de Grégoire, et ce fut un nouveau grief à la charge du pauvre enfant ; grief d'autant plus grave que ma mère, au lieu de se rétablir, s'affaiblissait de jour en jour.

Tous les docteurs de Carlisle furent appelés auprès d'elle. Pour la sauver, mon père aurait fait de l'or avec son sang ; mais rien ne put y réussir.

« J'ai toujours pensé, m'a dit souvent ma tante, que ta mère ne se souciait pas de vivre, et qu'elle s'était laissée mourir sans faire d'efforts pour se rattacher à la vie. » Elle avait pourtant fait scrupuleusement tout ce que les médecins lui avaient ordonné ; mais elle y avait mis l'indifférence qu'elle apportait dans toutes ses actions.

Lorsqu'elle fut près de mourir, elle demanda qu'on plaçât Grégoire dans son lit, à côté de moi, et prenant ma main, elle la posa dans celle de mon frère ; son mari entra au même instant, et quand elle le vit se pencher vers nous avec bonté, elle sourit en le regardant avec douceur ; c'était le premier sourire qu'elle adressait à mon père.

Une heure après, elle avait cessé de vivre. Tante Fanny vint demeurer avec nous. Mon père n'aurait pas mieux demandé que de reprendre son ancienne vie de garçon ; mais c'était impossible avec deux petits enfants ; et quelle femme pouvait mieux nous soigner que la propre sœur de notre mère ? C'est donc ma tante qui fut chargée de moi, presque aussi tôt après ma naissance ; elle m'avait nuit et jour à côté d'elle, car j'étais d'une faiblesse excessive.

Mon père me prodiguait également tous ses soins. Il y avait plus de trois cents ans que la terre dont il était possesseur, appartenait à ses ancêtres qui s'y étaient succédé de père en fils, et le désir de me léguer à son tour ce domaine patrimonial aurait suffi pour qu'il s'intéressât vivement à mon existence ; mais il avait besoin d'avoir quelqu'un à aimer, d'autant plus qu'il était, comme beaucoup d'autres, sérieux et dur pour tous ceux qui ne le touchaient pas personnellement, c'est-à-dire pour tout le monde. Il s'attacha donc à son fils, en raison de l'indifférence qu'il avait pour les étrangers, et reporta sur moi la tendresse qu'il aurait donnée à ma mère, si elle n'avait eu un passé dont il était jaloux.

Quant à moi, je le payais bien de retour ; j'aimais d'ailleurs tous ceux qui m'environnaient, car c'était à qui me gâterait dans la maison. J'avais fini par triompher de ma faiblesse native, et j'étais devenu un gros et bel enfant que tous les passants remarquaient lorsque l'on m'emmenait à la ville voisine.

À la ferme, j'étais le favori de ma tante, le bien-aimé de mon père, l'enfant gâté du vieux domestique, le jeune maître des laboureurs, à l'égard desquels je prenais des airs d'autorité, qui devaient être fort ridicules chez un bambin de mon âge.

Tante Fanny était bonne pour mon frère, et veillait à ce qu'il ne lui manquât rien ; mais quand elle avait rempli à son égard tout ce que lui commandait sa conscience, elle ne pensait plus à lui, et s'occupait de moi, tant elle en avait pris l'habitude, à l'époque où ma faiblesse exigeait tous ses soins. Mon père n'avait jamais pu vaincre la mauvaise humeur que lui inspirait la vue de son beau-fils ; il le considérait toujours comme la cause de la mort de sa femme, et je suis persuadé que bien loin de chercher à combattre l'éloignement que lui inspirait mon frère, il se faisait une obligation de l'entretenir. En outre le pauvre Grégoire, qui avait trois ans de plus que moi, était lourd, maussade et embarrassé ; il empêchait de réussir toutes les choses dont il voulait se mêler ; il ne se passait pas de jours qu'il ne s'attirât quelque rebuffade de la part des gens de la maison, domestiques ou laboureurs, qui attendaient à peine que mon père eût tourné le dos pour gronder et souvent pour injurier l'orphelin. J'avoue, à ma honte, que je me laissai entraîner par l'exemple et que je ne fus pas meilleur que les autres pour Grégoire, non que j'eusse la pensée de lui faire aucun mal, ou de le desservir en quoi que ce fût ; mais l'habitude que j'avais prise d'être considéré comme un être supérieur, me rendait insolent pour lui ; j'exigeais souvent plus qu'il ne voulait m'accorder, et dans la colère que m'inspirait sa résistance, je répétais les mots injurieux que les autres employaient à son égard, et dont je ne saisissais pas toujours la signification. Les comprenait-il mieux que moi ? Je n'en sais rien, mais j'en ai peur. Il devint triste et silencieux ; mon père le trouva maussade et boudeur, et ma tante pensa qu'il était stupide. C'était du reste l'opinion de tout le monde ; à force de l'entendre dire, il finit par le croire, et se montra épais et borné. Il restait assis dans un coin, sans prononcer un mot, jusqu'à ce que mon père, impatienté, lui ordonnât d'aller faire une chose ou l'autre ; encore fallait-il l'appeler trois ou quatre fois avant de se faire entendre. À l'école, on n'en tira pas davantage ; il n'avait pas de mémoire, ne savait jamais ses leçons, et paraissait insensible aux réprimandes ; si bien que le maître, fatigué de le gronder et de le battre, vint prier mon père de le reprendre et de lui donner dans la ferme un emploi qui ne dépassât pas son intelligence.

Il en parut plus stupide et plus sombre que jamais. Néanmoins il n'avait pas un mauvais caractère ; il était doux et patient, toujours disposé à rendre service, même à ceux qui venaient de le gronder ou de lui donner une tape ; malheureusement la plupart de ses efforts, pour être utile ou agréable, aboutissaient à quelque maladresse, tant il était gauche et savait peu s'y prendre.

J'imagine que j'étais au contraire fort intelligent pour mon âge ; du moins je recevais une foule d'éloges et l'on m'appelait le coq de la classe. « Il peut apprendre tout ce qui lui plaira » disait le maître d'école à mon père ; mais celui-ci, qui lui-même n'en savait pas bien long, ne trouva pas nécessaire que j'en apprisse davantage et me fit revenir à la ferme où je restai auprès de lui.

Grégoire fut mis à garder les moutons sous les ordres du vieil Adam qui commençait à ne plus suffire à sa tâche. Autant que je puis m'en souvenir, le vieux berger fut la première personne qui eut bonne opinion de mon frère ; il prétendait que celui-ci n'était pas sot, qu'il avait de bons côtés, mais ne savait pas les faire valoir ; et que pour s'orienter dans les landes il n'y avait point son pareil. Mon père essayait d'amener le vieil Adam à confesser les fautes de Grégoire ; et ce fut une raison pour que le bonhomme redoublât ses louanges, dès qu'il eut compris le mauvais désir de son maître.

Un jour de la fin de décembre, j'avais alors seize ans et Grégoire dix-neuf, mon père m'envoya faire une commission à sept milles de la ferme, c'est-à-dire en prenant par la route, et seulement à quatre milles en traversant les landes. Les journées étaient courtes et le vieil Adam, qui à cette époque ne quittait plus son lit, avait annoncé qu'on aurait de la neige avant peu ; aussi, mon père m'avait-il bien recommandé de prendre pour revenir le chemin le plus long, puisqu'il était le plus sûr. J'eus bientôt gagné le terme de mon voyage ; mes affaires se trouvant achevées beaucoup plus tôt que je ne l'avais espéré, je crus inutile de suivre la route pour revenir à la maison et je retournai par les landes, où je m'engageai vers le soir. Le ciel était sombre et la plaine avait un aspect désolé ; mais l'air était calme et je pensai que j'aurais bien le temps de gagner la ferme avant que la neige vînt à tomber. Je pressai le pas ; la nuit marcha plus vite encore. Pendant le jour il m'avait été facile de reconnaître le bon sentier, bien qu'en certains endroits on pût être embarrassé de choisir entre tous ceux qui s'offraient à vos regards ; mais un rocher, un pli du terrain pouvaient alors vous servir de points de repère, tandis que le soir ils devenaient invisibles.

J'appelai tout mon courage à mon aide, et je pris un sentier que je croyais reconnaître ; je me trompais, il me conduisit à un bas fond marécageux, dont le silence ne paraissait jamais avoir été troublé par les pas d'un homme. J'essayai de crier, plutôt pour me rassurer moi-même que dans l'espoir de me faire entendre ; mais les sons brefs et haletants de ma voix sourde et rauque, me remplirent d'épouvante. Tout à coup d'épais flocons tourbillonnèrent dans l'ombre, et je sentis la neige me glacer la figure et les mains. Je perdis alors tout sentiment de la direction que je devais prendre ; je ne pouvais plus revenir sur mes pas, il m'était impossible de savoir où j'étais. La neige m'enveloppait de plus en plus, il me semblait que l'obscurité devenait palpable. Le sol fangeux tremblait sous mes pieds dès que je restais quelques instants à la même place, et je n'osais pas avancer.

Je n'avais plus ni la témérité, ni le courage ordinaires à la jeunesse ; sans un dernier sentiment de honte, je me serais mis à pleurer ; et je ne parvins à contenir mes larmes qu'en poussant des cris terribles. Je suspendis mon haleine pour écouter : pas de réponse à ma voix ; rien que la neige qui tombait sans bruit, plus épaisse et plus rapide dans sa chute. Déjà glacé et tout engourdi, j'essayai de me mouvoir pour éloigner le sommeil qui commençait à me gagner ; mais je tremblais de rencontrer l'un des précipices qui abondent dans ces terrains incultes. Je voulus crier de nouveau, ma voix fut étouffée par les larmes ; je pensais à l'horrible mort qui m'attendait, au chagrin de mon pauvre père qui, maintenant assis au coin du feu, ne se doutait pas de l'affreuse position où était son fils. « Il en mourra, me disais-je, avec désespoir ; et ma tante, est-ce pour me perdre ainsi qu'elle m'a prodigué tant de soins ! » Ma vie entière se dressa devant moi, et les scènes de mon enfance prirent à mes yeux la réalité des objets qu'on voit en rêve. Au milieu des tortures que me firent éprouver ces souvenirs, je rassemblai toutes mes forces pour jeter un cri de désespoir ; je ne comptais pas même sur l'écho, assourdi par la neige, pour me répondre. Quelle ne fut pas ma surprise ! je venais d'entendre un cri prolongé, presque aussi déchirant que le mien. Était-ce l'un de ces esprits railleurs qui hantent, la nuit, ces lieux déserts et dont j'avais entendu si souvent raconter la légende ? Ma poitrine se gonfla, je renouvelai mes efforts pour crier, il me fut impossible d'articuler un son. Au même instant la voix d'un chien me fit tressaillir ; je crus reconnaître la voix de Lassie, une pauvre bête fort laide, à qui mon père donnait un coup de pied chaque fois qu'il la rencontrait, soit à cause des torts qu'elle avait pu avoir, soit parce qu'elle appartenait à mon frère. Lorsque Grégoire était là, il sifflait sa chienne et s'en allait avec elle dans la grange ou ailleurs. Une ou deux fois mon père, en entendant hurler la pauvre bête, avait éprouvé des remords ; et s'était délivré du blâme qu'il s'infligeait à lui-même en reprochant à mon frère de ne pas savoir élever son chien, et de le gâter en lui permettant de venir se coucher auprès du feu.

Cependant je ne me trompais pas ; c'était bien Lassie qui aboyait. « Lassie, m'écriai-je, Lassie ! » Une minute après, la chienne accourait auprès de moi et s'arrêtait en me regardant comme si elle avait eu peur de recevoir le coup de pied dont je l'avais trop souvent accueillie. Mais je pleurai de joie en la retrouvant et je la comblai de mes caresses. J'avais l'esprit trop ébranlé pour réfléchir, néanmoins il me sembla que j'allais être secouru. En effet, je distinguai quelque chose de grisâtre qui se dessinait vaguement dans l'ombre ; c'était Grégoire enveloppé de son manteau.

« Mon frère ! » dis-je en tombant dans ses bras, sans pouvoir ajouter un mot à cette exclamation. Grégoire lui-même semblait trop ému pour parler. À la fin cependant il me dit qu'il fallait nous mettre en marche, si nous ne voulions pas mourir de froid.

« Est-ce que tu sais le chemin qui conduit à la ferme ! lui demandai-je.

— Je croyais le savoir tout à l'heure, répondit-il ; à présent, je n'en suis pas sûr ; la neige m'aveugle et je crains de ne pas pouvoir m'orienter. »

Au moyen de sa houlette qu'il avait prise, il sondait le terrain à chaque pas que nous faisions, et s'éloignait ainsi des crevasses et des fondrières où nous aurions pu tomber. Néanmoins la besogne était pénible et nous marchions trop lentement pour nous préserver du froid. Mon sang commençait à se figer dans mes veines ; je souffrais jusque dans la moelle des os ; chacune de mes fibres se crispait douloureusement ; puis tous mes membres semblèrent se gonfler, et je ne sentis plus rien qu'une pesanteur excessive qui envahissait tout mon être. Grégoire, mieux couvert, et d'ailleurs plus habitué à la dure, ne semblait pas souffrir autant que moi ; il rappelait continuellement sa chienne, remarquait avec soin la direction qu'elle prenait pour revenir auprès de lui, et dirigeait notre marche en conséquence. J'essayai d'abord de lutter contre l'engourdissement dont j'étais saisi, mais le sommeil était plus fort que ma volonté.

« Je ne peux pas aller plus loin, frère, » balbutiai-je ; et tout à coup, en dépit de ma faiblesse, je devins d'une opiniâtreté insurmontable. Je voulais absolument dormir, ne fût-ce que cinq minutes, et la mort dût-elle en être la conséquence.

Grégoire chercha d'abord à m'entraîner, puis voyant que je résistais à ses prières, il garda le silence et réfléchit un instant.

« À quoi bon ! dit-il en se parlant à lui-même ; nous n'arriverons jamais ; il y a trop loin d'ici à la ferme ; notre seul espoir est dans Lassie. Tiens, frère, enveloppe-toi dans mon plaid, et couche-toi à l'abri de ce rocher ; enfonce-toi bien sous l'espèce de plate-forme qu'il projette au-dessus de la terre ; mais, auparavant, n'as-tu pas sur toi quelque objet que l'on connaisse à la maison ? »

Je lui en voulus de me tourmenter ainsi et de m'empêcher de dormir. Néanmoins, comme il répéta sa question, je tirai de ma poche un foulard de couleur voyante, que tante

Fanny m'avait ourlé quelques jours avant ; et je le donnai à mon frère, qui l'attacha au cou de sa chienne.

« Lassie, dit-il en caressant la pauvre bête, vite à la ferme, allons, vite ! »

Et la chienne partit comme un trait pour obéir à son maître.

Enfin, je pouvais donc me coucher et dormir ! Je sentis, dans ma torpeur, que mon frère me couvrait avec soin, mais je ne cherchai pas à deviner ce qu'il étendait sur mes pieds. Si ma raison avait été moins engourdie, ou si mon cœur avait eu moins d'égoïsme, j'aurais bien su que, dans ce désert, il ne pouvait me couvrir qu'en se dépouillant lui-même. Toujours est-il que je fus satisfait lorsqu'il eut fini de s'occuper de moi ; il s'étendit à mon côté, s'approcha le plus possible de mon corps, et je lui pris la main, que je conservai dans la mienne.

« Tu ne peux pas le rappeler, me dit-il, que nous avons été couchés ainsi, auprès de notre mère mourante. C'est elle qui alors nous avait fait tenir par la main. Je suis sûr que maintenant elle nous voit. Qui sait ? peut-être l'aurons-nous bientôt rejointe ; que la volonté de Dieu soit faite.

— Cher Grégoire ! » murmurai-je en me serrant contre lui pour avoir moins froid, et je m'endormis, comme il parlait de notre mère.

Un instant après, du moins je n'ai jamais m combien avait duré mon sommeil, je fus réveillé par des voix qui ne m'étaient pas inconnues, plusieurs figures, annonçant l'inquiétude, étaient penchées au-dessus de la mienne, et une douce chaleur m'environnait de toute part ; j'étais à la ferme, couché dans mon propre lit. Ma première parole fut pour appeler Grégoire.

Tous ceux qui étaient là échangèrent un regard plein de tristesse ; mon père essaya vainement de rester impassible : ses lèvres tremblantes devinrent pâles, et ses yeux s'emplirent de larmes.

« Je lui aurais donné la moitié de mes terres ; je l'aurais béni comme s'il eût été mon enfant, dit-il. Oh ! mon Dieu, je me serais mis à ses genoux pour lui demander pardon de mon injustice et de ma dureté envers lui. »

Je n'entendis pas les paroles qui suivirent ; mes yeux se voilèrent, je fus pris de vertige et retombai sans mouvement.

Plusieurs semaines s'étaient écoulées depuis cette horrible nuit, lorsque je repris entièrement connaissance ; les cheveux de mon père avaient blanchi, et ses mains tremblaient comme celles d'un vieillard.

Je ne lui parlai pas de Grégoire ; il nous était impossible de proférer son nom ; mais son souvenir absorbait toutes nos pensées. Lassie allait et venait partout, prenait la meilleure place au coin du feu, sans qu'on songeât à l'en gronder ; mon père essaya même de la caresser ; mais elle se recula d'un air de méfiance ; et lui, acceptant ce reproche muet de la pauvre bête, soupira douloureusement.

Tante Fanny, toujours expansive, me raconta que le soir fatal où je m'étais engagé dans les landes, mon père, aigri sans doute par la prolongation de mon absence, et plus tourmenté qu'il ne voulait le paraître, s'était montré plus dur que jamais à l'égard de Grégoire ; il lui avait reproché la pauvreté de son père, et sa propre stupidité, qui l'empêchait de se rendre utile ; car, en dépit des paroles du vieux berger, mon père le considérait toujours comme n'étant bon à rien.

À la fin, Grégoire avait sifflé sa chienne, qui était blottie sous la chaise de son maître, dans la crainte d'un coup de pied ou d'un coup de manche à balai, et tous les deux avaient quitté la salle. Mon père venait d'exprimer son inquiétude relativement à mon retour, et ma tante pensa bien, en voyant partir Grégoire, qu'il allait au-devant de moi. Trois heures après, tout le monde à la ferme était dans la plus vive anxiété à mon égard ; on voulait venir à ma rencontre, mais on ne savait pas où me chercher. Personne ne pensait à Grégoire et ne s'apercevait de son absence, quand Lassie arriva, ayant mon foulard attaché autour du cou. Chacun prit aussitôt des couvertures, des lanternes, des vêtements, de l'eau-de-vie, tout ce qu'on put imaginer d'utile en pareille circonstance. On me trouva dormant d'un sommeil glacé, mais respirant encore, sous la roche où Lassie avait amené ceux qui l'accompagnaient. J'étais couvert du plaid de Grégoire, et mes pieds étaient soigneusement enveloppés dans sa veste de peau de chèvre.

Mon frère me tenait dans ses bras presque nus, et sur sa figure inanimée, se voyait encore l'empreinte d'un sourire plein de douceur.

Les dernières paroles de mon père furent pour demander à Dieu de lui pardonner ses torts envers le pauvre orphelin ; et nous trouvâmes dans son testament quelques lignes par lesquelles, en témoignage de son repentir, il demandait à être enterré au pied de la fosse où Grégoire reposait à côté de ma mère.

FIN